NOTES

SUR

LE LAOS

PAR

ÉTIENNE AYMONIER

SAIGON

IMPRIMERIE DU GOUVERNEMENT

1885

NOTES SUR LE LAOS

PAR ÉTIENNE AYMONIER

PREMIÈRE PARTIE

RÉGION DU SUD-EST

Sommaire.

1. Généralités. — 2. Melou Préy. — 3. Toulé Ropou. — 4. Mœurs et coutumes. — 5. Cueillette de la cire. — 6. Chasse. — 7. Sting Treng. — 8. Sén Pang. — 9. Attopœu. — 10. Or d'Attopœu. — 11. Le kha déng. — 12. Saravan, Khamtong. — 13. Cataractes de Khon. — 14. Mœnong Khong. — 15. Province de Bassak. — 16. District et ville de Bassak. — 17. Impôts, commerce de Bassak. — 18. Chau de Bassak. — 19. Sauvages de l'est. — 20. Les Khvêk. — 21. Les Rodé. — 22. La traite. — 23. Mesures et monnaies. — 24. Importations de provenance cambodgienne. — 25. Commerce intérieur. — 26. Exportation au Cambodge. — 27. Voies commerciales, leur amélioration.

La publication de ces notes, rédigées à la hâte entre deux voyages, exige deux observations préalables :

1° La rapidité de la rédaction et d'autres causes dont il est inutile de parler ici font sacrifier la forme; de ce chef, l'auteur ne peut que réclamer l'indulgence ;

2° Ces notes résultent d'observations locales et de renseignements pris auprès des indigènes. Abstraction est faite de toutes les publications antérieures sur le Laos, que l'auteur n'a pas lues depuis plusieurs années, et il n'a guère le temps de les consulter maintenant.

1.

Cette manière de procéder, à peu près forcée dans la circonstance actuelle, présente des avantages et des inconvénients. Si l'auteur répète des choses déjà dites, il s'empresse, par avance, de déclarer qu'il ne réclame aucune priorité, heureux sera-t-il s'il apporte quelques notions nouvelles sur cette vaste région si intéressante, si pleine d'avenir pour le commerce français. S'il se trouve, sur certains points, en désaccord avec ses prédécesseurs, il réclamera tout au moins le bénéfice d'une circonstance atténuante, celle de la plus entière bonne foi. Et, pour le moment du moins, il laissera à ceux qui ont le loisir et les moyens de comparer et de contrôler, le soin de débattre et d'élucider les questions en litige, ainsi que celui d'établir sur toutes choses la priorité qui peut revenir à chacun.

I

Le mot mœuong, qui se présentera souvent dans ces notes, signifie : 1° pays; le Mœuong Lao ou les Mœuongs Laos sont tous les pays de langue laocienne; 2° à un point de vue plus restreint, mœuong indique une province, un district, ou, peut-être plus exactement, un royaume, si petit qu'il puisse être; 3° avec une acception plus restreinte encore, mœuong désigne le chef-lieu, la capitale de la province, du district, et ce sens, le plus usuel, paraît être le sens primitif; 4° enfin mœuong indique, mais rarement, l'habitation du chau. Le mot généralement employé est khoun.

Une foule de villages, les uns gros, les autres petits, sont encore appelés mœuong au lieu de ban. Peut-être ont-ils été autrefois le lieu de résidence d'un chau.

Tout mœuong, en effet, comporte :

1° Un chau (prononcez tchiao), seigneur, roi, si roitelet qu'il soit; dans certains districts, ils pourraient le disputer en puissance au roi d'Yvetot, de joyeuse mémoire.

Outre le chau, ou seigneur, les autres dignitaires sont :

2° L'oppahat, corruption du sanscrit uparaja, vice-roi;

3° Le ratsevong (sanscrit, rajavansa);

4° Le ratsebout (sanscrit, rajaputra).

La progression des honneurs des chau, oppahat, ratsebout, ratsevong est celle des chiffres 100, 50, 25, 15. En principe, au Laos ces dignités sont héréditaires dans les mêmes familles.

Au-dessous des quatre dignitaires sont les fonctionnaires appelés kromokan par les Laociens, et kromokar par les Cambodgiens. Les principaux de ces fonctionnaires portent, au Laos, le titre générique de mœuong; c'est donc encore une autre acception du mot.

Ainsi on distingue le mœuong chau, le mœuong sèn, le mœuong khva, le mœuong saï qui sont généralement des juges.

Dans les grandes provinces, chaque dignitaire a sa catégorie de subordonnés calquée sur celle du chau.

Les tasèng sont de petits chefs de canton qui ont sous leurs ordres les komnan ou chefs de village; ceux-ci n'ont autorité que sur trois ou quatre hameaux.

Les hommes du peuple, appelés ban ou clients, choisissent leurs chefs par suite de l'organisation féodale du pays.

Les mœuong laociens jouissent d'une indépendance relative que n'ont pas les provinces de langue siamoise qui souvent reçoivent des dignitaires étrangers au pays, envoyés directement de Bangkok.

Quoique s'absentant au loin, les hommes du peuple payent l'impôt de capitation au chef de leur choix; et, en beaucoup d'endroits, les provinces ou mœuong ne peuvent être délimitées, la population payant l'impôt à son gré à droite ou à gauche.

Les hommes du peuple soumis à l'impôt de capitation sont divisés en deux catégories : 1° ceux qui sont inscrits dans les registres de Bangkok qui servent à déterminer la quotité du tribut à payer par chaque province, et 2° les hommes valides inscrits seulement dans les registres locaux et dont l'impôt profite au chef ou patron qui le perçoit. Pour parler comme les indigènes, nous appellerons ceux-ci les inscrits extérieurs et les autres les inscrits intérieurs.

Le chiffre de la capitation payé par les inscrits est très variable, selon les mœuong.

Dans les provinces de langue siamoise, et aussi, mais moins régulièrement, dans les provinces de langue cambodgienne, les quatre dignitaires portent respectivement les titres de chau ou chaufai (en khmèr, d'après deux mots siamois), de balat corruption du mot oppahat, de yokebat et de mahathai, et les fonctionnaires en sous-ordre sont appelés du titre générique de louong. Les chefs des cantons et des villages sont désignés par les titres d'amphœu et de komnan, ces deux mots étant souvent confondus selon les pays.

Les titres personnels des dignitaires sont souvent mêlés de mots khmèrs, plus souvent encore de mots sanscrits qui, selon toute vraisemblance ont été transmis aux Siamois par les Cambodgiens, ceux-ci ayant partout laissé des traces profondes, morales ou matérielles, de leur domination. Nous transcrirons entre parenthèses les mots sanscrits toutes les fois que nous croirons les reconnaître.

Le Laos siamois dépend tout entier du krom mahathaï de Bangkok. A la tête de ce ministère, le plus important de tous puisqu'il comprend sous sa dépendance toutes les provinces au nord et à l'est de Bangkok, est actuellement le Samdach Maha-malla, littéralement « le seigneur de la grande couronne », vieillard, oncle du roi de Siam, et apparenté par sa mère à l'ancienne famille royale de Vien chan, double considération qui n'a pas été étrangère à sa nomination. Les nombreux mœuong laociens forment à sa couronne un chiffre très respectable de fleurons.

Le grand-fleuve du Laos a été appelé Mékhong par les Européens, sans doute par analogie avec l'expression de ménam qui désigne les fleuves à Siam. Que Ménam signifie « mère des eaux », ou plus probablement « eau principale, grande eau », l'appellation a sa raison d'être, et d'ailleurs c'est celle que lui donnent les indigènes, tandis que Mékhong n'a aucun sens, et, de Khong à Nong Khai on ne rencontre pas un Laocien donnant ce nom au fleuve ; ils l'appellent Namkhong « l'eau (qui coule vers) Khong », point où ils voient la fin du Laos. Quelquefois ils disent le sé Nam khong, le Ménam khong, plus rarement encore le sé Khong « le fleuve de Khong », mais jamais, je le répète, le Mékhong. Sé peut se traduire par fleuve, Houé par rivière. Les Kêng sont les rapides. Don signifie île, Ban village, Phon et Khao, montagne.

Le Laos dont nous nous occuperons ici comprend le bassin du Grand-Fleuve et de ses affluents depuis Sieng Khan jusqu'à Sting Trèng. On peut l'appeler Laos méridional, du nom de la race qui l'occupe en majorité, mais bien d'autres races habitent dans cette aire que, pour plus de commodité, nous diviserons en trois parties qui sont successivement, en s'éloignant de la Cochinchine :

1° Le bassin du Grand-Fleuve, de Sting Trèng à l'embouchure du Moun ;

2° Le bassin du Moun ;

3° Le Grand-Fleuve, de Pak Moun à Sieng Khan.

Cette division, purement topographique, ne pourra être suivie dans l'étude des races.

La première partie, à divers points de vue la plus importante pour la colonie de Cochinchine, comprend les provinces suivantes : Sting Trèng, Sèn Pang, Attopœu, Saravan, Khamthong, à l'est du fleuve ; Bassak, Khong sur les deux rives, et Tonlé Ropou sur la rive droite. A Tonlé Ropou, on ne peut se dispenser de joindre Melou Préy, quoique, géographiquement, celle-ci soit un appendice de la province cambodgienne de Kompong Soai, les cours d'eau qui la sillonnent portant tous leur tribut au sting Sèn, la rivière de Kompong Soai.

II

MELOU PRÉY.

La province de Melou Préy n'a pas toujours été peuplée, comme aujourd'hui, presque exclusivement de Kouï. C'est une des provinces de l'ancien Cambodge les plus riches en monuments et en inscriptions.

Melou Préy est bornée à l'ouest par le sting Sèn, qui la sépare de la province cambodgienne de Kompong Soai, dès que cette rivière quitte sa direction primitive ouest-est pour couler du nord au sud; au nord, par les monts Dangrêk qui la séparent de Koukhan; à l'est, par la province de Tonlé Ropou, et au sud par le district de Prah Roung, dans le Cambodge. De ces deux derniers côtés, les limites sont souvent conventionnelles.

Melou Préy a une étendue de quatre journées de marche nord-sud et de cinq journées de marche est-ouest. J'estime à 30 kilomètres la journée moyenne de marche des indigènes de ces pays.

Les principaux cours d'eau de Melou Préy sont : Le sting Chok, qui prend sa source dans les Dangrêk, à l'endroit où cette ligne de montagnes fait un crochet au sud avant de se diriger vers le nord-est. Le sting Chok est un gros torrent dont le lit a une vingtaine de mètres de largeur et 5 ou 6 mètres de profondeur. Coulant vers l'ouest-sud-ouest, il reçoit sur sa droite le aur Kap Khmum, sur sa gauche le sting Chénh, et se jette dans le sting Sèn. Tous ces torrents ont un lit aussi considérable vers la source que vers leur confluent.

Au sud-est des précédents, le aur Ronoul coule d'abord du nord au sud, passe au chef-lieu de la province, où son lit mesure 15 mètres de largeur sur 5 de profondeur, puis il s'infléchit vers l'ouest pour aller se jeter dans le sting Sèn.

A deux jours au nord du chef-lieu est une grande plaine assez découverte appelée Véal Krung Kréang ou Véal Chêk Tœuk, « la plaine de la ligne de partage des eaux ». En effet, un tertre, dont la direction générale va du nord au sud, sépare cette plaine en deux versants qui envoient leurs eaux au sting Sèn d'un côté, et d'un autre au Grand-Fleuve par le aur Ropou, qui devient plus loin le tonlé Ropou. Il y a à peu près quatre jours de navigation du aur Ropou à l'embouchure du tonlé Ropou, dans le Nam Khong, en face de Koh Khmau.

De cette plaine Véal Chêk Tœuk sortent le aur Santruh et le aur Sé, dont la réunion avec le aur Ropou fait prendre à celui-ci le nom de tonlé Ropou. La source du aur Ropou est plus au nord, vers les Dangrêk, et, dans cette partie de son cours, il sépare les provinces de Melou Préy et de Tonlé Ropou.

Melou Préy est couvert de forêts. Le sol, généralement de sable et de gravier, est souvent rocailleux ; les blocs de grès affleurent en beaucoup d'endroits.

Une forêt très épaisse, appelée Préy Tremak « la forêt du cornac », où abonde le koki, s'étend depuis le sting Sên jusqu'au nord du chef-lieu en couvrant l'espace de trois journées de marche de l'est à l'ouest et d'une journée du nord au sud.

Les principaux centres sont : le Mœuong ou chef-lieu de Melou Préy, qui a donné son nom à la province. Ce mœuong s'est presque dépeuplé à la suite de dissensions locales lors de la révolte du prince cambodgien Votha. La population est en partie khmère.

Dans ce village est l'unique pagode bouddhique de toute la province ; le sentiment religieux fait en général défaut chez les Kouï.

À l'ouest, Pou et Pramé sont deux centres à trois kilomètres l'un de l'autre et à deux lieues du sting Sên.

Rolom Thmà, dont la population est khmère en partie, est à un jour au sud de Dan Tapuoi, l'un des passages des Dangrêk.

Par Melou Préy passe une route qui, de Bassak ou de Khong, conduit dans le Cambodge en passant par les villages de Cheam, Prang, Thmà Kèo, Kombot, Chhêp, Srê Pratéal, puis au sting Sên et à travers le district de Srê Kandal, dans la province de Kompong Soai.

Les Laociens conduisent des chevaux, des bœufs, des buffles par cette route commode, toujours en plaine, et qui serait bien plus fréquentée si le brigandage était réprimé sur tout son parcours.

Du chef-lieu de Melou Préy, on va en cinq jours à Khong au nord-est, en sept jours au Mœuong Dêt au nord, en sept jours au Mœuong Koukhan au nord un peu ouest, en trois jours à l'ouest à Promotép, district de Kompong Soai, et à Siem Réap, à l'ouest-sud-ouest, en neuf jours.

La population de Melou Préy est en très grande partie Kouï avec quelques Khmêrs.

Les Kouï, ainsi que nous le verrons plus tard, couvrent une grande étendue de terrain et se divisent en un grand nombre de peuplades parlant des dialectes assez différents pour ne pas se comprendre d'une tribu à l'autre. A cette race appartiennent toutes les tribus où le mot kouï signifie « homme », et les peuplades se distinguent par le mot qu'elles emploient pour dire « oui, ainsi, vraiment ».

Les Kouï de Melou Préy sont des Kouï ak, des Kouï antor, des Kouï melo.

A la suite de l'insurrection de Votha, beaucoup de Khmèrs ont émigré dans les deux provinces de Tonlé Ropou et de Melou Préy, et ils ne rentreront au Cambodge qu'avec la certitude de ne plus être inquiétés.

D'autres s'y sont réfugiés à la suite de méfaits dont ils ne se vantent pas. Cette population khmère ou kouï, gens de sac et de corde, écrème les rapides du Grand-Fleuve, attaque les caravanes laociennes. Ce sont de vrais brigands que craignent les autorités locales si même elles ne sont pas complices de leurs déprédations.

Melou Préy compte 557 inscrits, m'a-t-on dit, chiffre qui me paraît très faible.

C'est le premier chiffre que je donne ici, et ce ne sera pas sans insister sur ce point ; les renseignements statistiques fournis par les indigènes et rapportés dans ces notes ne peuvent être acceptés que sous toutes réserves.

Chaque inscrit de Melou Préy paye, pour son impôt de capitation, cinq pains ou 1,500 grammes de cire environ. Le tribut de la province en cire, ivoire, cornes de rhinocéros est envoyé à Koukhan, dont dépend Melou Préy ; Koukhan transmet ce tribut à Bangkok.

En outre, le chau prélève trois thang ou mesures de riz par an, sur les chefs de famille.

Les secrétaires ou collecteurs, appelés ak louong, reçoivent, pour leur peine, une natte ou un pain de cire ou un lingot de fer par maison.

Aucune ferme n'existe dans Melou Préy.

Le gouverneur de la province porte les titres suivants : Prah menou chăm năng, phou samrach reachkar, mœuong Melou préy.

Viennent ensuite :

1º Luong phakedey phouthon, Sangkréam, Balat (... Bhakti... dhara? sang râma).

2º Luong keo montréy yokebat.

3º Luong phakedey baurirak phou chhnoi.

4º Luong phakedey sangkréam darong.

Ces trois derniers sont considérés comme étant égaux ; suivent ensuite une quinzaine de luong en sous-ordre.

Les gens de Melou Préy emploient, comme monnaie, les lingots de fer de Kompong Soai et aussi la cire, dont trois livres du pays, de 100 au picul, valent une gueuse de dix ligatures de sapèques.

Ils labourent peu de rizières et sément plutôt du riz à la manière primitive en abattant et en incendiant des carrés de forêt, méthode qui, dans de bonnes conditions, donne 30 pour 1, mais descend, si la terre est mauvaise, à 8, 9 pour 1.

Le riz est égrené en le foulant aux pieds des hommes et non des buffles.

Les gens de Pou Pramè, à l'ouest, vendent quelquefois à ceux de Kompong Soai du riz au prix de trois charretées à la barre d'argent ; la charretée valant 20 thang cambodgiens ou gia annamites.

On récolte à Melou Préy une sorte de riz hâtif que l'on égrène sur pied ; un ou deux doigts de la main sont à cet effet préservés par des gants et les poignées de riz sont jetées dans une hotte suspendue sur la poitrine.

La récolte de ce riz, une des variétés gluantes à gros grains, appelé srau baut, a lieu avant maturité en cas de disette. Il est alors passé à l'eau bouillante, exposé au soleil, décortiqué et cuit comme du riz ordinaire.

De même que chez toutes les peuplades sauvages ou à demi-sauvages, le prix du riz est très élevé avant la récolte jusqu'à 1 tical le thang pour retomber à 1 tical les quatre thangs en février-mars.

Près du Phum Chhèp, à l'est, on fait des marmites vendues, selon leur grandeur, d'un à cinq lingots de fer.

Avec les feuilles du palmier treang, les gens de Melou Préy tressent des sacs à riz qu'ils vendent au Laos ou qu'ils échangent contre de l'arec, à raison de 60 sacs pour 1 livre d'arec.

La cueillette des nids d'abeille est la principale industrie de Melou Préy, dont tout le commerce a lieu avec les centres accessibles aux jonques sur le sting Sên dans la province de Kompong Soai : Kompong Trebèk, Kompong Kresang, Kompong Chhœu Téal, Kompong Thom.

Les gens de Melou Préy y viennent acheter des étoffes, du sel, du tabac, du gambier, de l'arec sec. Ils troqueront un buffle contre un beau langouti, une belle peau de bœuf sauvage ou domestique contre cinq tramém, soit un demi thang de riz, un nerf de bœuf contre dix noix d'arec.

Ils portent à Kompong Soai de la cire, des peaux, des cornes, des nattes de rotin. Les nattes faites avec le rotin appelé phdau som, servent au Cambodge à couvrir le plancher des maisons en guise de tapis. On les tire de Melou Préy ou de Poursat.

A Melou Préy, ces nattes valent deux ligatures de sapèques quand elles mesurent deux coudées de largeur et quatre de longueur et huit ligatures quand elles ont cinq coudées sur chaque côté, ou encore les grandes sont échangées contre un demi-picul ou un picul de sel, et les petites contre un tramém de sel.

Les os des cuisses d'un éléphant se troquent contre un picul et demi, deux piculs de sel.

La peau du bœuf sauvage appelé anrong vaut souvent dix ligatures le picul. D'autres fois, le picul de peaux est troqué contre trois ou quatre piculs de sel.

On voit qu'il y a de grandes variations dans les prix.

La cire est échangée aussi contre du sel, ou vendue 25 livres à la barre d'argent. Dans la province, cinq coudées de cotonnade seront changées contre un pain de cire.

Quelquefois les gens du pays prennent à crédit du sel, des cotonnades, promettant de s'acquitter en nattes dans deux ou quatre mois.

Ils recueillent aussi la résine de l'arbre phchek qu'ils vendent à Kompong Soai dix ligatures les trois piculs, ou troquent un picul de résine contre deux ou trois piculs de sel.

Ils creusent des pirogues qu'ils conduisent à Kompong Soai lors des crues en suivant les affluents du sting Sèn et cette rivière elle-même. Une pirogue de dix mètres de longueur est vendue une barre ou est échangée contre cinq à six pièces de cotonnade. Ils font des voitures qui sont souvent vendues avec leur chargement à Kompong Soai ; des torches vendues un tical le cent. Enfin, ils portent quelquefois à Kompong Soai des cocos et des jacques, troquant cinq cocos contre trois lingots de fer, ou un jacque contre un lingot.

Les Kouï habitent des contrées où l'aréquier pousse mal en général. Les gens de Melou Préy suppléent à la rareté de l'arec en mâchant le bois de l'arbre réach en guise de noix d'arec, avec du bétel. L'arbre atteint la grosseur de la cuisse, et les gros, qui sont rares par suite de l'exploitation, sont aussi les seuls estimés, le bois des jeunes arbres n'ayant pas de goût. Aussi un cœur de réach gros comme la cuisse, long d'une brasse est-il vendu un tical.

On distingue trois sortes de réach : 1º le réach phluk (d'ivoire), 2º le réach chhœu krâm (du nom d'un autre arbre) et 3º le réach kaëk (corbeau). Les deux premiers sont seuls mâchés.

La province de Melou Préy était, il y a deux ou trois générations, une province cambodgienne. L'Okña Dèchou Ming ayant dû s'enfuir de Kompong Soai se réfugia à Melou Préy, et demanda protection à Koukhan, qui en référa à Bangkok, d'où la réponse fut favorable. Plus tard, accusé de trahison envers Siam, par son gendre et futur successeur, ce Dèchou fut envoyé à Bangkok où il mourut. Les gouverneurs suivants de la famille de ce gendre furent toujours sous la dépendance de Koukhan, malgré beaucoup de tentatives et de grandes dépenses pour relever directement de Bangkok.

III

TONLÉ ROPOU.

Cette province tire son nom du cours d'eau qui prend sa source dans Melou Préy puis sépare cette dernière province au sud de celle de Tonlé Ropou au nord, et enfin coule à travers la province de Tonlé Ropou. Vers son embouchure, cette rivière mesure une soixantaine de mètres de largeur sur 8 mètres de profondeur, mais les dimensions diminuent rapidement quand on remonte son cours; sur ses rives, on n'aperçoit que quelques misérables cases isolées.

Cette province est bornée à l'est par le Grand-Fleuve, qui la sépare de Sting Trêng et de Khong; au nord, par Bassak; à l'ouest, par les Dangrêk et par Melou Préy, et, au sud, par le district cambodgien de Prah Roung. Elle mesure en étendue six jours de marche du nord au sud et quatre de l'est à l'ouest.

Il y a beaucoup de forêts claires dans Tonlé Ropou; le terrain est élevé, peu inondé; le sol sablonneux avec des blocs de calcaire ou de grès, et des monts isolés, la plupart en calcaire. L'un de ces monts de calcaire, Phnom Chhnyouk, est creusé en grottes où les habitants recueillent du guano de chauve-souris. Il en est de même à Phnom Kangok Méas.

Dans cette province est aussi une montagne de minerai de fer appelée Phnom Dèk comme de juste. Depuis une dizaine d'années, l'exploitation est abandonnée, par superstition, à la suite de la mort d'un mineur.

Selon les habitants, une source d'eau acidulée existerait à Cheam Lovéa, village situé à une journée de marche à l'ouest de Véal Kantél.

Les principaux centres sont :

Anlong Pra, vers l'ouest; Kompong Kassang, sur le Grand-Fleuve, un peu au-dessous de l'embouchure du Tonlé Ropou; Kompong Chréy, au-dessus, Prah Angkeal, au-dessous des cataractes de Khon, et Véal Kantél en face de Sting Trêng.

Sauf le premier, tous ces villages sont sur la rive occidentale du Grand-Fleuve.

La population, clairsemée, est composée de Khmèrs avec quelques Laociens sur le bord du fleuve, et de Kouï dans l'intérieur.

En principe, la province relève de Bassak. Si un gouverneur meurt, on informe Bassak qui avise Bangkok, d'où sont expédiés un brevet et un sceau pour le successeur. Il en est de même, comme nous l'avons vu, pour Melou Préy vis-à-vis de Koukhan.

Depuis plusieurs années, Tonlé Ropou n'a qu'un balat faisant fonctions de gouverneur. Le dernier, mort récemment, avait pour titres : Luong aphai phou-thon sangkréam balat mœuong Tonlé Ropou.

Les insignes du gouverneur sont en argent. Il a aussi un parasol rouge.

Il peut y avoir dans la province de quatre à cinq cents inscrits qui payent, dit-on, trois pains de cire pour l'impôt de la capitation. En outre, chaque chef de famille paye trois mesures de riz pour les besoins publics de la province.

Le tribut serait de six piculs de cire par an, il est porté à Bassak qui joint une lettre d'envoi pour Bangkok, où ce tribut n'est reçu qu'avec cette formalité.

Autrefois, outre la cire, Tonlé Ropou envoyait dix barres d'argent; actuellement, la province est dégrevée de cette somme.

Les fonctionnaires vont boire à Bassak l'eau du serment.

Les monnaies de Tonlé Ropou, qui sont aussi celles de Melou Préy, comprennent : le nèn, ou lingot d'argent du Cambodge, rare; le tical siamois, rare; le pè ou petit sou de Siem Réap, enfin les lingots de fer forgés dans Préy Kuoi, district de Kompong Soaï.

La piastre mexicaine a cours.

Pour une barre d'argent on a quinze chéal ou paniers de 20 lingots de fer chacun, soit 300 lingots, et trois lingots à la ligature de sapèques ou au chi, monnaie de compte, centième partie du nèn.

Dans les deux provinces de Tonlé Ropou et de Melou Préy, quand les ruisseaux sont à sec, les habitants des villages voisins creusent dans le sable de leur lit de petits puits qui leur donnent de l'eau, à une coudée de profondeur en général.

De même que les gens de Melou Préy, les habitants de Tonlé Ropou ont pour principale industrie la cueillette des nids d'abeille que, dans cette province-ci, on ne ramasse pas seulement sur les arbres, mais aussi sur les montagnes abruptes, aux flancs surplombants. La cueillette a lieu après que les abeilles ont quitté leurs nids, en mars et avril. Un homme, attaché à une corde, se fait descendre le long des roches, et on le hisse quand il a rempli son panier. Pour risquer cette aventure périlleuse, les cueilleurs n'ont guère confiance qu'en leurs frères.

Le guano de chauve-souris est arrosé d'eau et filtré à travers des paniers ; l'eau qui s'écoule, recueillie dans des jarres, donne par ébullition un salpêtre plus fort, disent les habitants, que le salpêtre du Cambodge.

Les gens de Tonlé Ropou sont grands fumeurs de kanchha ou chanvre indien qu'ils cultivent dans leurs jardins ; on ne voit pas de fumeurs d'opium.

Ils empoisonnent l'eau des mares, des flaques de rivière avec l'écorce, jaune à l'intérieur, du petit arbre appelé chhœu phlœung, bois de feu ; cette écorce tue les poissons.

Jusqu'à Tonlé Ropou se consomme le sisiet de Nongkhai, écorce rouge mâchée en place de gambier. Le sisiet coûte, à Tonlé Ropou, un tical les cinquante tablettes.

Dans la province la cire vaut une barre d'argent les 30 livres.

Tonlé Ropou exporte de la cire, des peaux, des cornes, des peaux de tigre, de l'ivoire, des os d'éléphants, de la résine ; le tout est exporté par bateau à Phnom-Penh.

Cette province envoie aussi au Cambodge des buffles vendus là-bas une barre, une barre et vingt ligatures la tête ; ici, on en a deux pour une barre.

De Phnom-Penh, les habitants de Tonlé Ropou rapportent des étoffes, du sel, des colliers, de la vaisselle.

La cotonnade rouge est assez recherchée par les femmes kouï.

IV

MŒURS ET COUTUMES.

Les Kouï des deux provinces de Melou Préy et de Tonlé Ropou sont principalement des Kouï ăk, Kouï antor et Kouï melo. Très portée au brigandage, toute cette population se livre beaucoup à la chasse.

Leurs cases sont couvertes avec l'herbe sbau; souvent les cloisons sont en écorce de koki, les colonnes en khlong et thbèng.

Les femmes se baignent nues en plein jour; elles portent les cheveux en chignon incliné ou droit, avec un petit mouchoir roulé autour en couronne, comme les Laociennes. Elles sont malpropres. Elles mettent fréquemment des fleurs aux oreilles dont les ornements sont en forme de grosses chevilles en argent, en bois, et même en feuilles de palmier treang. Elles portent des bracelets de laiton et s'habillent de la jupe tombante et d'un petit habit sans manches qui ne descend guère que juste au-dessous des seins.

Les garçons coupent leurs cheveux en brosse, portent des bagues de cuivre, ils suspendent à leurs oreilles percées des crochets de cuivre ou de plomb, et y passent des fleurs comme les femmes. Ils ont au cou des colliers de verroterie.

Les maladies cutanées sont très fréquentes chez les Kouï.

Ils ne se donnent pas la peine d'enlever toutes les petites plumes des poulets qu'ils font griller, ou même de les passer à la flamme pour brûler ces plumes; une odeur de poil roussi ne leur déplaît nullement.

Ils font quelquefois combattre leurs buffles et leur frottent la tête avec des fruits de khnhé, qui causent des démangeaisons et excitent l'animal. Des paris sont engagés sur ces luttes, et les gagnants poussent des hourrahs de triomphe.

Les notables font couper les cheveux à leurs filles, en grande cérémonie, avant l'âge de 13 ans, selon la coutume siamoise et cambodgienne. Mais le peuple ne suit pas cet usage.

Ces Kouï s'unissent quelquefois, comme les Cambodgiens, par les liens d'une amitié solennelle. Ils prêtent serment en présence des anciens, se jurent loyauté et fidélité mutuelle, après avoir allumé cinq bougies et cinq baguettes odoriférantes; ils se nouent des fils de coton aux poignets et boivent l'eau du serment. Les deux nouveaux frères d'armes s'appellent mutuellement keloe, de même qu'au Cambodge.

Tous ces Kouï sont très adonnés à la sorcellerie. Les thmôp ou sorciers sont fréquemment assassinés, et les autorités locales se taisent sur ces faits par crainte des assassins, ou plus encore parce qu'elles partagent les frayeurs populaires.

Ils usent des snèh ou onguents, philtres amoureux.

De même qu'au Cambodge, un accouplement de chiens sur une case la fera abandonner immédiatement. Si une chienne met bas sur une case, on purifiera la maison sans l'abandonner. Pour cette purification, un achar ou maître des cérémonies plantera cent petites baguettes allant du sol au treillis de la case, à l'endroit où la chienne a mis bas.

Les arbres qui ont été frappés de la foudre ne peuvent servir à faire des pirogues; de pareilles embarcations porteraient malheur aux propriétaires.

Si, en abattant un arbre, il rebondit en tombant de manière à se placer sur sa souche, cet arbre doit être abandonné. L'instrument, la pirogue faite avec son bois porterait de même malheur au propriétaire.

Au mois d'avril, les Kouï célèbrent la fête du nouvel an. Ils portent en procession, à la pagode ou à un lieu révéré, des fleurs de cire. Puis, tous les jeunes gens s'excitent à lutter deux à deux, armés d'un bouclier de feuilles du palmier treang, qui est aussi appelé klichèng et d'un faisceau de baguettes de l'arbuste appelé chhœu phlœung « arbre de feu ». Ils se frappent avec acharnement jusqu'à faire couler le sang, qui est recueilli sur du papier et offert au Bouddha, aux divinités à qui ils demandent longue vie et bonheur; plus la libation est abondante, plus grandes sont les chances d'être exaucé.

Moins heureux que leurs frères du plateau supérieur, ces Kouï ne peuvent avoir de bonzes. Ils s'en plaignent, mais ne songent nullement à l'unique remède, qui serait d'entrer en religion.

Aux couches, la famille, munie d'une paire de bougies, invite la sage-femme à venir donner ses soins, et, dès son arrivée, la malade lui lie un fil noir de coton au poignet.

L'enfant venu au monde, la sage-femme lie le cordon ombilical en trois endroits avec des fils de coton, puis opère la section sur une navette, avec un couteau à bétel. L'accouchée attache une de ses bagues de cuivre au poing de la sage-femme qui, en retour, attache une des siennes au poignet du nouveau-né et se retire. Au bout de trois jours, on l'invite à venir éteindre le feu allumé près de l'accouchée; cérémonie purement fictive: la sage-femme éteint une braise, et le feu est encore entretenu pendant plusieurs jours.

Pendant les trois jours qui suivent l'accouchement, la nouvelle mère, en état d'abstinence, ne doit ni descendre sur le sol, ni aller puiser de l'eau, se livrer à un travail quelconque, se disputer, échanger des paroles aigres avec n'importe qui.

Pendant une quinzaine de jours, elle s'abstiendra de certains mets, boira quelques remèdes, et avalera force sel, jusqu'à un petit bol par jour.

Lorsque les relevailles sont complètes, la nouvelle mère est tenue de procéder chez elle à la purification de la sage-femme qu'elle invite en lui offrant des bougies, des fleurs, une cigarette, une chique de bétel.

Pour cette purification, si l'accouchée est à l'aise, si elle est la femme d'un notable, elle prépare deux bouteilles d'eau-de-vie, une pièce d'argent, un bracelet de cuivre, une bague de cuivre, une natte, une petite mesure de riz gluant, une autre de riz ordinaire, une marmite d'un mets quelconque, quatre gâteaux ansom, un poulet bouilli, un coq vivant, de l'eau parfumée, un peu d'huile et une coupe de farine. Ces trois derniers articles sont pour laver et enduire la sage-femme à qui l'accouchée demande pardon en se prosternant devant elle. Elle fait porter tout ce qui a été préparé chez la sage-femme.

Les pauvres gens font des présents selon leurs ressources.

2.

Les naissances et les mariages sont célébrés par des festins, et les invités font des cadeaux (chàng day) selon l'usage général suivi en .pareille circonstance.

On enroule une pièce d'étoffe de sept coudées de long autour du cadavre des Kouï décédés, puis on roule ce cadavre dans une natte, et des lattes de bambou forment une troisième enveloppe. Il n'y a pas de cercueil.

On fait de la musique pendant tout le temps que le cadavre est à la case. Le paquet funèbre est emporté à la forêt par quelques hommes que précèdent deux youki (yogi) et que suivent les parents et amis en poussant des gémissement de commande.

Le bûcher, préparé d'avance, est salué à la mode antique, c'est-à-dire que le cortége en fait trois fois le tour. Mais, de même qu'au Cambodge, ce pradakshina funéraire a lieu en présentant la gauche à l'objet entouré, tandis que dans toute autre circonstance la droite est présentée à la personne, à la divinité saluée.

Le cadavre est placé sur le bûcher, les youki allument des torches, et, parait-il, renouvellent le pradakshina, ce qui n'a pas lieu au Cambodge. Ils mettent le feu au bûcher, et, le feu étant bien pris, les parents et amis se retirent, laissant les youki veiller seuls à l'opération. Ceux-ci, la crémation achevée, vont prévenir la famille qui revient, avec quatre jarres d'eau, éteindre le feu.

Avec les braises, les cendres, les ossements, on figure à trois reprises un corps humain étendu sur le sol, puis on ramasse et on lave les restes d'ossements pour les mettre dans une jarre qui est enveloppée entièrement dans une pièce d'étoffe, et déposée sur les cendres entassées, sur les charbons éteints.

On abandonne tout cela en place dans les bois. Pas de bonzes, pas de prières bouddhiques.

Les youki reçoivent des présents de riz ou de fruits dont la moitié leur est donnée directement, et l'autre partie après avoir été offerte au défunt. Ce qui n'est pas pris par les youki est jeté en pâture aux animaux.

Chez les Koui il n'y a pas de deuil : ni tête rasée ni vêtements blancs.

Ils croient fort aux revenants.

Nous ajouterons plus tard d'autres renseignements après avoir parlé de leurs cousins du Laos.

V

CUEILLETTE DE LA CIRE.

La cueillette des nids d'abeilles a lieu partout, dans les forêts des deux provinces, ainsi que sur les parois des monts abrupts de Tonlé Ropou.

Un peu au sud du Phùm Chhèp, village dans l'est de Melou Préy, sont deux téal gigantesques dont la récolte est spécialement réservée pour le tribut. Ces deux arbres, dit-on, ont été baptisés par un roi de Siam : Néang Sau et Néang Téap, la dame Sau et la dame Téap. On compte tous les ans plus d'une centaine de nids à chacun de ces deux géants des forêts.

A l'époque de la cueillette, on fait des offrandes aux esprits gardiens des abeilles. Le mà ou chasseur choisit les nuits obscures, de crainte des piqûres des abeilles, et, muni d'un maillet et d'un panier de fiches de bambous, il se met en devoir de faire l'ascension, ayant pour échelons les petites fiches qu'il enfonce dans l'arbre.

Le pied droit sur une fiche, le gauche sur une autre cheville au-dessus, et de la main gauche se tenant à la dernière fiche plantée à hauteur de sa poitrine, il prend de l'autre main une fiche dans le panier suspendu à son côté droit, l'enfonce légèrement dans l'écorce d'un coup sec, prend son maillet dans le panier et frappe trois coups, ni plus ni moins. En frappant davantage, la fiche rebondirait sur le bois et n'offrirait aucune solidité, tandis que les trois coups donnés par une main exercée font dépasser l'écorce par la fiche qui est enfoncée dans l'aubier d'un travers de doigt. Alors, disent-ils, un éléphant ne l'enlèverait pas.

Ce métier, l'un des plus rudes que l'homme puisse faire, donne lieu à une foule de superstitions.

Il y a, paraît-il, des abeilles qui ne sont pas vigilantes de jour, et alors il n'est pas nécessaire que l'opération ait lieu pendant la nuit.

Si le mâ ou chasseur, en montant, aperçoit un singe ou une femme, il crie à ceux qui veillent au pied de l'arbre de planter une fiche dans une des racines visibles, à l'endroit précis où cette racine s'enfonce en terre. Il faut ainsi conjurer le mauvais esprit.

Le mâ doit se tenir près de l'arbre et ne jamais laisser un rat, un écureuil, un lézard passer entre son corps et le tronc, accident qui pourrait occasionner sa chute. Ils ont d'ailleurs des formules pour en conjurer les mauvais effets.

Dès que les nids d'un arbre sont accessibles, le chasseur en enlèvera dix à quinze par nuit, enfumant les abeilles avec des torches grossières, descendant chaque nid à terre avec un panier suspendu à une longue corde.

La cueillette dure pendant les deux derniers mois de la saison sèche.

La préparation du miel et de la cire a lieu au village.

VI

LA CHASSE.

La chasse offre une ressource importante aux habitants des deux provinces, surtout à ceux de Melou Préy, qui chassent au fusil.

Ils fabriquent eux-mêmes leur poudre, en mélangeant au charbon de l'arbre popléa le soufre et le salpêtre qui leur viennent du Laos. Ils payent une livre de salpêtre 80 lingots de fer, soit la valeur de 20 francs environ, et ils ont une livre de soufre pour deux paniers de lingots de fer, soit pour 10 francs environ.

Il est à remarquer, à ce propos, qu'il y a peu d'Indo-Chinois, de civilisation indienne du moins, qui ne soient pas à même de fabriquer leur poudre ; c'est une fabrication que tous connaissent.

Les gens de Melou Préy chassent les diverses espèces de cerfs et de bœufs sauvages, surtout l'ansong; ils mangent la chair fraîche ou desséchée, et vendent les peaux ou les échangent contre du sel.

Les chasseurs expérimentés récitent des formules magiques, appellent à leur aide les esprits ou les conjurent, car les esprits sont de deux sortes :

1° Les prakham, esprits des armes ou des engins de chasse qu'il faut invoquer, rendre favorables, ce à quoi ils sont naturellement disposés;

2° Les esprits adverses, préai kangvéal ou merènh kàngvéal, lutins ou farfadets, gardiens des bêtes sauvages. Ceux-ci doivent être trompés et conjurés.

Le chasseur tuant un animal qu'il ne peut emporter immédiatement coupera les tendons des jarrets, mettra quelques branches sur le corps de la bête, ou placera dans sa gueule la petite boîte à poudre d'amorce, ou bien une balle, afin de faire garder par les esprits prakham le gibier qui peut alors être abandonné un jour, deux jours, jusqu'à putréfaction; pas une bête, tigre ou vautour, n'osera y toucher, pas plus que l'homme.

La section des tendons a pour but d'empêcher l'animal de fuir s'il ressuscitait par suite de l'évanouissement de la vertu des formules magiques que le chasseur a proférées au début de sa chasse.

Les parents et voisins venus pour aider à emporter la bête enlèvent les prakham (ici le mot signifie la représentation des esprits, les objets matériels), puis ils dépècent l'animal. Le chasseur doit avoir pour sa part : l'épaule droite, le gigot de droite, le filet de droite, la langue, le cœur, le bas du poitrail et la peau. Ceci est rigoureusement observé, sinon les esprits prakham seraient offensés; de cette faute il ne résulterait ni mort ni maladie, mais bien une bredouille continuelle dans la suite.

Ces préan ou chasseurs savent aussi jeter à une forêt un sort qui empêchera tout autre d'y chasser avec succès. Pour cela, ayant tué en un lieu une pièce quelconque, ils récitent des formules magiques en nouant ensemble quelques brins d'herbe sur tige, et ajoutent : « De même que je noue cette herbe, que pas un autre chasseur ne soit heureux ici. » Le sort durera tant que les brins seront noués, tant que le feu n'aura pas brûlé les herbes.

Ces gens n'estiment que les chasseurs de cerfs, de sangliers et nullement les chasseurs d'éléphants. « Tirer l'éléphant, disent-ils, ce n'est pas plus difficile que de tirer une poule sous la case. Il suffit de se mettre sous le vent pour s'approcher jusqu'à 15 ou 20 mètres d'un éléphant chez qui la vue et l'ouïe sont faibles relativement. C'est bien autre chose avec les cerfs, sangliers, bœufs sauvages. D'autant plus, ajoutent-ils, que si l'éléphant charge, il y a des formules magiques pour l'arrêter, et alors on le tire derechef à loisir. »

Les gens de Melou Préy tirent l'éléphant sauvage en chargeant leurs fusils avec des baguettes empoisonnées.

Les belles défenses doivent être portées au gouverneur sous peine de trahison.

Les habitants de Trepeang Kal, au nord du chef-lieu de Melou Préy, pour prendre au piége cerfs, sangliers, tigres, etc., disposent à l'est de leur village une longue ligne d'abattis orientée est-ouest. De distance en distance, à tous les passages fréquentés, on ménage des ouvertures jusqu'au nombre de quatre-vingts environ. A chaque ouverture, le piége fait tomber une pièce de bois assez lourde pour tuer les tigres et les sangliers.

Peu de jours se passent sans prise. A tour de rôle, les gens du village inspectent chaque matin les appareils et soufflent dans une corne pour annoncer le butin. Le village accourt dépecer la bête et relever l'appareil à l'aide de poulies.

Les oreilles de tout animal appartiennent aux esprits de la corde de suspension. Lors de la première installation de ces piéges, les habitants ont préparé un plateau triangulaire et à triple étage de feuilles de bananier, trois œufs, du riz blanc, du riz rougi au sucre pour faire une offrande astucieuse aux préai kangvéal ou esprits gardiens des animaux sauvages, qu'ils invitent à venir goûter à ces offrandes. Ils lient ces esprits au moyen de formules magiques, et, avec les mêmes préparatifs, ils font une nouvelle offrande, sincère celle-ci, aux esprits prakham de la corde de suspension de la trappe, qui est alors hissée avec enthousiasme.

La capture de l'éléphant sauvage est très pratiquée dans les provinces de Melou Préy, Tonlé Ropou, Kompong Soai, mais par des Laociens seulement.

Au départ, les chasseurs recommandent aux femmes de s'abstenir, pendant leur absence, de toutes les pratiques suivantes : couper les cheveux, s'oindre d'huile, exposer au dehors le pilon ou le mortier à décortiquer le riz, et donner des coups de canif au contrat de mariage ; toutes pratiques nuisibles à une chasse heureuse.

Ces chasseurs se réunissent sous la conduite d'un chef expérimenté, sonnent une triple fanfare dans des trompettes de corne et se mettent en route.

S'ils rencontrent un chasseur de bang koui, ils descendent d'éléphant pour se prosterner devant lui.

Le bang koui est ce lézard à échine dentelée si commun sur les arbres, à Saigon ; les Asiatiques le mangent. On le prend facilement avec un nœud coulant, en sifflant, pour que le reptile reste immobile. C'est à cette facilité, paraît-il, que rend hommage le chasseur d'éléphant qui saluera de même tout oiseleur de martin-pêcheur.

Sur le lieu de chasse, le chef, qui prend le titre de « chasseur de droite », récite quelques formules. Tous les autres sont les « chasseurs de gauche ».

Ils explorent les environs. Dès qu'un éléphant sauvage est aperçu, on lance à sa poursuite deux ou trois éléphants montés chacun par deux hommes qui jettent sur place tout leur bagage : riz, marmites, etc. Le cornac, assis à l'arrière, frappe à tour de bras sur la monture, lui enfonce même des chevilles dans la croupe. A l'avant, le chasseur tient une gaule ; à l'extrémité de cette gaule est un nœud coulant rattaché à la corde qui est passée aux épaules de sa monture.

Au cours de la poursuite effrénée, il cherche à passer le nœud coulant au cou, à une patte du sauvage qui, une fois pris, est amarré à un arbre avec l'aide des éléphants privés.

Après une chasse de douze, de vingt-quatre heures même, les chasseurs retournent prendre leurs marmites et leur riz. Aucun animal, aucun insecte, disent-ils, n'oserait toucher aux vivres jetés dans la forêt en cette circonstance.

Quand le chasseur de droite descend d'éléphant, les chasseurs de gauche lui font un tapis de feuilles ; son pied ne doit pas toucher le sol.

Il juge les cas litigieux ; par exemple, si un éléphant sauvage pris des deux côtés est réclamé par deux chasseurs, il invoque les esprits, leur demande de rendre l'animal obéissant au chasseur qui peut réclamer à bon droit la priorité. Les parties, aidées de leurs montures, essayent de faire marcher le sauvage récalcitrant qui se couche, pousse des cris. Le chasseur qui réussira dans cette entreprise aura l'animal.

Si, lors de la poursuite, le nœud coulant a été passé à la queue, à la trompe, le maladroit traqueur est mis à l'amende de 5 ou 6 ticaux au profit du chasseur de droite. Aussi, les chasseurs d'éléphant emportent de l'argent en prévision des amendes.

Si l'éléphant captif, luttant, se débattant, cherche à monter sur les éléphants privés, c'est que la femme au logis est infidèle. Si le lien se rompt, elle aura coupé ses cheveux ; s'il glisse, elle a dû s'enduire d'huile.

Les chasseurs d'éléphants, qui se sont réunis en troupe ne mettent cependant pas leurs prises en commun, chacun pour soi.

La chasse achevée, avant de retourner au pays, tous les éléphants captifs, liés aux éléphants traqueurs deux à deux, sont rangés en cercle, face au centre. Le chasseur de droite entonne à trois reprises une fanfare de triomphe et crache à terre ; un autre chante un couplet traditionnel. Ces pratiques ont pour but de rompre les liens qui rattachent les animaux capturés à la puissance des lutins ou farfadets gardiens de ces animaux sauvages qui, dès lors, s'apprivoiseront plus facilement, ne mourront pas de regret en captivité.

Puis on se met en marche. Ceux qui n'ont rien pris quittent la troupe, filent droit à la maison, l'oreille basse, peu soucieux de relever personnellement le triomphe des heureux.

Si un éléphant traqueur a fait capturer trois éléphants sauvages, l'un est pour son propriétaire, un autre pour le chasseur, le troisième pour le cornac.

Si deux éléphants sont capturés, l'un reviendra au maître de la monture, le chasseur et le cornac se partageront le prix de l'autre. Mais si un seul éléphant est capturé, il appartient en commun au chasseur et au cornac.

On sait que les éléphants privés reçoivent des noms. Le chasseur de droite seul peut baptiser ses prises; les autres prêtent l'oreille et nomment leurs nouvelles bêtes d'après les noms que donneront accidentellement les enfants rencontrés sur la route.

VII

STING TRÊNG.

Pendant la crue du Grand-Fleuve, on remonte de Sambaur, le dernier centre important du Cambodge, à Sting Trêng, le premier mœuong laocien, en six jours de navigation lente et pénible, poussant sur les branches des arbres de la rive orientale ou s'y accrochant avec des perches terminées par un croc d'un côté et par une petite fourche à l'autre extrémité.

Par contre, à cette même époque de l'année, un bateau peut descendre de Sting Trêng à Sambaur en une journée, en suivant les plus larges bras du fleuve, et, avec un bon pilote, cette rapide navigation ne présente pas de danger sérieux.

Lors des basses eaux, les barques passent, à la montée aussi bien qu'à la descente, par les grands chenaux de l'ouest du fleuve : Prah Trepeang et Prah Rosey.

Sur sa gauche le fleuve reçoit deux gros torrents qui viennent des montagnes de l'est. Dans leur lit de roches noires et déchirées, de 60 à 80 mètres de largeur, 5 à 6 mètres de profondeur, leurs crues subites et fougueuses interrompent souvent, à l'époque des pluies, les communications par terre entre le

Cambodge et Sting Trèng. L'un de ces cours d'eau, le sting Krieng au sud, vient de Phùm Arach, chez les Penongs, à six journées de marche dans l'intérieur. L'autre, le sting Prah, vient de Khnang Léach, à une huitaine de jours de marche vers l'est. Les deux rivières coulent en partie dans le territoire du Cambodge et se rapprochent vers leurs embouchures qui ne sont situées qu'à quelques lieues l'une de l'autre.

Sur cette rive orientale du fleuve, entre Sambaur et Sting Trèng, on ne rencontre que quelques rares et misérables cases de sauvages penongs.

Le chef-lieu de Sting Trèng est sur la rive gauche et un peu au-dessus du confluent de la rivière qui a donné son nom cambodgien au menong, et, par suite, à la province. On y compte trois pagodes, ce qui suppose environ 300 cases et 1,500 habitants. Les cases sont répandues en bande au nord de la rivière sur une longueur de 1,000 à 1,200 mètres.

Le sol est argileux; le terrain élevé n'est pas atteint par l'inondation; on voit au village beaucoup de cocotiers, aréquiers, bananiers, orangers et manguiers. Les habitants cultivent quelques rizières derrière le village, mais ils sont plutôt commerçants qu'agriculteurs.

La province, très grande, s'étend, à l'est du Grand-Fleuve, sur les deux rives du sting Trèng. Elle est bornée : au nord, par Sambaur à Koh Kabal Khla; au nord, par Sèn Pang, à cinq jours de distance; à l'est, elle pénètre dans les forêts et les montagnes, chez les tribus sauvages, jusqu'à sept à huit jours de marche.

La population, très clair-semée, se compose de Laociens et de sauvages soumis.

Selon le chau, les inscrits seraient au nombre de trois ou quatre mille, et la plupart des sauvages ne sont pas inscrits. Chaque inscrit payerait deux ticaux de capitation par an (soit 6 francs), et le tribut annuel porté à Bangkok serait de 8 livres d'argent ou 640 ticaux, dont une moitié payée par les Laociens et l'autre par les sauvages. Outre ce tribut, il y a des cadeaux d'usage en cire, ivoire, cornes de rhinocéros, à porter au Samdach maha malla. Tantôt le chau va en personne à Bangkok, tantôt il envoie un kromokar.

Le chau porte les titres de : Phra si sulat chau mœuong Sting Trêng (Brah çri suraja?).

Le dignitaire actuel de la famille des chau est le petit-fils du prédécesseur, dont son voisin, le ratsevong, est le fils.

Le chau a des insignes d'argent et un parasol rouge.

L'oppahat et le ratsebout, d'une autre famille, sont en dis-sension avec les précédents, et demeurent à Hang Kou, en cambodgien : Kantui Kou, la presqu'ile en face, centre aussi considérable que celui de Sting Trêng.

Les hommes du chef-lieu, habillés à la siamoise, sont géné-ralement tatoués ; ce sont des Laociens en grande partie. Il y a peu de Khmèrs et peu de sauvages, si ce n'est parmi les esclaves. Peut-être plus mélangés avec les sauvages, les gens de Sting Trêng sont plus bruns que les autres Laociens ; hommes et femmes se baignent nus en plein jour.

La population est douce et les gens quémandeurs comme la généralité des Laociens. Commerçants et bateliers, ils se livrent au transit avec le Cambodge. Le mœuong Khong leur fournit, contre du sel, le riz qui leur fait défaut.

De Sting Trêng, le voyage de Krechêh dans le Cambodge, aller et retour, est payé 24 ligatures à un rameur, et 32 ligatures au pilote. Jusqu'à Sambaur, un rameur recevra 20 ligatures, et 40 ligatures si le voyage se prolonge jusqu'à Phnom-Penh.

Souvent les bateliers, au lieu d'être des mercenaires, sont des associés à parts égales.

Mais le principal commerce de Sting Trêng consiste dans la traite des esclaves sauvages, amenés par les diverses branches de la rivière Sting Trêng.

Nous reviendrons sur cette question plus loin, au paragraphe spécial de la traite.

La piastre mexicaine est changée à Sting Trêng contre 15 lin-gots de fer.

On ne trouve pas de charrettes au chef-lieu et elles sont très rares dans l'intérieur de la province.

A deux lieues au-dessus de son embouchure, la rivière de Sting Trêng se bifurque. Je n'ai guère de renseignements sur la branche orientale qui, venant des montagnes de l'est et du nord-est, était trop en dehors des itinéraires de ma mission.

L'autre branche est la rivière qui vient d'Attopœu, qui coule grosso modo du nord au sud, dans un lit de 200 à 300 mètres de largeur. On la remonte en se servant de la gaffe, elle offre beaucoup de rapides et ses bords sont très-boisés.

Sur cette rivière, entre Sting Trêng et Sên Pang, on rencontre sur la rive droite, c'est-à-dire à gauche en remontant, un petit mœuong appelé Koh Thbêng ou Don Thbêng et officiellement Sotta Nokhon. Une trentaine de cases forment le chef-lieu de ce petit district qui, mécontent des autorités de Sting Trêng, a refusé de faire plus longtemps partie de cette dernière province, et, depuis six ans, relève de Bassak, dont le chau, sur leur demande, a prévenu Bangkok qui donna l'autorisation de changer de supérieur.

VIII

SÊN PANG.

Sên Pang, intermédiaire entre Sting Trêng et Attopœu, a son chef-lieu sur la rive droite de la rivière qui coule d'Attopœu à Sting Trêng. On compte trois pagodes à ce chef-lieu, ce qui permet de lui attribuer l'importance de Sting Trêng. La province s'étend sur les deux rives; à l'est, les habitants sont des tribus sauvages disséminées dans les forêts; à l'ouest, ce sont des Laociens et des Khmêrs; ceux-ci en plus grand nombre, parait-il. Ces Khmêrs sont de tout temps dans le pays, disent les uns; selon d'autres, leurs ancêtres venaient du district de Roméas Hêk, dans la province cambodgienne de Thbaung Khmum. Peut-être les deux versions sont-elles vraies en partie.

Sans perdre l'usage de leur langue maternelle, ces Khmêrs ont adopté les mœurs laociennes.

Le chau de cette province porte les titres de : Phra si maha tép chau mœuong Sên Pang (Brah çri maha déva).

Les insignes sont d'argent.

La province compterait 500 inscrits intérieurs et 200 extérieurs payant un impôt de capitation relativement élevé, 5 ticaux (ou 15 francs) par tête. Le tribut annuel envoyé à Bangkok serait de 20 cattis d'argent siamois, soit 1,600 ticaux.

La capitation est forte; le chau actuel n'est pas populaire, aussi beaucoup d'habitants émigrent dans la province de Bassak.

Les gens de Sên Pang font le commerce des cornes, des peaux, de l'ivoire, de la cire, des cornes de rhinocéros, et surtout des esclaves; les sauvages insoumis ne sont qu'à cinq journées à l'est du chef-lieu.

IX

ATTOPŒU.

Au-dessus de Sên Pang, la rivière d'Attopœu, large de 100 à 150 mètres, est profonde, sauf aux nombreux rapides; les rocs sont rouges, blancs et noirs. Sur les bords de la rivière poussent drus les grands arbres : koki, srelao, phchêk, sokkràm, krenhung. Elle reçoit sur sa droite le sé Péan, qui vient des massifs des Bolovên, et dont le lit souvent profond atteint jusqu'à 80 et 100 mètres de largeur.

Cette rivière d'Attopœu est formée juste au-dessus du chef-lieu de ce nom par la jonction de deux rivières, l'une aux eaux blanches, qui vient de l'est, l'autre aux eaux noires, qui vient du nord. Dans ce chef-lieu, les eaux sont noires d'un côté, blanches de l'autre, et ce n'est qu'en aval du mœuong que le mélange est fait, et la teinte uniforme. On ne compte à Attopœu que deux pagodes, mais les cases doivent être au nombre de 400 à 500 environ, occupant sur chaque rive une rangée longue de 2 kilomètres.

Les crues torrentielles de la rivière emportent quelquefois les jonques, inondent et abiment les rizières du voisinage.

Selon les autorités locales, le vrai nom d'Attopœu ou Attopay serait Ach Krebey, c'est-à-dire « fiente de buffle » en cambodgien.

Autrefois, le chef-lieu n'était pas à Attopœu mais au mœuong Suk, à une quarantaine de kilomètres à vol d'oiseau, au nord, et à trois jours de navigation en remontant la branche occidentale de la rivière.

Le mœuong Suk est un gros village. Une stèle au fond de la rivière (et, malheureusement pour moi, à plusieurs mètres sous l'eau en novembre 1883) rendait le séjour de Mœuong Suk trop pénible aux chau, tenus de lui faire trois sacrifices annuels d'alcool et d'un bœuf en rut. Un de ces seigneurs jugea bon de s'affranchir de ces obligations en allant s'établir à Attopœu.

Aujourd'hui, tout fonctionnaire passant à Mœuong Suk sacrifie à la stèle un porc, des poulets, des canards pour éviter des accidents, des naufrages.

A tort ou à raison, le chau d'Attopœu prend des airs royaux. Il fait boire l'eau du serment deux fois par an, en avril et en octobre.

Les inscrits de la province seraient au nombre de 3,000 (?) et en outre il y aurait 200 inscrits extérieurs.

Pour les Laociens, la capitation serait de 1 chi et 4 hun d'or par an. Les jeunes célibataires payeraient 7 hun d'or.

On évalue à vingt le nombre des tribus sauvages qui payent à Attopœu 1, 2 ou 3 ticaux d'or par an chacune. Les vingt tribus payeraient 22 ticaux d'or.

Le chau enverrait annuellement 5 cattis siamois d'argent à Bangkok.

L'un des juges ou fonctionnaires d'Attopœu, le mœuong chau, a sous sa dépendance les sauvages au nord du chef-lieu, principalement des Tampouon, qui occupent tout un amphithéâtre de montagnes.

Le mœuong sèn, collègue du précédent, donne ses ordres aux tribus sauvages en aval, et particulièrement à celles des Kha Srick, la plus importante.

Il n'y a pas la moindre ferme à Attopœu ; toutes les industries sont libres. Il n'y a pas d'autre impôt que celui de la capitation.

La population laocienne, fortement mélangée de sauvages, a les coutumes des autres Laociens. Les femmes ne se voilent pas les seins à la maison; elles s'enduisent de curcuma, se frottent de farine, et tout le monde se baigne nu en plein jour. Elles ne portent pas d'habit, de tunique, et se contentent, pour sortir, d'une écharpe de soie jetée négligemment sur leurs épaules ou, à défaut, d'un peu de cotonnade. Très souvent elles ceignent une jupe blanche.

Ces filles de races mêlées, à demi-sauvages, ont des mœurs très licencieuses. Toutes les jeunes filles esclaves d'Attopœu se livrent avec la plus grande facilité pour un peu d'argent, des étoffes, pour un peu de cet or qui est la monnaie usuelle du pays. Les pauvres, les esclaves, tout le monde porte plus ou moins des ornements d'or.

Les gens de cette province font du riz, des cultures diverses ; ils ramassent la résine liquide ou solide, travaillent des barques ; ils chassent l'éléphant sauvage et les autres animaux et exportent des cornes de bœufs, de cerfs, de rhinocéros et de l'ivoire.

Ils chassent beaucoup, — et se chassent même entre eux. — Nous le verrons plus loin.

Les chasseurs d'animaux ne doivent pas se dire plus de trois mots par jour. Ils ne peuvent s'emprunter mutuellement ni feu, ni tabac, ni marmites. Chacun pour soi en ce qui concerne ces trois articles. Le chef qu'ils se donnent prend le titre de kvan (comparez l'annamite quan).

X

L'OR D'ATTOPŒU.

L'industrie de l'or ne s'exerce pas au mœuong même, mais dans les environs, sur les divers affluents de la rivière, surtout ceux de l'est, et principalement chez les sauvages Tapak, à six jours d'Attopœu.

Le lavage est fait par les femmes munies d'un panier imperméable dont la forme est assez semblable à celle des paniers des petits porteurs de Saigon, mais plus évasée.

Elles descendent dans l'eau jusqu'à mi-jambe, amollissent un peu avec un fer le fond terreux, sablonneux, encore recouvert par l'eau ; elles remplissent leur panier de terre et d'eau et impriment un mouvement de rotation. L'or descend au fond du panier, la terre délayée est rejetée avec la main, et le résidu versé dans un tube de bambou dressé devant la laveuse. Elles renouvellent l'opération jusqu'à ce que ce bambou soit plein; alors son contenu est versé dans le panier et délayé de nouveau avec une quantité à peu près égale d'eau. Le résidu terreux, lavé jusqu'à trois fois, est rejeté quand elles n'y aperçoivent plus de parcelles d'or. Les femmes expérimentées rempliront dans leur journée trois ou quatre de ces tubes de bambous, qui ont la grosseur du mollet et la longueur de l'intervalle entre deux nœuds.

Sur ces tubes, elles emboîtent des couvercles de bambous, bouchent même hermétiquement la jointure avec un peu de résidu de laque, lient les bambous ensemble et les emportent sur le dos à la maison, où l'eau est filtrée à travers un linge. L'or, encore très mêlé de terre, est exposé au soleil dans les paniers mêmes qui ont servi au lavage. La terre étant sèche, ils étendent sur une natte, dans la case, une peau bien lisse, bien râclée des deux côtés. Un homme laisse tomber le résidu en filet mince sur lequel souffle un autre avec un tube coudé en fer. La terre s'envole, et les parcelles d'or tombent en tas sur la peau.

Une femme, avec un peu de chance ou d'habileté, peut recueillir en un jour une quantité d'or égale au volume du petit doigt sous l'ongle, soit le volume de huit à dix grains de riz. Le minimum obtenu équivaudra à trois ou quatre grains de riz par jour.

Selon d'autres, l'or recueilli en un jour variera de un à cinq chi.

Une laveuse prépare chaque jour cinq fleurs ou, à défaut, cinq feuilles appelées fleurs pour la circonstance, les dépose vers le tronc d'un arbre de la rive, invoquant les esprits, demandant bonne chance; cet acte de piété doit être accompli avant de se mettre au travail, sinon la chance ferait défaut, et même accidents et maladies pourraient survenir.

Cet or en paillettes est vendu par les sauvages à Attopœu au prix d'une barre d'argent les 9 chi.

A Attopœu, dit-on, un tical d'or est changé contre 12 ticaux d'argent ; à Bassak, contre 16 ticaux d'argent.

Le tical d'or est équivalent en poids, dit-on, à 32 grains d'un riz du pays à gros grains, de couleur rouge. Ce riz est appelé riz d'ivoire.

Le nên ou barre d'argent du Cambodge, de 15 à 16 piastres mexicaines, vaut à peu près 8 chi d'or à Attopœu. Donc, pour deux piastres mexicaines on aurait à peu près 1 chi d'or.

Le sel de Cochinchine vaut entre 1 chi et 2 chi d'or le picul.

La pièce de cotonnade rouge vaut 1 chi et 4 hun.

La pièce de cotonnade écrue vaut 1 chi 5 hun.

Quarante livres de fil de fer valent 8 chi, soit une barre d'argent.

La monnaie courante d'Attopœu est cet or pesé aux balances à plateaux et non aux balances graduées.

Les marchands portent chez les sauvages qui lavent l'or, des fils de laiton, de la cotonnade blanche ou rouge, du sel ; un article très recherché est la grande jarre à ventre un peu rebondi qui vient du Cambodge où on l'appelle péang. Elle est échangée contre un esclave sauvage, deux esclaves même. Le chau d'Attopœu a en magasin une cinquantaine de ces jarres, et son fils aîné devait descendre à Phnom-Penh pour en faire une nouvelle provision.

Tous les bijoux, dans l'est du Laos, sont faits avec cet or d'Attopœu, à l'aspect pâle.

Les gens du pays racontent que l'or était jadis si abondant que, sans le peser, on se contentait de le mesurer. Un bâtonnet d'or de la grosseur du pouce, de la longueur d'un empan, était échangé contre un buffle. De cet âge de l'or, il ne reste guère que les traditions. La production a diminué, et par-dessus tout les sauvages s'avisent d'être moins naïfs, de discuter poids et valeurs.

XI

KHA DÈNG.

L'expression kha dêng, littéralement « sauvage rouge », désigne un quadrumane qu'on ne trouve, dit-on, que dans la région d'Attopœu, aux monts Kha Salang, vers l'est.

3.

Sa taille est celle d'un enfant de deux ans. Ses poils, lisses comme ceux du chat, luisants comme de l'or, donnent à son corps l'aspect de l'or pur. Dans sa figure humaine on remarque son nez crochu. Les bras sont rouges et noirs.

Très agile, ce phénix des quadrumanes marche indifféremment sur deux ou sur quatre pattes. Pendant la grande chaleur, les femelles arrangent sur leur tête un toit de rameaux feuillus et placent leur petit sur leurs genoux.

Ce «sauvage rouge» ne parle pas, défaut qui étonne beaucoup les gens du pays d'Attopœu.

Depuis trois ans, un mandarin, le Phra Norin, envoyé de Bangkok pour s'emparer d'un ou deux spécimens de kha dêng destinés au roi de Siam, n'a pu encore faire qu'une battue; une nouvelle battue devait avoir lieu au commencement de 1884.

Chaque battue est précédée d'un massacre de porcs offerts aux génies et mangés par les nombreux traqueurs, qui ne prennent pas des fusils ou d'autres armes de jet, car il ne s'agit pas de blesser le rare et précieux quadrumane.

On emporte des haches, et, dès que l'animal est aperçu, il est entouré d'un grand cercle de bûcherons qui abattent les arbres pour lui couper la retraite, ne laissant debout que l'arbre où s'est réfugié le kha dêng que des hommes vont saisir.

Il ne mord pas, mais cherche seulement à fuir en sautant de branche en branche.

Le Phra Norin, prétend s'être déjà emparé d'une femelle, morte en cage après deux mois de captivité. Nous souhaitons qu'il nous offre l'occasion de vérifier quelque jour, dans une ménagerie de Bangkok, l'exactitude des renseignements que nous lui devons ; mais, au train dont vont les choses, nous ne l'espérons guère.

XII

SARAVAN ET KHAMTHONG.

Nous avons vu que la rivière d'Attopœu est formée à ce mœuong même par la jonction de deux rivières, l'une venant du nord-est, l'autre du nord au nord-ouest. Celle-ci reçoit sur sa droite, au dessus du mœuong Suk, l'ancien chef-lieu d'Attopœu, un affluent important, le sé Nam Noï, qui vient des montagnes du sud-est, et dont le lit très profond mesure une quarantaine de mètres de largeur. Le sé Nam Noï sert de limite entre les provinces d'Attopœu et de Saravan.

La rivière de Mœuong Suk peut être remontée par les pirogues jusqu'au Kêng Phéa Maï. De là, pour gagner Saravan, on se dirige par terre à travers un pays couvert de forêts claires d'arbres à essences résineuses.

Le sol est sablonneux. Il faut traverser plusieurs rivières qui ne sont guéables qu'aux basses eaux. Pendant les pluies, quelques hommes de garde aident le voyageur à passer sur une pirogue.

A mi-route est le Ban Phom, le centre le plus important de cette région très peu peuplée. Quoiqu'on l'appelle encore ban, c'est un nouveau mœuong, fondé depuis 1882.

Vers 1880, le chau de Saravan frappa un des secrétaires du ratsebout, qui, furieux, se retira dans sa case, puis engagea ses parents, amis et clients à le suivre à Ban Phom où ils fonderaient un nouveau mœuong relevant de Bassak, quoique sur le territoire de Saravan, les lois et les usages s'opposant à ce qu'ils levassent le drapeau de l'indépendance au chef-lieu de Saravan même. Il emmena 200 hommes et une quarantaine d'éléphants. La colonie défriche actuellement les environs de Ban Phom, mais le sol n'est guère riche.

Au-delà de ce centre, la route de Saravan coupe plusieurs fois le sé Daùn et ses affluents, venant tous des montagnes du sud, c'est-à-dire des montagnes du centre de la presqu'île.

On peut bien appeler ainsi le pays compris d'un côté entre la rivière qui passe successivement aux mœuong Suk, Attopœu, Sen Pang et Sting Trêng, et d'un autre, entre le sé Daùn et le Grand-Fleuve. L'unique langue de terre entre la rivière de Mœuong Suk et le sé Daùn n'a pas deux jours de marche de largeur.

Tout le centre de cette presqu'île est occupé par un massif de montagnes habitées par des sauvages qui relèvent des divers mœuong d'alentour et qui se livrent principalement à la récolte du kreko ou cardamome bâtard, la principale production de la région.

Le chef-lieu de Saravan, au bord du sé Daùn, sur un terrain assez élevé, n'est pas atteint par les crues de la rivière, dont la largeur est ici d'une quarantaine de mètres. Quand les eaux baissent, les éléphants peuvent la traverser à gué en posant les pieds sur les roches.

On ne compte au mœuong Saravan qu'une soixantaine de cases et deux pagodes.

Partant du chef-lieu, les limites de cette petite province sont atteintes en trois jours vers l'est, et en un seul jour dans toutes les autres directions.

On y compte 600 inscrits intérieurs et 20 extérieurs.

La monnaie est le lat ou petit lingot de cuivre, ici de 13 au sling. Vers le nord, la population est laocienne, mais vers le sud ce sont des sauvages Chan, Boloven et surtout des Soué.

A l'ouest de Saravan, la route continue par terre, le sé Daùn n'étant pas navigable dans cette partie. A une petite journée de Saravan, cette route passe à un étang appelé Nong Séda.

C'est une porte du pays et les mandarins de passage doivent y sacrifier aux esprits. Les envoyés royaux de Bangkok n'osent dépasser ce lieu avant d'avoir rempli cette obligation. Ils s'arrêtent là et dépêchent vers le chau de Saravan qui leur envoie un bœuf ou un buffle à sacrifier.

Khamthong a son chef-lieu sur la rive droite du sé Daùn. Le sol, sablonneux, élevé, n'est pas atteint par l'inondation. On y compte une centaine de cases. Les habitants cultivent des rizières aux environs.

La province compte 700 inscrits intérieurs et 200 extérieurs; chaque inscrit paye 5 ticaux de capitation.

Selon les uns, la population est surtout de race laocienne, et en fait de sauvages on n'y trouve que les Roué. Selon d'autres, la plupart des prétendus Laociens de cette province seraient tout simplement des Soué.

Le mœuong Kong, en aval sur le sé Daùn, est un petit district qui relève de Khamthong.

XIII

LES CATARACTES DE KHON.

En amont de Sting Trèng, la navigation du Grand-Fleuve est plus pénible que de Krechèh, les jonques remontent en suivant des bras qui coulent au milieu de véritables forêts, et souvent il faut couper à coups de hache les troncs morts tombés en travers et arrêtés par les arbres. Dans cette partie du fleuve, très déserte, les pirates ne manquent pas.

En s'arrêtant sur la rive droite à Prah Angkeal, l'un des principaux centres de la province de Tonlé Ropou, le mugissement sourd et continu des cataractes de Khon à quelques lieues de là, se fait entendre toute la nuit lorsque l'on est sous le vent.

De Prah Angkeal, on continue à remonter à la gaffe en suivant la rive droite. La région des cataractes commence à une pointe de rocs dangereuse à doubler même en tirant à la cordelle. D'autres roches noires, en cet endroit, sortent du milieu des flots jaunâtres. Le fleuve paraît large quoique l'on n'ait sous les yeux que le bras occidental qui n'est même pas le plus important.

Cette pointe doublée, on remonte encore en suivant la rive jusqu'à 1,000 ou 1,200 mètres plus haut.

La barque est lancée à travers le fleuve ; tout l'équipage fait force de rames pour aborder la rive de l'île Khon, bien en aval du point de départ de la traversée. On remonte à l'ouest de l'île un chenal peu large entre Khon et d'autres îles. Le courant est violent, il faut souvent hâler les jonques au câble.

Au bout d'une heure, on aperçoit devant soi une masse imposante d'eaux tumultueuses et bondissantes. C'est l'issue commune de quelques-unes des cataractes à l'ouest de Khon.

La navigation finit un peu au-dessous, vers une petite plage de sable que protège une pointe de rocs. L'eau, violemment tourmentée, imprime des secousses continuelles aux câbles des jonques qu'il faut avoir soin de doubler en ajoutant d'autres câbles de sûreté.

De cette plage, appelée Thasaï Snam, une route praticable aux charrettes conduit au village de Khon où recommence la navigation, à 1,300 ou 1,400 mètres de là.

En suivant cette route sous bois, on entend continuellement le mugissement des cataractes sur la gauche, mais ce ne sont que les moindres par où tombe l'eau des petits bras intermédiaires. Les deux principales cataractes sont vers les rives, à une grande distance l'une de l'autre.

L'occidentale est appelée Prah Mit; l'orientale, Prah Préng, a, selon les indigènes, environ 400 mètres de largeur. Lorsque les eaux sont très hautes, les jonques complétement déchargées peuvent descendre et remonter le Prah Préng. Les pertes de jonque, les noyades de Laociens n'y sont pas rares.

L'unique chute que j'aie vue, entre Thasaï Snam et le village de Khon, d'un volume peu considérable, mesurait 3 à 4 mètres de hauteur.

Le village de Khon, au nord-ouest de l'île, est sur le bord d'un petit bras assez semblable à un gros bief de moulin, et le mugissement d'aval complète l'illusion.

De Thasaï Snam à Khon, les bagages sont transportés par terre; le village, sous les ordres d'un petit chef, le Banha Vichit, fournit les porteurs et deux ou trois mauvaises charrettes à buffles, et prend en payement un lingot de fer par picul de marchandises, soit la valeur d'une ligature de sapèques pour trois piculs. Le village de Khon compte une quarantaine de cases et une cinquantaine d'inscrits, bonnes gens, tous laociens. Au sud, derrière le village, s'étendent de jolies rizières.

A mon avis, pour améliorer ce service de transport, une route devrait traverser l'île du nord au sud, on éviterait ainsi de remonter le chenal pénible qui la longe à l'ouest.

L'île de Khon me paraît avoir une lieue de longueur du nord au sud. Elle fait partie de la province de Khong.

Non-seulement dans cette île, mais même dans cette région où hurlent continuellement les cataractes, quiconque tirerait un coup de fusil, ferait entendre une détonation quelconque, frapperait du gong, du tamtam, etc., serait passible, en vertu des us et coutumes de temps immémorial, d'une amende de deux damlêng, soit huit ticaux au profit de la Nang Tim, femme du village en qui se sont incarnées les divinités locales.

Nous aurons occasion de reparler de ces femmes.

A propos des cataractes de Khon, il ne faut pas oublier de mentionner une bonne route de charrette contournant les monts de la rive ouest du fleuve et conduisant en une petite journée de Kompong Chréy en amont à Prah Angkeal en aval des cataractes.

XIV

KHONG.

La province de Khong, dont le nom officiel est Sithandon, corruption, dit-on, de Siphandon « les quatre mille îles », comprend un très grand nombre d'îles dans le Grand-Fleuve et un peu de terre sur les deux rives, du moins sur la rive orientale, car je n'en suis pas sûr du côté de Tonlé Ropou; les uns disent oui, d'autres disent non.

Khong est borné au nord par Bassak, à l'ouest par Tonlé Ropou, à l'est par Sèn Pang et au sud par Sting Trèng.

Les rives des îles sont peuplées, plantées de coton, d'indigo et de dàk kham, dont la fleur donne la teinture jaune qu'affectionnent tant les femmes laociennes.

Selon les uns, il y aurait 1,340, selon d'autres 3,000 inscrits dans cette province.

La capitation est de 4 ticaux par inscrit.

Selon certains renseignements, le tribut annuel porté à Bangkok serait 1 picul d'argent, soit 50 cattis siamois (ou 12,000 francs); selon d'autres, ce serait 1 picul et 7 cattis, selon d'autres encore, 1 picul et 17 cattis.

Le chau a pour titres : Phra aphiréach vongsa chau meuong Sithandon (Brah abhiraja vansa).

Il a des insignes d'argent et un parasol rouge.

Le chef-lieu, ou Meuong Khong, sur la rive orientale de l'île de ce nom, compte trois pagodes et environ trois cents cases disséminées sur 2 kilomètres de longueur, mais plus serrées entre la pagode centrale et l'habitation du chau. Il est habité principalement par les fonctionnaires et leurs esclaves, dont beaucoup sont des sauvages reconnaissables à leur teint foncé, aux oreilles largement percées, à leur pagne étroit.

A quelque cent mètres derrière le mœuong est une ligne de petites montagnes, et sur la rive occidentale de l'île un autre gros village appelé Ban hin Siou.

Cette île de Khong, la plus importante des îles de la province qui lui doit son nom, mesure environ 40 kilomètres du nord au sud et 16 kilomètres de l'est à l'ouest.

On y cultive beaucoup de riz, et, dans les villages, le cocotier et l'aréquier poussent en abondance.

Le poisson ne manque pas aux basses eaux.

Au sud-ouest de Khong est une autre île, Don Sang Phai, où un marché de Chinois, soixante cases environ, écoule du sel, de la vaisselle, des cotonnades et d'autres articles venant de Cochinchine.

Les gens de Khong mangent tous du riz gluant. Ils mâchent, en guise de gambier, du sisiet de Nongkhai. Ils sont doux, bavards, quémandeurs.

Les hommes suivent les modes siamoises. Les femmes, blanches, peu timides, se baignent nues en plein jour, portent la jupe laocienne et une écharpe jaune négligemment jetée sur les seins. Les unes ont les cheveux coupés court, d'autres portent le chignon droit national.

La monnaie est le tical et les lingots de fer de Kompong Soai.

Il n'y a à Khong qu'une petite ferme, celle des jeux, affermée une barre d'argent et demi. Le fermier prélève sur les joueurs le dixième des gains.

La distillation de l'alcool est entièrement libre et a lieu en famille.

La province de Khong reçoit des esclaves de Sèn Pang, le sisiet de Nongkhai, envoie du riz à Sting Trèng, transite les peaux et le cardamome bâtard de Bassak, et échange des buffles contre les chevaux des Rodè, à une quinzaine de jours vers l'est. Un buffle vaut un beau cheval.

XV

PROVINCE DE BASSAK.

La province ou royaume de Bassak est relativement étendue. Elle est bornée : à l'ouest, par le mœuong Dét, à trois ou quatre jours de marche de la ville de Bassak, au sud sud-ouest, à quatre jours par la province de Tonlé Ropou ; au sud, par le mœuong Khóng, à deux jours de marche ; au nord, par la province d'Oubon, à cinq ou six jours de marche ; au nord-est, par Saravan et Khamthong, à six jours ; à l'est, par Attopœu, à cinq jours de distance ; au sud-est, par le territoire de Sèn Pang également à cinq jours de distance : toutes ces distances évaluées de la ville de Bassak aux frontières de la province, qui s'étend donc au loin sur les deux rives du Grand-Fleuve.

Outre le district de Bassak proprement dit, plus important à lui seul que tous les autres, les districts ou petits mœuong qui relèvent de Bassak sont au nombre de 15 en y comprenant Koh Thbèng, qui s'est récemment séparé de Sting Trèng.

À l'est du Grand-Fleuve sont les districts suivants :

1° Le mœuong Suttha Nokhon ou Koh Thbèng, que nous avons déjà vu, sur la rivière de Sting Trèng, à Sèn Pang ;

2° Le mœuong Nakhon Phéng ou Phing, à sept ou huit jours de barque au nord de Bassak, à l'est d'Oubon, est peuplé de Soué ;

3° Le mœuong Siphat, sur la rive droite du sé Daùn, au-dessus de Vapi, entre Saméah et Khamthong Niaï dont il relevait jadis ; le mœuong est peuplé de Soué et de Laos ;

4° Le mœuong Saméah, au-dessus de Khamthong, au-dessus de Vapi, au-dessus de Siphat, est sur les bords du sé Daùn comme tous ces centres. La population est Soué. D'autres font relever ce district de Khémarat, et nous en reparlerons en examinant cette dernière province ;

5° Le mœuong Vapi Phai Boun, et, par abréviation, Vapi, est sur le sé Daùn au-dessus de Khamthong Niaï, entre les deux précédents ;

6º Le mœuong Suvanakiri (Suvarnagiri), peuplé de Laociens, à quatre jours de barque au nord-est de Bassak, sur la rive de gauche du sé Daùn ;

7º Le mœuong Mathura Saphon ;

8º Le mœuong Khamthong Noï (le petit), ainsi appelé pour le distinguer de Khamthong, ou Khamthong Niaï (le grand), que nous avons vu avec Saravan, est dans les montagnes à l'est de Bassak. Les habitants sont des Soué qui fabriquent de petits plateaux de bois vendus 10 à 15 lats, et qui surtout récoltent le kreko ou cardamome bâtard ;

Les districts à l'ouest du fleuve sont les suivants :

9º Le mœuong Sukhuma, à 45 kilomètres au sud-ouest de Bassak, peuplé de Soué, c'est-à-dire de Kouï (ici ce sont des Mahaï); on compte une cinquantaine de cases au chef-lieu et 200 inscrits dans le district créé depuis une douzaine d'années par le chau de Bassak dans le but de réprimer le brigandage du côté de Tonlé Ropou. Le chau de ce petit district porte les titres suivants : Phra sourén phakedey si sourah sang khram chau mœuong Sukhuma. De même que ses administrés, c'est un Kouï mahaï ;

10º Le mœuong Uttum ou Uttuma Thani (Uttuma dhani), au sud-est du précédent. La population est laocienne ;

11º Le mœuong Saphang Phou Pha, peuplé de Laociens ;

12º Le mœuong Phoum Thong, à deux jours au nord-ouest de Bassak, peuplé de Laociens ;

13º Le mœuong Boua, à quatre jours à l'ouest de Bassak, peuplé de Soué ou Kouï. Ce mœuong, à deux jours au sud-est de Phimoun, sur le bord du Daùn noï, affluent du Moun, s'est séparé de Phimoun et d'Oubon pour relever de Bassak ;

14º Le mœuong Daùm Palit, à quatre jours au sud-ouest de Bassak, est peuplé de Laociens ;

15º Le mœuong Valim, qui compte 240 inscrits, Laociens payant 2 ticaux de capitation par tête et envoyant 6 catis d'argent à Bassak pour leur quote-part de tribut.

XVI

VILLE ET DISTRICT DE BASSAK.

Le fleuve, remonté de Khong à Bassak, offre de nombreux villages sur ses rives et beaucoup de cultures de coton, d'indigo, de dàk kham.

Bassak est l'abréviation parlée de Champasak, le véritable nom du mœuong ; je n'y ai d'ailleurs rien trouvé qui se rapportât à la nation cham.

Le mœuong actuel de Bassak, sur la rive droite du fleuve, occupe un terrain élevé, hors des atteintes de l'inondation, où la rive, décrivant une courbe concave, est très escarpée. Le sol est du sable argileux.

On compte à Bassak 13 pagodes, ce qui permet de supposer au moins 500 à 600 cases. Les maisons, assez espacées, entourées de clôtures, de jardins de cocotiers et d'aréquiers, s'étendent sur une lieue en longueur et 200 mètres en largeur.

La route qui longe Bassak n'est pas sur le bord du fleuve comme à Khong et à Sting Trèng ; ici, c'est une petite levée de terre laissant entre elle et le fleuve la première ligne de jardins et de maisons.

La forêt basse, quelques maigres rizières séparent Bassak d'une ligne de hautes montagnes qui, vues du mœuong, paraissent ne former qu'un seul massif, mur énorme qui protége Bassak contre les vents d'ouest.

Du sud au nord, les pics de cette chaîne sont successivement appelés Phou Sangkier, Phou Chhùk (mont de la houppe), Phou Bassak, Phou Pho Phing et Phou Maloung.

La population du chef-lieu de Bassak est laocienne, avec quelques Chinois attirés par le chau actuel.

Les hommes suivent les modes siamoises ; ils sont en général tatoués, mâchent du sisiet en guise de gambier.

Ils se baignent nus en plein jour, et les femmes aussi. Celles-ci sont blanches, propres. Elles coupent leurs cheveux en partie, mais plus généralement elles portent le chignon laocien entouré d'un petit foulard jaune en forme de couronne. Elles portent la jupe longue et une écharpe jaune sur la poitrine. Leurs oreilles sont ornées de clous ou de crochets en or d'Attopœu. Quelques-unes portent en sautoir des colliers formés de petits tubes d'or.

De Bassak, en remontant le fleuve jusqu'au confluent du Moun, on rencontre beaucoup de villages dont plusieurs sont importants.

A une lieue sur la même rive occidentale est le mœuong Bassak Kaokang, c'est-à-dire l'ancien moyen mœuong, la résidence des chau il y a 20 ou 30 ans. C'est aujourd'hui un gros village avec beaucoup d'arbres fruitiers : cocotiers, aréquiers, jacquiers, manguiers, orangers, bananiers.

A une journée de navigation en remontant plus haut, au delà des montagnes qui font dévier le cours du fleuve, en face de l'embouchure du sé Daùn, sur la rive gauche du fleuve qui forme ici un beau bassin tranquille entouré de tous côtés d'un amphithéâtre de montagnes, est le mœuong Kao Kok, l'ancien mœuong primitif de Bassak. C'était la capitale, il y a 50 ou 60 ans. Une enceinte en briques indique le palais de l'obbahat ou du Ratsebout de Vien chan, envoyé par son père, le chau Anuh, pour gouverner Bassak. Ce fils fut capturé par le Bodin lors de la révolte du chau Anuh, et l'on dit qu'il se suicida.

Une pagode encore habitée, la Vat Prah Keo, fait corps avec l'enceinte du palais.

Les gens du mœuong Kao Kok vont chercher le cardamome bâtard et l'ortie de Chine en remontant le sé Daùn jusque chez les sauvages de Saravan, Khamthong, et même au delà.

Le ban mœuong Saphaï, plus haut, rive gauche, a 2 pagodes et plus de 100 cases ; mais le choléra de 1882 l'a dévasté.

En face, sur l'autre rive, est Sak Mœuong d'où part la route de terre qui conduit à Phimoun.

Les gens de ces localités et des voisines plantent le coton et le dàk kham sur les rives du fleuve à la décrue, c'est-à-dire en octobre-novembre, et récoltent le coton en mars, le dàk kham en mai.

Juste au confluent du Moun est le ban Dan « le village du poste », petit village sans rizières sur les plateaux de grés.

Les habitants font des torches qu'ils troquent contre du riz :
20 torches contre 1 thang de riz de 20 livres.

XVII

IMPÔT. — COMMERCE DE BASSAK.

Laocienne sur le Grand-Fleuve, la population de la province
de Bassak est en grande partie formée de Kouï et d'autres sauvages
dans l'intérieur.

Selon le chau, les inscrits seraient au nombre de 10,000 et
le tribut annuel à Bangkok serait de 76 catties d'argent.

D'autres disent 12,000 inscrits et 3 piculs d'argent, soit
150 catties (36,000 francs).

D'autres disent 7,000 inscrits. Le chau de Khong m'a dit que
les inscrits de Bassak étaient au nombre de 3,000.

On voit combien tout chiffre est difficile à établir avec les
Laociens.

L'impôt de capitation en général, fixé à 2 ticaux 2 sling, soit
10 sling par an, n'est perçu que tous les trois ans, soit 7 ticaux
2 sling par tête.

L'impôt de capitation, d'ailleurs, est loin d'être perçu d'une
manière uniforme dans toute la province. Les gens de l'est, qui
récoltent de la cire, payent 5 ticaux par ménage tous les deux
ans, les jeunes célibataires payent 1 tical tous les deux ans.
Ils sont ainsi groupés, au nombre de 1,500 inscrits environ,
payant 300 barres d'argent en deux ans, sous les ordres de
deux chefs, le phasi et le kanha, qui perçoivent cet impôt et
reçoivent du chau une solde de 16 damling, soit 54 ticaux
chacun par an.

La monnaie de Bassak est le lat, ici de 10 au chi ou sling.

L'unique ferme, créée par le chau actuel, est celle des jeux,
à Bassak ; le fermier prélève le dixième du gain des joueurs.

Les gens de la province cultivent des rizières ou brûlent les
carrés de forêt pour planter du riz. Les rives du fleuve sont
cultivées en coton, indigo et dâk kham. Le coton en surplus
est exporté à Oubon.

La cire est exploitée dans les forêts à l'est de Bassak. La récolte a lieu, comme partout ailleurs, à la fin de la saison sèche. Un homme peut recueillir jusqu'à 7 à 8 ticaux de cire par an.

Le pain de cire vaut 6 lat du pays et pèse 3 damling, chiffres qui nous donnent 31 livres de cire à la barre d'argent du Cambodge.

Les sauvages recueillent beaucoup de kreko ou cardamome bâtard dans les montagnes de l'est, dans cette presqu'île formée par le Grand-Fleuve et ses deux affluents, le sé Daùn et la rivière d'Attopœu (sting Trèng).

L'arbuste pousse naturellement sur le sol des hautes futaies; mais il est aussi planté en ligne. Les gousses, cueillies vers novembre, sont exposées au soleil, chauffées au feu sur des tréteaux et placées dans des sacs.

En février, les marchands viennent d'Oubon acheter ce cardamome ou faire des échanges.

Un homme actif, en une saison, peut recueillir du kreko pour une valeur de 4 à 500 francs.

Outre le cardamome, la cire, l'ortie de Chine, la province de Bassak exporte beaucoup de peaux et de cornes. Elle reçoit le tabac et le sisiet de Nongkhai, et le sel d'Oubon.

Un rameur du pays, loué pour le voyage de Bassak à Saigon, aller et retour, reçoit 12 ticaux et la nourriture. Le kvan hœua, chef de barque, pilote, a 15 ticaux de salaire.

XVIII

LE CHAU DE BASSAC.

Le chau actuel de Bassak, âgé de 48 ans, est en fonctions depuis l'époque du passage de la commission d'exploration du Mékhong.

Il n'est pas de race royale, mais son heureuse étoile lui a fait mettre la main successivement sur trois éléphants blancs, ou plutôt couleur de marmite neuve, et son suzerain, en recevant ces précieux animaux, fait pleuvoir les dignités sur sa tête.

Actuellement, on le considère comme roi. Les Laociens lui répondent : gniang kremàm « qui est sur les têtes ».

Ses titres sont : Phrah sothoma thom (Brah sudharma dhara), ou, selon d'autres : Phra yuthithama thom (Brah yudhidharma dhara) Chau Nokhon Champasak.

Il a pour insignes un plateau d'or, une boîte à bétel en or, une aiguière d'argent, une urne d'argent, un parasol rouge, un parasol jaune et un habit de satin.

Il est le quatrième chau de sa famille qui date de la conquête du Bodin, vers 1827. Les chroniques royales, tous les objets précieux ont été enlevés, brûlés à cette époque et, depuis lors, le pays est sous la domination siamoise.

Le chau de Bassak a une douzaine de femmes, plusieurs enfants, dont un grand garçon et une grande fille. Il est riche en bœufs, buffles et possède une centaine d'éléphants. Une douzaine de traqueurs d'éléphants, à ses ordres, capturent chaque année quatre à six de ces animaux.

Son troisième éléphant blanc a été troqué par des Penongs, tributaires du roi du Cambodge, contre trois éléphants à défenses, sept esclaves mâles, deux esclaves femelles et divers autres objets. Les envoyés du roi du Cambodge ont été moins prompts ou moins généreux.

Quand j'ai passé à Bassak, le précieux animal, jeune éléphant de deux à trois ans, était au palais du roi qui avait l'intention de l'envoyer à Bangkok en février ou mars 1884. Plus tard, j'ai pu voir les abris préparés sur la route, et, bien souvent, j'ai dû répondre que je l'avais vu de mes yeux et qu'il avait bien la couleur d'une marmite neuve.

Je souhaite que l'offre de ce troisième éléphant blanc fasse octroyer au roi de Bassak ce qui fait en ce moment l'ardent objet de ses vœux : le droit d'entourer son modeste palais d'un mur en briques au lieu d'une simple palissade de madriers.

Il faut pour cela une autorisation spéciale du roi de Siam, dont la cour est très chatouilleuse sur ce point. Un grand mandarin de Bangkok, qui passait à Bassak en 1883, le Phya si, actuellement Phya maha amat, le second du Samdach maha malla, n'a pas osé prendre sur lui de donner cette autorisation.

Et pourtant, quelles raisons parlantes et sonnantes n'avait-il pas d'être agréable au chau de Bassak ?

Ce Laocien, certainement le plus remarquable de sa race depuis Sieng Khan jusqu'à Sting Trêng, jouit d'une grande influence morale dans toute la région du sud-est. Il passe pour bon justicier, dédaignant les cadeaux de corruption. Il parvient à réprimer dans ses États le vol, le brigandage, et certes, à ce point de vue, le contraste est grand avec la généralité des pays que j'ai parcourus.

Sincère ou non, il m'a paru avoir le sentiment très net de la situation commerciale de la région dont sa province occupe une grande partie et très désireux de voir se développer les relations commerciales avec la Cochinchine et réprimer le brigandage de la frontière.

Lors de mon arrivée à Bassak, grâce à de faux bruits qui me précédaient, son accueil fut très réservé, presque hostile. Selon les uns, je venais m'ingérer dans un procès qui traînait en longueur devant son tribunal et dont une des parties se réclamait, bien à tort d'ailleurs, de l'obbarach du Cambodge. Selon d'autres, je venais réclamer et emmener les esclaves annamites, ou bien encore je venais réclamer l'éléphant blanc acheté dans les dépendances du territoire du Cambodge. Quand le roi de Bassak fut bien convaincu que mes recherches toutes pacifiques étaient exclusivement scientifiques, nos relations se détendirent très rapidement, et, à mon départ, appréciant mieux que moi les difficultés de la route, il donna des ordres qui me furent d'un puissant secours pour m'aider à continuer vers Oubon.

XIX

LES SAUVAGES DE L'EST.

De nombreuses tribus sauvages occupent la région du nord-est du Laos et, à moins d'y séjourner très longtemps, il est bien difficile de donner d'amples détails sur toutes ces peuplades. Il faut se borner à transcrire les aubaines accidentelles échues pendant le voyage.

Sans compter les Kouï ou Soué, on remarque dans cette région les Rodé, les Khvèk, les Tampuon, les Penong, les Stieng, les

Louë, les Chréai, les Prou, les Nhanœun, les Barevèn, les Halén, les Dœun, les Sêng, les Sruk, etc.

N'oublions pas les Kèo. qui ne sont autres que les Annamites, gibier de très bonne prise aux yeux des sauvages et des Laociens.

Les sauvages sont soumis ou insoumis aux autorités locales.

Les sauvages soumis ont des chefs particuliers qui, dans presque tous les dialectes, sont appelés kvan, mot que je crois apparenté à l'annamite quan. Ils paient tribut et ne doivent être saisis que pour dettes ou ne peuvent être vendus que par condamnation à la suite d'infractions aux us et coutumes qui leur tiennent lieu de lois. Les rapts, les enlèvements de ces sauvages sont punissables selon les lois.

Les sauvages soumis sont très nombreux sur la rivière depuis Sting Trêng jusqu'à Attopœu.

Les sauvages insoumis, partout appelés les « ennemis », n'ont aucune organisation politique, pas de chefs constitués, ce qui rend toute entente avec eux bien difficile et à peu près impraticable l'idée de les confédérer, idée qui a pu hanter quelques esprits en Cochinchine. Il faudrait leur faire sentir la force, village par village, tribu par tribu, et leur faire reconnaître des chefs.

L'unique autorité pour tous ces sauvages est celle de leurs us et coutumes dont nous ne connaissons rien encore. De temps à autre, quelques individus plus riches ou plus énergiques prennent de l'ascendant, mais leur pouvoir est bien éphémère, il n'y a de durable chez ces enfants de la nature que l'influence tyrannique des coutumes et des superstitions.

Les sauvages soumis d'Attopœu et des environs, les Tampuon principalement, logent dans des maisons en planches très bien travaillées, mais très nues. On y aperçoit un peu de vaisselle, quelques marmites pour cuire le riz, voilà tout. Pas de nattes, pas de meubles. Le prăhăk, ou mets de poisson pourri, est mangé à même dans le mortier en bois où on le pile.

Ils boivent dans des gourdes très bien faites avec des courges du pays.

Tous les sauvages plantent le riz à la mode primitive, en abattant et en brûlant des carrés de forêts.

4.

Ils recueillent la cire, le miel des forêts, la résine liquide et solide; ils construisent des pirogues et vendent les produits de leur chasse: peaux, ivoire, cornes de bœufs, de cerfs et de rhinocéros.

Les armes sont : la lance, le sabre, l'arbalète qui envoie des flèches empoisonnées, dont l'usage est général.

Si mes renseignements sont exacts, la préparation du poison végétal est fort simple. Il provient d'une liane que les Cambodgiens appellent vear chear banh « liane à résine de trait ». Cette liane est trempée trois jours dans l'eau, puis, au moyen d'une coction prolongée, on obtient un extrait, c'est le poison, sorte de pâte qui est introduite dans les rainures de la pointe de la flèche où elle se durcit en formant mastic.

La dose varie selon l'animal à tuer, l'excès ne ferait que retarder la mort.

Pour un éléphant, il faut une boulette de pâte de la grosseur de l'orteil. Pour le buffle, la grosseur de la petite figue commune du pays. Les grands cerfs et les sangliers exigent la grosseur d'un pois. L'homme meurt quelle que soit la dose, c'est généralement le volume d'un grain de riz.

L'antidote consiste à appliquer le plus tôt possible sur la blessure de la graisse de crabe et de grenouille mélangée, et, plus tard, lorsque la cicatrisation commence, l'onguent doit être fait de queues de raies et de têtes de serpents écrasées.

Les sauvages insoumis, toujours craintifs, tremblants, méfiants, sur la défensive, tuent en général les étrangers qui pénétrent chez eux. Les sauvages soumis, presque aussi craintifs que les autres, demandent humblement un peu de tabac au passant.

La condition de tous ces sauvages est en général très misérable, sauf peut-être celle des tribus qui lavent l'or dans la région d'Attopœu, des Tampuon de cette même province et des grandes tribus, les Rodè par exemple.

Souvent ils n'ont même pas une simple bande d'étoffe pour couvrir leur nudité, un morceau d'écorce leur suffit. Les Laociens prétendent que beaucoup de ces sauvages mangent crus toute espèce d'animaux, rats, chiens, chats, bœufs et buffles.

Tous sont fort adonnés à l'usage des boissons fermentées, et surtout du sra ĕk, qui est fait de la manière suivante chez les Khvêt : on prend du vearêm, sorte de réglisse, du romdêng, des feuilles de canne à sucre, de la racine de pong ro akas, le tout est haché, exposé au soleil et pilé ensemble.

En même temps, on fait tremper du riz gluant dans l'eau, ce riz est ensuite pilé et mis dans une grande jarre avec tous les ingrédients ci-dessus. La jarre est bouchée hermétiquement, et on attend la fermentation qui ne tarde pas à se produire. Alors ils remplissent la jarre d'eau et aspirent à volonté par un tube de bambou gros comme le doigt qui plonge au fond de la jarre. Ils ajoutent de l'eau jusqu'à ce qu'elle n'ait plus de goût.

Même les sauvages soumis ont de violentes querelles de tribu à tribu. Chacun s'enflamme facilement, prend fait et cause pour les membres du clan, toujours disposés à se soutenir mutuellement entre eux et à transmettre à leurs descendants le souvenir vivace des vieilles haines.

A la fin de 1883, les Sèng de Saravan et les Tampuon d'Attopœu étaient en armes à ce dernier mœuong, où les deux foules, groupées autour des cases de leurs chefs respectifs, dressaient leurs sabres, leurs lances, leurs couteaux, leurs arbalètes et même quelques vieux fusils. Jusqu'aux femmes, les vieilles il est vrai, qui s'étaient mises de la partie, prêtes à en venir aux mains. Un Tampuon, qui avait vendu deux buffles à un Sèng, exigea vainement le payement à deux ou trois reprises; lorsqu'il apprit que l'acheteur se disposait à revendre les animaux, il alla se plaindre à ses chefs, à ses amis, à sa tribu. Et Tampuon de se lever en masse pour s'emparer des buffles non payés.

Les Sèng, de leur côté, s'ameutèrent, on disputa beaucoup, mais sans en venir aux mains. Enfin, tout le monde se rendit à Attopœu, dont le chau doit juger la cause. Les perdants en seront quittes pour un ou deux éléphants.

Chez la plupart de ces tribus sauvages, nul n'a rien à dire aux bontés que peut avoir une fille pour un jeune homme. L'idée de la réprimander ne peut se présenter à l'esprit de ses propres parents. Ce sont les mœurs de la tribu: dans leur jeune âge il en était de même.

Le garçon qui violente une fille doit indemniser les parents ou épouser la fille en se fixant chez eux.

Sur les bords de la rivière d'Attopœu, où les sauvages sont très mêlés de Laociens, l'amant heureux, dénoncé ou découvert, est condamné à payer aux parents de sa maîtresse 2 ticaux, 5 poules, 1 flacon d'alcool, 100 noix d'arec, 200 feuilles de bétel.

A la récidive, il payera les mêmes objets.

A la troisième fois, il doit épouser la fille en fournissant 1 barre d'argent, 1 picul de porc, 5 bougies, 5 baguettes odoriférantes, 5 fleurs, 10 poules, 10 canards.

Ce sont les préparatifs des noces.

Mais ces condamnations me paraissent moins tenir des coutumes sauvages que des mœurs laociennes que nous verrons plus loin.

La mère ne peut refuser de marier sa fille au gré de celle-ci. Si elle la contraignait à un autre mariage et qu'il en résultât des coups de canif, aussi faciles à prévoir ici qu'ailleurs en pareil cas, c'est sur la mère que retomberait la faute de l'offense aux ancêtres, et elle serait tenue de se substituer à sa fille coupable pour présenter aux mânes l'offrande de propitiation, soit 5 bougies, 5 fleurs, 5 baguettes odoriférantes.

Mais, je le répète, ces sauvages de la rivière d'Attopœu diffèrent sensiblement des tribus reculées, insoumises. Chez celles-ci, le principe général en la matière est le suivant : liberté absolue pour les filles, sauf mariage ou indemnité en cas de grossesse, et peine de mort pour la femme mariée et pour son complice.

Beaucoup de sauvages de la région d'Attopœu, en défrichant leur carré de forêt, placent à chaque coin du champ cinq fleurs, un flacon d'alcool, et murmurent quelques prières. C'est le Bak Pri « l'évocation des esprits ».

Et lorsque le riz sur pied promet une bonne moisson, ils invitent les parents et les amis à venir manger un buffle, festoyer en l'honneur des ancêtres. Ils déposent encore des fleurs aux angles du champ, et font une légère libation d'alcool.

Tous les sauvages de la région d'Attopœu sont tenus, d'après leurs idées superstitieuses, d'élever et d'achever leur case en un seul jour, ou de la laisser dans l'état où elle est à la fin du jour. Il serait funeste d'habiter une case faite dans d'autres conditions. Bien entendu, les matériaux peuvent être préparés à loisir, il ne s'agit que de l'édification.

Et dans la suite, toute réparation est également interdite ; c'est aussi une offense aux mânes ; celle-ci, il est vrai, peut être expiée par le sacrifice d'un buffle.

En beaucoup d'endroits, pour quelque motif que ce soit, l'étranger ne doit pas pénétrer dans la case du sauvage, si ce n'est à l'insu des gens de la maison.

Si l'intrus est aperçu, il aura à payer cinq ticaux, cinq bougies, cinq baguettes odoriférantes, et, en outre, il devra venir prendre part aux prières adressées aux mânes ; faute de ce faire, il serait tenu de donner encore une barre d'argent.

Chez d'autres sauvages, les cinq ticaux d'amende sont remplacés par de l'alcool ou du vin bu en commun avec l'intrus pour laver la faute. Les gens de la maison boiront les premiers, puis ils passeront la gourde ou le tube à sucer à l'étranger tout en l'appelant volontiers achnh.. « seigneur ».

Si l'étranger n'est ni vu ni surpris dans la case, ils n'ont rien à dire en apprenant qu'il a pénétré chez eux.

Chez d'autres sauvages plus au sud, à l'est de Sambok Sambaur, j'ai entendu parler d'atroces exécutions de malheureuses jeunes filles, les plus jolies généralement, enterrées vives jusqu'au cou, la tête tenaillée entre les troncs de l'arbre roka, aux grosses épines tranchantes comme de l'acier, pour cause de sorcellerie, d'envoûtement des gens malades, souvent des rivales laides et hystériques qui les dénoncent.

Ces malheureuses sont les prétendues sorcières Ap du Cambodge. Nous retrouverons l'équivalent au Laos.

Nous pouvons donner ici quelques renseignements plus détaillés sur deux des tribus que nous avons examinées sommairement, sur les Rodé et surtout sur les Khvêk ou Khvêt.

XX

LES KHVÊK.

C'est une tribu partie soumise, partie indépendante qui habite surtout à l'est de Sên Pang dans la presqu'île comprise entre les deux bras de la rivière de Sting Trêng, un territoire de monts et de hauts plateaux. Le climat est relativement froid; le sol, terre noire et pierreuse, est couvert de forêts.

Les Khvêk soumis sont tributaires de Bassak où chaque village ou clan est tenu de fournir annuellement le tribut d'un esclave, peut-être est-ce simplement le service d'un homme de chaque village qui remplacera cet homme selon des règles déterminées. Je ne sais pas au juste.

Soumis ou indépendants, les Khvêk habitent dans des cases au toit de feuilles de bambou pok, aux cloisons en lamelles de bambous croisées, groupées par villages de vingt ou trente. Les villages, entourés de haies vives, ont les abords parsemés de pointes aiguës de bambou durcies au feu et dissimulées sous des feuilles.

Ils sont très misérables et mangent les chiens, les chats, les singes. Ils ne cuisent pas le riz à la marmite, mais dans des tubes de bambou. Quand ces tubes sont calcinés, le riz est cuit. Ils manquent de sel et le remplacent par des feuilles de bambou pok carbonisées, ou par cette sorte d'eau de soude que les Cambodgiens appellent tœuk kebong.

Les femmes portent une courte jupe tombant à peine aux genoux, et ce petit habit échancré, sans manches, qui couvre à peine les seins en laissant tout le ventre à découvert, habit porté dans le nord du Cambodge, dans le sud du Laos et chez la plupart des tribus sauvages. Les Cambodgiens l'appellent au Préy « habit des bois. »

La pudeur des femmes khvêk et aussi des femmes d'une autre tribu, celle des Prou, bien différente en cela de la pudeur des Laociennes, consiste à garder ce petit gilet, même au bain, le reste du corps nu, sans le moindre souci. C'est le dernier voile qui tombera dans l'intimité.

Les femmes khvêk ont toutes le chignon, les cheveux longs. Pour ornement, elles portent des crochets de métal aux oreilles, et aux poignets des bracelets de gros fils de laiton enroulés en hélice.

Les hommes portent les cheveux courts sur le sommet de la tête, les laissent croître derrière et les roulent en chignon.

Les bas-reliefs de la galerie historique du temple d'Angkor Vat indiquent que cette mode était en général celle des anciens Cambodgiens.

Les hommes khvèk portent une simple bande d'étoffe pour cacher leur nudité, et ils se munissent d'une petite pièce d'étoffe pour le bain.

Les hommes et les femmes liment les incisives supérieures au ras des gencives.

Les uns et les autres fument le tabac et ignorent l'usage de chiquer le bétel ; cette double particularité paraît être assez générale chez la plupart des tribus sauvages.

Les Khvèk n'ont pas de rizières, mais ils abattent les forêts pour y planter du riz non gluant aussi bien que du riz gluant. Les semailles ont lieu en mai, les primeurs de la récolte en août, et la moisson dès novembre.

Ils mesurent la taille du porc avec une corde faisant le tour de l'animal sous le ventre ; sur cette corde, repliée en deux, on compte le nombre de largeurs de poing fermé. Un porc de trois de ces mesures, soit de six poignées de tour, vaut cinq lingots de fer. Pour un lingot, on a quatre poules ou deux canards.

Les Khvèk ont près de leurs cases de petites huttes dédiées aux esprits, aux mânes.

En avril, époque du nouvel an, ils adorent pendant trois jours les esprits des montagnes ; cette fête est aussi celle de l'agriculture. Ce sont trois jours de festin avec massacre de buffles, porcs, poules et canards que goûtent tout d'abord les divinités. Elles sont aussi censées humer le vin fermenté.

Une autre fête, celle des ancêtres, des mânes de la case, a lieu en octobre au début de la récolte et dure sept jours et sept nuits. On offre de même les victuailles aux mânes pour s'en repaître ensuite.

Adorer les esprits des hauts lieux et les mânes des ancêtres sont des vestiges d'un culte primitif dont on trouve des traces également chez les peuples de civilisation plus avancée qui ont embrassé le bouddhisme : Khmêrs, Laos, Siamois. A mon avis, les peuplades les plus sauvages, les plus reculées de l'Indo-Chine ont dû conserver avec peu de variantes le culte de ces esprits et des mânes, et si des voyageurs prétendent que telle ou telle tribu est absolument ignorante de l'idée de la divinité, il est à présumer que le temps ou les connaissances suffisantes pour approfondir un sujet délicat qui exige la possession du dialecte de la tribu, ont dû manquer à ces voyageurs.

Si la récolte du riz est mauvaise, les Khvèk interdisent aux étrangers l'entrée de leur village, sous peine d'amende d'un porc et d'une grande jarre de vin.

A leurs premières couches, les femmes khvèk gardent un repos de trois jours en buvant force décoctions chaudes de certaines variétés de cette famille de tubercules que les Khmèrs appellent génériquement pratéal, et qui jouent un si grand rôle dans la médecine et dans les superstitions de tous les peuples de l'Indo-Chine.

Aux couches suivantes, un jour de repos et de médecine suffit pour reprendre le travail accoutumé.

Les noces sont accompagnées d'un festin général de trois jours avec vin, poules, canards, porcs et buffles.

Les morts sont enterrés, jamais brûlés. Les voisins aident à emporter les cadavres à la forêt et au retour a lieu un festin général.

Les filles khvèk sont libres de leur corps. Tant qu'elles ne sont pas enceintes, nul n'a rien à voir à leur conduite, leurs parents mêmes ne s'aviseront pas de leur faire des observations. Les jeunes gens allant la nuit chez les filles doivent entrer franchement par la porte et non furtivement par effraction. Bien plus, en entrant, ils donnent trois coups de pied contre la cloison du compartiment où sont couchés les parents afin de les dûment avertir que le visiteur nocturne est un amoureux et non un voleur que l'on pourrait tuer impunément. Les parents, ainsi prévenus, continuent tranquillement leur sommeil, cette affaire ne concernant que leur fille.

Si la fille devient enceinte, elle doit déclarer le nom du père qui, selon les uns, est tenu de payer l'indemnité d'un buffle dont le prix est ici de deux paniers, soit de 40 lingots de fer. Selon d'autres, les anciens du village font payer 4 ticaux d'amende au garçon et 2 à la fille.

Si les filles sont libres, par contre, l'adultère des femmes mariées est puni avec la dernière rigueur. Le rachat n'est pas admis; c'est la mort pour les deux coupables et la vente de la famille de l'amant avec l'approbation de tous; les maris trompés se font justice et sans pitié.

Le vol, la maraude sont de même rigoureusement punis et doivent être, entre autres infractions graves, l'origine de cette vendetta, de ces haines transmises de génération en génération qui entraînent toutes ces peuplades à se décimer mutuellement. Cueillir un fruit, une plante cultivée sans l'autorisation du propriétaire est, chez les Khvèk, un crime qui n'est expié que par la vente de la famille du coupable.

XXI

LES RODÊ.

On va chez les Rodê, à l'est, en une vingtaine de jours en partant de Khong, en une quinzaine de jours en partant de Sên Pang. Leur pays de hauts plateaux, de montagnes au sol de terre noire et de roches, couvert de forêts, mesurerait sept jours de marche du nord au sud et cinq jours de l'est à l'ouest.

Ils ne reconnaissent pas de chefs; sont passionnés pour l'égalité, l'indépendance.

Les familles Rodê habitent les compartiments de longues maisons couvertes de chaume avec des cloisons en bambous; souvent un seul bâtiment abritera tout le village.

On ne trouve guère que des armes dans l'intérieur de leurs cases.

Les hommes se contentent de cacher leur nudité avec une simple bande d'étoffe. Les femmes portent la jupe courte et « l'habit des bois » comme les femmes Khvèk. Hommes et femmes ont les cheveux longs comme les Annamites.

Les Rodê ne font pas la chasse aux Rodê, ils la font aux Khvèk, aux Penongs, etc. Ils élèvent beaucoup de chevaux; les gens aisés posséderont 30 à 40 chevaux, les pauvres en auront 8 à 10. Tout le monde a des chevaux.

Un buffle se change contre un beau cheval.

Les Rodè ne chiquent pas le bétel, tandis que les femmes, aussi bien que les hommes, fument le tabac.

Les femmes Rodè sont avides d'étoffes rouges, de bracelets, de bagues, de colliers de grains d'ambre. Elles sont renommées au loin par leur beauté, la blancheur de leur teint qui égale, si elle ne dépasse pas, la blancheur des Laociennes et des Annamites, nec plus ultra des lys indo-chinois. Les femmes Rodè ont dû contribuer à faire naître la fable des sauvages blancs, à type caucasique, dont quelques-uns parlaient sérieusement il y a 15 ou 20 ans.

Les filles Rodè sont encore plus renommées pour la facilité, la hardiesse, la licence de leurs mœurs. Elles recherchent, provoquent les jeunes gens et accordent aux étrangers, dit-on, l'hospitalité la plus écossaise.

Si elles deviennent enceintes, elles doivent dénoncer le père tenu, sur leur simple dénonciation, de payer un buffle d'amende ou d'épouser la fille.

Les Rodè ont, de même que les Khvêk, le culte des esprits des monts et des mânes des ancêtres.

Le prah khan, que d'autres placent chez les Chréai ou Jaray, est la relique du pays que l'on conserve enveloppée dans une étoffe blanche. On lui sacrifie des buffles, porcs, poulets, canards pour obtenir la pluie.

Il arrive, dit-on, que des Khmèrs, bonzes ou laïques, vont jusque-là pour s'emparer de l'épée sacrée. Ils font connaître leurs intentions aux Rodè qui répondent « fort bien » et offrent un sacrifice à l'esprit de la relique, l'invoquant et disant : « Si cet étranger est le maître du prah khan, que le ciel reste calme ! mais que survienne un ouragan s'il est un imposteur ! » Toujours suit un coup de vent, une tempête, et les intrus sont impitoyablement massacrés.

XXII

LA TRAITE.

« Caprice de roi et rancune de sauvage sont de longue durée », dit un proverbe cambodgien, que tous ces sauvages tiennent parfaitement à justifier en ce qui les concerne.

Le pardon leur est absolument inconnu. Les haines de famille à famille, de village à village, de tribu à tribu ne finissent que par l'extinction totale de l'un des partis.

Il y a là évidemment une des principales causes d'alimentation de la traite. En outre, dans le village ou dans la tribu, les gens convaincus de crimes capitaux, tels que le vol et l'adultère, seront de préférence vendus eux et leur famille quand il plaira à la partie lésée d'en tirer bénéfice plutôt que de les mettre à mort.

Ces deux causes de la traite ne seront pas faciles à réprimer. Même il est à présumer que les sauvages, ne pouvant plus vendre, tueront tout simplement.

Une troisième cause est la cupidité des marchands qui font miroiter étoffes, colliers, etc., aux yeux des parents qui troquent quelquefois leurs enfants et, plus souvent, cherchent à enlever ceux des autres. Ces marchands, appelés néai roi, se logent chez un notable sauvage, lui confient leur cargaison et s'entendent avec lui pour le nombre d'esclaves qu'il doit fournir.

Mais la pratique la plus abominable, c'est la chasse aux tribus ennemies, c'est-à-dire insoumises, qui s'exerce de Sting Trèng à Attopœu et très certainement au nord d'Attopœu jusqu'à Sayabouri pour ne pas aller plus loin. On m'a dit plus tard que les rois de Siam défendaient cette chasse; dans ce cas, tout le monde peut affirmer qu'on n'aperçoit nulle trace de cette prohibition. Il ne vient pas à l'idée d'un seul Laocien de blâmer les faits nombreux dont nous allons donner une esquisse.

Les Laociens de partout, les Khmêrs de Sèn Pang, les Kouï et autres sauvages qui ont quelques prétentions à la civilisation se réunissent à 50, 100, 150 sous la conduite de chefs appelés, selon le langage employé, kvan, mé préy, mé dang kau, et choisis à cause de leur expérience, de leur audace et même de leur prétendue invulnérabilité, grâce aux pratéal ou tubercules sauvages.

L'expédition résolue, la réunion au complet, tous les assistants boivent la décoction d'une liane appelée vear pring par les Khmêrs; ils se lavent aussi le corps avec cette décoction. Le bois de cette liane, coupé en morceaux de la longueur du corps, est brûlé sous des tréteaux sur lesquels couche toute la troupe qui doit être bien enfumée, absorbant ainsi, de toutes manières, de l'essence de vear pring.

On tue des bœufs, des buffles, et, pendant trois jours, ont lieu des festins avec force rasades d'eau-de-vie, voire même avec accompagnement de rixes et de meurtres. L'excitation arrivée au comble, on se met en marche, en observant soigneusement les augures, surtout en écoutant le cri du prêlẽng vêk, oiseau très commun, de la grosseur d'un merle, au cri gai, très bruyant, tête blanche et corps roux.

Si le prelẽng vêk chante à droite ou des deux côtés de la route, en avant, la chasse sera bonne : les sauvages massacrés laisseront sur place de nombreux prisonniers! Mais si les oiseaux ne chantent qu'à gauche, il n'y a qu'à faire demi-tour, l'expédition ne serait funeste qu'aux chasseurs.

Les villages cernés pendant la nuit sont attaqués le matin. Si les sauvages se défendent, les hommes sont impitoyablement massacrés. S'il n'y a pas la moindre résistance, les assaillants tueront peut-être par caprice deux ou trois hommes, et, en tous cas, ils mettront les femmes et les enfants à la cangue pour aller les vendre près ou loin, selon le cas.

Le prix des esclaves sauvages est très-variables selon les lieux, l'abondance ou la rareté de la marchandise. Chez les sauvages, un garçon vaut cinq à six buffles, une jeune fille, six à sept buffles. Deux buffles valent une barre d'argent, soit quinze piastres mexicaines. Sur le Grand-Fleuve, de Bassak à Sting Trèng, le garçon sera revendu au prix de quatre à cinq barres, la jeune fille cinq à six barres. Ces prix sont plutôt élevés que faibles.

Les sauvages, encouragés par l'habitude, par la certitude de la vente, ne se font pas faute de saisir, au-delà des montagnes, les Annamites isolés, et de les vendre, de les troquer contre des étoffes, du sel, des jarres, des verroteries, du fil de laiton, de la vaisselle, des buffles. Pour trois barres de marchandises, on peut avoir, chez les sauvages, un esclave annamite revendu sur le Grand-Fleuve quatre à cinq barres. Les Laociens les considèrent comme plus hardis, plus adroits, plus industrieux que les esclaves sauvages, que l'Annamite méprisera, n'ayant de crainte que pour son maître.

On conçoit les instincts de cruauté, de déprédation et de brigandage que développent de pareilles mœurs, et le peu de sécurité qui doit exister pour les faibles, les familles isolées, les sauvages soumis. De la chasse ouverte, avouée, impunie, que dis-je, même encouragée, applaudie par toutes les autorités locales, il n'y a qu'un pas à franchir pour arriver aux rapts, aux enlèvements de ceux qui ne sont pas défendus et protégés par les lois.

Les femmes, les enfants sont enlevés aux champs près d'Atto-pœu, de Sên pang, de Sting Trèng.

A Khong, l'année dernière, un petit mandarin siamois, le Khun chamnam ăksăr, employé du Phya Si, revenait de Sên Pang où il avait jugé l'affaire que voici :

Deux Khmêrs de Sên Pang, deux Laos du même pays et six Laos de Sting Trèng s'étaient concertés pour enlever quatre familles de sauvages esclaves dans le territoire de Sên Pang. Ils tuèrent deux hommes et emmenèrent quatre femmes et deux jeunes gens qui furent vendus à Krechêh dans le Cambodge. Le mari de l'une de ces femmes la retrouva à Krechêh, la racheta au prix de quatre barres d'argent et la ramena à Sên Pang. Elle dénonça les pirates. Les maîtres de tous ces esclaves enlevés n'étaient pas sans influence, et le chau de Sên Pang informa le Phya Si, alors à Bassak. Ce haut fonctionnaire dépêcha à Sên Pang l'un de ses subordonnés, le Khun chamnam ăksăr, qui condamna chacun des coupables à six catties et deux damling d'amende, soit 488 ticaux.

Le produit de la traite est écoulé dans le Laos, et aussi, malgré toutes les prohibitions, dans le Cambodge, par Krechêh et par Kompong Soai. Quand on les interroge sur ce point, les gens du Cambodge s'en défendent avec beaucoup de vivacité, trop de vivacité même.

Ils ne se livrent pas eux-mêmes à la chasse, je le crois, mais l'esclavage, l'engagement pour dettes existant encore dans leur pays, il ne se font pas scrupule de racheter un sauvage amené par les Laociens, par les marchands du haut, et de le garder à leur service. Cet état de choses durera tant que l'esclavage ne sera pas radicalement aboli au Cambodge.

XXIII

MESURES. — MONNAIES.

Les mesures de longueur usitées dans le Laos sont celles du Cambodge : la brasse, son multiple de 20 brasses équivalant à 40 mètres ; ses subdivisions en coudées, empan, etc.

Les mesures de poids sont aussi les mêmes, quoique moins généralement connues et usitées ; le commerce étant incomparablement moins actif ; c'est le picul de 60 kilogrammes environ divisé en 100 livres de 600 grammes, livre de tous ces pays-ci, plus communément connue des Européens sous le nom malais de catti ; les Cambodgiens l'appellent néal, les Siamois et les Laociens chang.

Le mœun, très usité au Laos, est le poids de 20 livres, donc le cinquième du picul. Mais le mœun est plus généralement une mesure de capacité qui équivaut à la contenance de ce poids en riz décortiqué. En capacité, le mœun équivaut tantôt au poids de 20 livres de riz, tantôt à celui de 25 livres. Il est usité pour le riz, le sel, etc.

Dans les provinces de Tonlé Ropou et de Melou Préy, on se sert aussi du tramém, panier de 10 au thang cambodgien.

Dans la province de Siphoum, le mœun est appelé quelquefois boung et sat, dans celle de Korat, où il est de 25 livres, c'est un panier profond d'une coudée, large d'une coudée à l'ouverture.

A Phakonchhai, district cambodgien de Korat, on l'appelle kanchœu « panier ». Il est de 25 livres, et 36 kanchœu font une « charretée » de riz.

En d'autres endroits du Laos, on prétend que l'unité de capacité serait la contenance en riz d'une noix de coco. — Telle est d'ailleurs l'étymologie du mot cambodgien neal « livre ». — Et le mœun serait la mesure de vingt de ces noix de coco, ce qui ne donnerait en poids que dix livres de balance ; mais ceci doit être exceptionnel, et, en général, le mœun vaut 20 livres, un cinquième du picul.

Pour peser, la livre de 100 au picul est divisée en 10 damling ou once (au Cambodge en 16), le damling en 4 bat, le bat en 4 chi, le chi en 10 hun.

Tous ces termes ou les équivalents sont aussi usités pour les monnaies.

S'il y a peu d'argent, en revanche il y a beaucoup de monnaies de compte au Laos.

Dans la région du sud-est, c'est-à-dire de Bassak, Attopœu, les monnaies cambodgiennes sont usitées. On compte par nên, barre ou lingot d'argent valant 15 ou 16 piastres mexicaines.

Le nên est divisé en 10 dénh, monnaie de compte qui équivaut à la gueuse de 10 ligatures de sapèques ou en 100 chi, aussi monnaie de compte au Laos qui équivaut à la ligature de sapèques annamite, qui équivaut au sling ou franc siamois. La valeur de ces unités de monnaie est, comme l'on sait, de 75 à 80 centimes.

Les monnaies siamoises, connues aussi au Cambodge, étaient, les inscriptions en font foi, les unités de poids et de monnaie des anciens Cambodgiens qui pesaient probablement les métaux précieux. Au Laos, toutes ces unités ne sont, sauf le tical, que des monnaies de compte.

Le bat, connu des Européens sous le nom de tical, appelé dom par les Cambodgiens sous son ancienne forme ronde, est actuellement frappé au Cambodge et à Siam en petites piastres, à l'imitation des monnaies européennes.

Le tical vaut environ 3 francs. Il est divisé en 4 sling. Le sling est frappé à Siam ; mais, quoique connu au Laos, l'unique monnaie divisionnaire du tical dans ce dernier pays est le bat local, petit lingot de cuivre que nous verrons plus loin. Il faut excepter Korat, province commerçante, en partie peuplée de Siamois, où l'on trouve le sling et ses subdivisions dont nous nous occuperons en étudiant Korat.

Les multiples du tical, monnaies de compte au Laos, sont:

Le damling de 4 ticaux ou 16 sling.

Le chang « livre », appelé catti par les Européens de Bangkok, vaut 20 damling ou 80 ticaux ou 320 sling, soit 240 francs.

Le picul d'argent vaut 50 chang ou 1,000 damling, 4,000 ticaux, 16,000 sling ou environ 12,000 francs.

Il faut remarquer que 50 livres d'argent font 1 picul, alors que le picul vaut 100 livres de balance; c'est qu'en réalité, la livre d'argent pèse le double de l'autre, 1,200 grammes environ au lieu de 600 grammes.

On parle aussi au Laos du mœun d'argent qui vaut 10 chang, le cinquième du picul.

Un nèn cambodgien vaut environ 6 damling et 2 ticaux, soit 26 ticaux, et 154 nèn font un picul d'argent.

Dans la région du sud-est (Melou Préy, Tonlé Ropou, Khong, Attopœu), une monnaie spéciale est le lingot de fer venant de la province cambodgienne de Kompong Soai. Ce lingot a la longueur de la partie de la main qui s'étend entre la base du pouce et l'extrémité de l'index, la largeur de deux doigts, et, au milieu, l'épaisseur d'un doigt; il va en s'amincissant du centre aux extrémités.

Trois de ces lingots valent, sur le Grand-Fleuve, 1 chi ou 1 sling, 1 ligature; douze valent 1 tical, et dix-huit à vingt et un, selon le change, valent 1 piastre mexicaine.

Le lingot est aussi compté par paniers de 20 lingots, et un nèn ou barre d'argent vaut 15 de ces paniers.

L'argent diminue de valeur ou plutôt le fer augmente de valeur en pénétrant chez les sauvages de l'est. Ainsi, à Khong, sur le Grand-Fleuve, le tical est changé contre 12 lingots de fer; contre 10 lingots à Sèn Pang, à Prou Snang; plus loin, contre 8, et contre 5 à Pakrèng, dans les montagnes.

Plus loin encore, dit-on, l'argent n'est plus accepté, il faut du plomb.

A Bassak, le lingot de fer de Kompong Soai n'a plus cours ; il est remplacé par le lat, la monnaie spéciale du Laos, petit lingot de cuivre dont nous verrons la fabrication à Oubon. La valeur du lat varie dans les divers mœuongs selon sa grosseur. De 6 au sling à Yassonthon, de 10 au sling ou 40 au tical à Bassak, à Phon Visaï, à Koukhan ; 14 au sling à Oubon, 8 à Lokhon, Dhatou Penom. Ce dernier paraît être le lat normal, le plus généralement répandu.

Pour évaluer l'or, les usages sont moins précis et moins généraux.

A Attopœu, 8 chi d'or valent 1 barre d'argent du Cambodge.

Le bat d'or, c'est-à-dire le poids d'un tical, a dû être l'unité de poids pour l'or. Il fallait donner jadis un bat d'or pour épouser une fille de sang royal.

Mais, à Sieng Khan, le bat d'or n'a que le poids d'un sling, c'est-à-dire le quart du tical, et le poids d'un bat est appelé le damling d'or, et on n'évalue guère l'or qu'en damling, pesant un tical.

XXIV

IMPORTATIONS DU CAMBODGE.

Le sel marin, valant 25 piculs à la barre à Krechéh, dans le Cambodge, est vendu à Sting Trèng un dénh le picul, soit 10 piculs à la barre d'argent, ou encore, à Sting Trèng, 1 picul de sel est échangé contre 3 piculs de riz, et contre 4 à Ban Khon, sur les cataractes, ou bien à Ban Khon, le picul de sel est vendu 4 ticaux. Il vaudra 5 ticaux au mœuong Khong.

Plus haut, à Bassac, il rencontre la concurrence du sel d'Oubon.

Le tramém de sel vaut 5 lingots à Tonlé Ropou.

A Attopœu, le picul de sel vaut de 1 à 2 chi d'or.

La cotonnade blanche apprêtée est vendue 7 ticaux la pièce à Sting Trèng, ou trois pièces et demie à la barre d'argent. Au détail, 1 tical les quatre coudées à Ban Khon.

La cotonnade écrue, de huit à dix pièces la barre d'argent à Krechéh, sera vendue une barre les cinq pièces à Attopœu, ou environ 1 chi et 5 hun d'or la pièce.

La pièce sera échangée contre 5 piculs de riz à Sting Trêng, contre sept à Ban Khon au-dessus des cataractes. Ici elle est aussi échangée contre 5 piculs de riz plus un tical d'argent.

A Khong, la cotonnade écrue vaudra une barre d'argent les six pièces.

Les prix de la cotonnade rouge, assez recherchée, subiront les mêmes modifications. Elle est vendue 1 chi et 4 hun d'or la pièce à Attopœu. On la paye au détail 4 ligatures les cinq coudées à Tonlé Ropou.

Le fil de laiton est vendu, dit-on, une barre d'argent les 40 livres à Attopœu.

Un collier de verroteries grossières coûte un lingot de fer à Tonlé Ropou.

La vaisselle vaut 1 tical les deux paquets de bols, à Khong.

La grande jarre du Cambodge, péang, jarre rebondie à col et fond plus étroit que le ventre est très recherchée, je crois l'avoir déjà dit, par les sauvages, qui s'en servent pour faire leur vin fermenté, et qui troquent, en certains endroits, un esclave contre une jarre. Le chau d'Attopœu, qui en possède un magasin d'une quarantaine, se propose d'en envoyer encore acheter.

Les allumettes, à Khong, sont vendues 1 tical les quatre paquets de 12 boîtes, soit 1 sling ou 3 lingots le paquet. Au détail, deux ou trois boîtes pour un lingot de fer.

L'arec est vendu à Sting Trêng un sling, soit une ligature la livre, dit-on.

Le gambier, qui vaut, dit-on, une barre d'argent les deux piculs et demi à Krechéh, est vendu une ligature les deux livres à Sting Trêng.

Au-dessus des cataractes de Khon, le gambier rencontrera la concurrence de l'écorce grasse et rouge de l'arbre sisiet, qui a toutes les qualités requises pour produire une salivation abondante et sanguinolente. La préférence de l'un sur l'autre est le secret des glandes salivaires indo-chinoises.

XXV

COMMERCE INTÉRIEUR.

Sous ce titre, nous passerons en revue le commerce de la région du sud-est avec les autres pays laociens, et le prix de diverses marchandises plutôt consommées sur place qu'exportées à l'extérieur.

Le sel d'Oubon est apporté aux hautes eaux, par les jonques qui descendent le Moun, et qui, au retour, emportent à Oubon des peaux, des cornes, de la cire, du cardamome et de l'ortie de Chine. Ce sel, vendu 2 ticaux le picul, est consommé dans la province de Bassak.

Le salpêtre venant du Laos coûte 80 lingots de fer la livre à Melou Préy.

Le soufre vient du Laos, et de Bangkok probablement ; il coûte 40 lingots la livre.

Le sisiet, ou plutôt l'écorce de l'arbre de ce nom, est importé à Bassak, Khong. Cette écorce, rouge, charnue, découpée en tablettes de la dimension des deux mains étendues et accolées, épaisses d'un doigt, est coupée par le consommateur en petits morceaux, et mâchée avec le bétel en guise de gambier. Le sisiet vient des environs de Nong Khai, où on l'achète 1 tical au plus les 100 tablettes. Dans la région de Bassak, et à Khong, il est vendu 1 tical les 50 tablettes.

Du tabac vient aussi du nord pour suppléer à l'insuffisance de la production.

Ces deux articles, sisiet et tabac, sont amenés de Nong Khai en descendant le fleuve sur de grands radeaux de bambous. Le trajet de Bassak à Nong Khai se fait à pied, en emportant un peu d'argent.

Quatre ticaux suffisent à Nong Khai pour acheter la quantité de bambous pok voulue pour la construction d'un grand radeau long d'une vingtaine de mètres, large de 4 à 5 mètres, assez profond pour flotter d'une coudée au-dessus de l'eau, divisé en compartiments spacieux à l'intérieur, recouvert d'un toit de feuilles de palmier chrè. Tout autour, un passage permet la circulation.

Ces radeaux, chargés de tabac, de sisiet, descendent aux grandes eaux : août, septembre, octobre, la descente ne pouvant avoir lieu aux basses eaux à cause des rapides.

Les bateliers ne se servent pas habituellement de la gaffe ; quelques hommes, assis sur une plate-forme à l'arrière du bateau, rament face en arrière. Il faut un bon pilote connaissant bien le fleuve ; cette navigation, moins périlleuse que celle des jonques, est toujours pénible et difficile.

Si les marchands sont des gens de Nongkhai, ils s'en retournent à pied après avoir vendu leur chargement.

Le paddy ou riz non décortiqué vaut, dans la province de Bassak, 1 barre d'argent les deux cents ou les deux cent cinquante mœun, soit 1 tical les dix mœun ou deux piculs, qui équivaudraient à 8 thang du Cambodge.

Seulement, au Cambodge, on ne pèse que le riz décortiqué, le paddy simplement est mesuré.

A Bassak, j'ai payé aux magasins publics 10 lat, soit 1 sling, les dix livres de riz décortiqué. Mes piastres mexicaines étaient acceptées pour 72 lat, soit 7 chi 2 lat.

Le porc, à Sting Trèng et à Bassak, est vendu 8 ticaux ou 32 ligatures le picul.

A Bassak, deux poules, fournies par les mandarins, me coûtaient 8 lat, le canard, 8 lat. Il est vrai que je n'avais guère besoin de recourir aux autorités, les ménagères apportaient des poules et se disputaient mes bouteilles vides.

A Sting Trèng, les poules coûtaient 1 lingot de fer pièce, et, pour 1 lingot, on avait trois œufs, ou cinq citrons ou un régime de bananes.

A Sting Trèng, j'ai changé quelquefois la piastre mexicaine contre 15 lingots ; il y avait perte pour moi.

XXVI

EXPORTATIONS AU CAMBODGE.

La cire de Bassak est vendue 1 barre d'argent les trente ou les trente-cinq livres. On l'exporte aussi à Oubon.

L'ortie de Chine, qui forme avec le cardamome l'un des principaux articles d'exportation, coûte 1 barre d'argent le picul et 80 livres chez les sauvages d'Attopœu.

Le prix est à peu près le même chez les sauvages de Bassak, et, à Bassak même, le coût est 1 barre le picul et 40 ou 50 livres.

A Sting Trêng, c'est 1 picul et 30 livres à la barre.

A Krechêh, 1 picul 10 livres à la barre, et 1 picul à Phnom Penh.

Les bateliers de Sambaur qui m'avaient amené à Sting Trêng en octobre 1883, ayant reçu 11 piastres de gratification, en gardèrent une pour leurs menues dépenses et immédiatement achetèrent, pour 10 piastres, 84 livres d'ortie de Chine qu'ils se partagèrent à dix-sept rameurs.

Le kreko on cardamome bâtard coûte, aux lieux de production, une barre d'argent le picul et 50 ou 60 livres. A Bassak, un picul et 10 ou 20 livres à la barre. A Krechêh, de 18 à 20 piastres le picul.

Les nattes en rotin de Melou Préy valent 10 ligatures les grandes de cinq coudées, et 2 ligatures les petites de deux coudées.

Les os valent 20 ligatures le picul chez les sauvages et 5 piastres à Krechêh.

Les cornes de cerf coûtent en général de 8 à 9 ticaux le picul.

Les peaux de bœufs valent de 6 à 8 ticaux le picul chez les sauvages, et 10 à 12 piastres à Krechêh.

La région n'exporte guère de bœufs. Elle est, sous ce rapport, beaucoup moins riche que le bassin du Moun.

Par contre, l'exportation des buffles au Cambodge ou chez les sauvages est assez considérable. Les sauvages relativement à l'aise, les Rodè, par exemple, consomment beaucoup de buffles dans leurs festins.

Les buffles au Laos, en général, coûtent une barre d'argent les deux têtes, les trois têtes même. Les gens de Khong, de Sên Pang vont troquer leurs buffles contre les chevaux des Rodè : un buffle pour un beau cheval. On peut considérer le prix d'un buffle chez les Rodè comme équivalant à 20 ou 25 piastres, valeur des objets qu'ils troqueront contre ce buffle.

A Tonlé Ropou, le buffle peut être changé contre une charretée ou 20 thang de riz ; à Melou Préy, contre dix à douze paniers de lingots de fer.

Un cheval médiocre, chez les Rodè, sera vendu pour la valeur de 6 à 8 ticaux en objets bien entendu ; un très beau cheval pour 20 à 25 piastres. A Bassak et à Melou Préy, on peut acheter un bon cheval pour une barre, une barre et demie.

XXVII

VOIES COMMERCIALES, LEUR AMÉLIORATION.

A Moula Pamauk, gros centre que l'on érige en nouveau mœuong entre Khong et Bassak, sur la rive droite du fleuve, je fis la rencontre d'un gros marchand du pays, chef de caravane, un vrai roi séda, comme les appellent les Laociens, qui avait fait plusieurs fois le voyage du Cambodge pour y conduire des troupeaux. Il achète en moyenne, au Laos, un cheval pour une barre d'argent, deux juments pour une barre, une barre les deux buffles ; et les bœufs, dans le pays d'Oubon, de quatre à dix à la barre, selon la taille, la beauté. Au Cambodge, il revend une barre le buffle ou la jument, une barre et demie le cheval, et gagne aussi la moitié sur les bœufs. Il passe habituellement par la route de l'ouest. De Moula Pamauk il atteint le territoire de Tonlé Ropou en un jour, et de là, en cinq jours, la caravane atteint les environs du chef-lieu de Melou Préy, évitant généralement les villages. De Melou Préy à Srè Pratéal, il y a une matinée, et de Srè Pratéal au Phum Poutréa, une journée. Là, il traverse le sting Sèn et entre dans le territoire de Kompong Soai. Du sting Sèn, en un jour on atteint le Phum Taléy, et, de ce dernier point, il faut quatre jours pour atteindre Kompong Thom, en traversant le district boisé de Préy Koui, la forêt des Koui.

A Kompong Thom, le dèchou demande un droit d'une tête de bétail par cinquante.

De Kompong Soai, la caravane se dirige au sud-est par Barai, Chœung Préy, en traversant des pays plantureux.

Le sol des pays traversés est généralement sablonneux, et les forêts ne sont pas trop épaisses. Les brigands sont à craindre à Melou Préy et à Préy Koui.

La route à l'est du fleuve plaît beaucoup moins à ce marchand ; d'abord il faut passer le fleuve, puis, en six jours, on atteint la presqu'île en face de Sting Trêng, appelée Kantui Kou (la queue de la vache) après avoir traversé un pays désert où les tigres abondent.

A Sting Trêng, il faut traverser la rivière, puis décrire le circuit de la route unique qui passe par l'intérieur et conduit à Sambaur en six jours de marche, franchissant encore les deux gros torrents, le Prah et le Krieng. De Sambaur, on gagne Sambok en un jour.

A Sambok, le gouverneur chercha à lui soutirer un impôt, un cadeau quelconque, mais notre marchand s'était muni d'un ordre de l'obbarach du Cambodge et tint bon, refusa.

Selon lui, cette route est trop déserte, trop pierreuse ; en plusieurs endroits, les forêts sont trop épaisses et les pirates sont en plus grand nombre, surtout de Sting Trêng à Sambaur.

Selon le roi de Bassak, cette route orientale est préférable à l'autre, parce qu'elle est plus directe ; les caravanes sont bien vite rendues en Cochinchine et les marchands laociens se louent de la sécurité dont ils jouissent dans notre colonie, quoiqu'ils s'y trouvent fort dépaysés.

J'ai parcouru moi-même cette route de terre de Sting Trêng à Sambaur, à la fin d'avril 1883. Je n'ai pas mes notes de ce voyage précédent sous la main.

A mi-route, il y a à traverser, pendant plus d'une demi-journée, une forêt très épaisse appelée Préy Chas (la vieille forêt). Partout ailleurs, ce sont des forêts claires où l'herbe pousse aux pluies. Le Prah et le Krieng sont des obstacles sérieux aux pluies, la moindre crue rend infranchissables ces torrents impétueux.

La route de l'ouest, par Melou Préy et Kompong Soai, est beaucoup plus douce effectivement, mais elle est trop longue ; le détour est grand. Peut-être pourrait-on créer une route intermédiaire qui, de Sting Trêng dans le Cambodge, sur la rive droite du fleuve, irait à peu près droit au nord, à travers le district cambodgien de prah Roung que je connais peu, je dois le dire, aboutir entre Melou Préy et Tonlé Ropou, en suivant à peu près la ligne de partage des eaux du bassin du Grand-Lac et de celui du Grand-Fleuve. Ce que je puis dire, c'est qu'une route de caravanes est très facile à créer; elle n'exige que trois conditions : un premier tracé, simple abattage des arbres lorsque la forêt est trop épaisse, et le cas est assez rare; de l'eau à chaque étape de trois, quatre ou cinq lieues, non pas puits, mais mare ou bassin, enfin, et par dessus toutes choses, la sécurité. Les indigènes ne demandent que cela.

C'est la sécurité seule qu'exige le fleuve, qui restera toujours la grande voie facile et commode, quoiqu'on en dise, pour toutes les marchandises autres que les bestiaux. Si la montée de Krachéh à Sting Trèng est longue et pénible, par compensation, combien est rapide la descente dont les dangers, trop exagérés, peuvent être facilement conjurés avec un bon pilote et un peu de vigilance !

Je parle de l'époque des hautes eaux; mais, même aux basses eaux, la navigation n'est pas interrompue entre Sting Trèng et le Cambodge.

Le regrettable événement qui eut lieu peu de mois après mon passage a amené l'établissement d'un poste de tirailleurs annamites à Sambaur. A mon avis, la garnison devrait détacher un petit poste de surveillance à la frontière même, à la pointe en face de Koh Kabal Khla, sur la rive gauche. Du coup, non seulement la voie du fleuve, mais aussi la route de terre de l'est seraient nettoyées des brigands qui les infestent.

Donc, faire régner la sécurité sur cette frontière, tâche que nous impose et que nous facilite à la fois la récente convention avec le Cambodge, tel est le meilleur moyen d'attirer dans notre colonie les productions de cette région du sud-est du Laos, annexe de nos possessions au point de vue commercial, le seul que je veuille envisager. Elle est presque isolée du reste des possessions siamoises ; Bangkok est trop loin, Phnom-Penh est aux portes ! Et à cette région, en particulier, s'applique la remarque que nous aurons à faire sur tout le Laos en général : c'est un marché important dont les richesses, pour se développer, attendent des débouchés faciles.

DEUXIÈME PARTIE

DÉTAILS GÉOGRAPHIQUES

Sommaire

XXVIII

MONTS DE L'OUEST.

Ne réservant que les généralités sur la race Laocienne, et quelques détails sur les mœurs des Koui, nous avons examiné séparément la région du sud-est, très-distincte des deux autres au point de vue géographique.

La différence est moins tranchée entre le bassin du Moun et le bassin du Grand-Fleuve au nord, et, pour la suite de cette étude, nous adopterons l'ordre suivant : les montagnes (celles que nous connaissons du moins), le Moun, ses affluents, les affluents du Grand-Fleuve, sur lesquels nous avons des notions, puis nous reviendrons sur nos pas, examinant les divers mœuong jusqu'au confluent du Moun. Nous passerons aux mœuong laociens du bassin du Moun. Ayant vu tous les pays de langue laocienne, nous étudierons les traits communs de cette race. Nous terminerons par l'examen des pays de langue cambodgienne et de langue siamoise du plateau du Moun pour quitter le Laos au Dong Phya Yên.

Nous avons peu de renseignements sur les chaînes qui courent du nord au sud de Sieng Khan à Korat, séparant le bassin du Nam Khong des divers *Ménam* de Siam. D'après ce que nous en avons vu, il est à présumer que le massif est formé d'une série de lignes de montagnes, de vallées parallèles, dans la direction générale de la chaîne, qui s'ouvrent de distance en distance pour laisser échapper leurs torrents dans les affluents du Moun, du Nam Mœuong à l'est ou au nord, ou, à l'ouest dans les affluents du Ménam Sak et du Ménam Nan.

La chaîne est appelée vers le nord Phou Vieng ou Phou Mieng, vers le centre Phou Louong « les montagnes principales », plus au sud, vers l'ouest de la province de Chonobot, on les appelle Phou khiou « les montagnes fleurs » plus au sud encore, à l'ouest de Korat ce sont les Khao Niai « les grandes montagnes ».

Je n'ai pas de renseignements sur les passages des Phou Mieng, et des Phou Louong. Vers les Phou Khiou, les passages sont nombreux, on les appelle *chhang*, mot siamois qui doit signifier « passage, col de montagne ».

Le chhang Pak Tok conduit de Chaya Phoum, district de Korat, vers le nord et permet de déboucher soit à Péchaboun, sur le Ménam Sak, soit au Mœuong Lom, en passant par le Mœuong Phou Khiou.

Le chhang Khiou Koma part de Chettorach, district de Korat, conduit au nord-ouest à Péchaboun. Ce passage est très pratiqué.

Plus au sud sont trois autres passages qui conduisent de Chettorach à Vichien sur le Ménam Sak : le chhang Mak Faï, petit sentier pénible; le chhang Chä Chi, grand sentier très pratiqué; et le chhang Sunya, petit, difficile.

Plus au sud sont : le chhang Hin Lœuon, grand sentier; le chhang Saï, petit; le chhang Khun Vichit, grand; et le chhang Kaboch, petit; ces quatre passages conduisent de Bamnet Darong, district de Korat, au mœuong Vichien, sur le Ménam Sak.

Le chhang Sang Phalan, grand sentier, conduit de Bamnet Darong à Boua Chum Tévoda sur le Ménam Sak.

Enfin les trois passages les plus méridionaux sont successivement : le chhang Sat Houé conduisant de Korat à Boua Chum Tévoda ; le chhang Phya Klang (central) de Korat à Boua Chum Tévoda ; et le chhang Phya Yèn ou Dong Phya Yèn, qui conduit à Kèng Koi et Sarabouri, sur le Ménam Sak, et sur lequel nous reviendrons en détail à la fin de ces notes. C'est la grande voie commerciale, l'eau n'y faisant pas défaut, mais les deux autres sont aussi très fréquentés par les éléphants et les bœufs porteurs. Les mandarins prennent de préférence le Phya Klang, où sont élevés des abris d'étape en étape, et qui est moins pénible à traverser que le Phya Yèn.

De tous ces passages aucun n'est praticable aux voitures.

De Chettorach, dans la province de Korat, on va à Sarabouri en cinq ou six grandes journées de marche ; à Boua Chum Tévoda, et à Vichien en trois ou quatre jours ; à Péchaboun en cinq ou six jours, à Phou Khiou en quatre jours et au mœuong Lom en six ou sept jours.

XXIX

DANGRÊK OCCIDENTAUX.

Les montagnes de la ligne de partage des eaux qui bornent le bassin du nam Khong, tournent brusquement à l'est au point où le Moun prend sa source. Les Siamois les appellent encore Khao Niai « les grandes montagnes » ; les Cambodgiens les appellent de même Phnom Vèng, mais plus généralement Phnom Dangrêk « les monts du fléau, du levier ». Plus loin, les laociens les appelleront Phou Dèn Mœuong « les monts frontières du pays ».

Les monts Dangrêk courent droit vers l'est jusqu'au nord du chef-lieu de Melou Prèy, où la chaîne décrit un petit crochet aigu vers le sud pour reprendre au nord-est et au nord sa direction dernière jusqu'à l'embouchure du Moun, ayant ainsi formé la limite du bassin de la rive droite de cette rivière, de sa source à sa bouche.

Il serait même plus exact de dire que les Phou Dèn Mœuong se prolongent au delà du Moun par les plateaux et les monticules de grès de la rive droite du Grand-Fleuve jusqu'à Khèmarat et au delà, et que le Moun s'est frayé un passage en taillant une brèche dans ces plateaux.

La ligne des monts Dangrêk offre un aspect tout autre que celui des chaines parallèles des monts de l'ouest, entre le Nam Khong et le Ménam : c'est une ligne simple, unique, entre deux plateaux dont le niveau est très différent. Souvent, vers le centre de la chaîne, il n'y a même pas d'apparence de montagne sur le plateau supérieur, et alors les Dangrêk ne sont autre chose qu'un mur de grès entre deux terrasses dont la méridionale est à 150 ou 200 mètres au-dessous de l'autre.

Nous diviserons la ligne des monts Dangrêk en trois parties distinguées pour ainsi dire par trois des principaux passages praticables aux charrettes : le chhang Takor, ou, en cambodgien, le phlau Dangkor, à l'ouest; le chhang Smet, ou phlau Chup Smach, au centre, et le phlau Dan Ta Pouï, à l'est.

Le chhang Takor, ou, selon l'expression cambodgienne bien plus ancienne, le passage de l'arbre Dangkor, est le passage le plus occidental des monts Dangrêk, ici plutôt appelés Phnom Vêng ou Khao Nïai.

Au village de Phkeam, à quatre journées de marche au sud-est de Korat, se réunissent trois routes : l'une venant de Sourén, au nord-est; l'autre par Nang Rong, de Korat, au nord-ouest, et la troisième, à l'ouest, vient également de Korat par le mœuong Pah Konchhai et le ban Chhè, en suivant une direction nord-sud, puis ouest-est, qui la rapproche du pied des montagnes.

A partir de Ban Phkeam, la route unique praticable aux charrettes se dirige au sud un peu à l'ouest, et après une très grande journée de marche à travers les forêts désertes, elle atteint Trepeang Smach sur le bord du plateau, à l'entrée du chhang Takor.

Cette mare de Trepeang Smach est à deux grandes journées de marche du mœuong Nang Rong au nord; à trois jours du mœuong Pha Konchhai, au nord-est; à quatre jours du mœuong Pahkonchhai, au nord-ouest. Tous ces mœuong sont des districts de Korat au sud et au sud-est de cette ville.

Après Trepeang Smach, la route descend une première marche appelée, en Cambodgien, *thnak leu*, le gradin supérieur. Plus loin, une autre marche, le Ruot Kol Trûng, exige le déchargement des voitures.

Au-dessous, la route continue vers le sud, longeant en pente douce le flanc de la montagne dont la direction est ici momentanément nord-sud, et la route, qui n'a jamais été travaillée de main d'homme, est fortement inclinée à droite, selon la pente de la montagne.

Après avoir dépassé une station appelée Damnak Mai Dëng, la route et la montagne se détournent de plus en plus vers l'est, enfin on atteint la plaine inférieure à Srah Tangkor, mare où un poteau indique la limite des provinces de Korat et de Sisaphon.

La route descend cette vallée, en faisant un angle aigu avec sa direction générale, traverse trois lieues plus bas le sting Ston, thalweg de la vallée qui porte ses eaux à la rivière de Sisaphon. La route, au delà, laisse un peu sur sa gauche le village de Rolom Tim, dans le territoire de Sisaphon, mais dont les gens relèvent de Korat.

De Phkeam à Rolom Tim, il n'y a sur cette route âme qui vive, sauf les nombreux pirates qui infestent la région.

Le passage Tangkor est plus pénible que celui de Chup Smach, mais l'eau n'y manque pas. Le pas le plus difficile est au Ruot Kol Trùng, puis ensuite à l'étage supérieur. La route sur le flanc de la montagne, trop inclinée, fatigue les voitures; enfin les fondrières sont nombreuses entre les racines des arbres. Mais, en somme, le passage est très praticable aux voitures, et il est assez fréquenté pendant la saison sèche; la descente est relativement courte et les voituriers, s'aidant à deux ou trois à tour de rôle, amèneront en un jour toutes les voitures d'un plateau à l'autre.

Après Rolom Tim, la route continue au sud, passe à l'extrémité est de la chaîne appelée Khao Sangkè Kong, ayant à sa droite la pointe de cette chaîne et à gauche un monticule isolé, appelé Khao Lon, soit en Cambodgien, Phnom Trengel, « le mont pelé ».

Moins de deux lieues au delà, elle gravit un talus de 30 à 40 mètres appelé Khao Khna « monts du talus de rizières », au sommet du talus on trouve le plateau qui va en pente douce au sud vers Aranha et Vatana.

Le Khao Khna doit se détacher des monts Dangrêk à une ou deux journées de marche à l'ouest du chhang Takor, aller au sud, puis au sud-est, et enfin à l'est, parallèlement aux Dangrêk, laissant entre lui et la grande chaîne un intervalle large d'une journée de marche du nord au sud, profond d'une ou deux journées de marche, ouvert seulement à l'est. Et encore cet amphithéâtre de montagnes est-il coupé en deux vallées par une chaîne intérieure le khao Sangkè Kong, dont la direction est aussi est-ouest.

Ces montagnes, ces vallées, mais plus spécialement la moitié méridionale entre le Khao Sangkè Kong et le Khao Khna sont appelées Khao Vong « les monts en cercle, en amphithéâtre ». C'est un repaire de bandits qui travaillent sur la route de Tangkor et vont ravager les provinces voisines. Dans toute cette région des Khao Vong on remarque beaucoup d'arbres kreko, sisiet, haisan. Khao Vong est à deux journées au nord d'Aranha.

A un jour vers l'est du phlau Tangkor est un passage de piéton, le phlau Srah Chèng, qui conduit de Ban Phkeam au nord, vers Rolom Tim, au sud. La montagne n'a guère ici que 150 mètres d'élévation, le plateau inférieur étant lui-même assez élevé.

<h2 style="text-align:center">XXX</h2>

DANGRÊK CENTRAUX.

A deux jours vers l'est du phlau Srah Chèng, est un autre sentier de piétons, le phlau Chomtup Péch, qui conduit du district de Phakonchhai, dans la province de Korat, à celui de Svai Chèk, province de Battambang.

A l'est du phlau Chomtup Péch, ou du pic de ce nom, les Dangrêk n'offrent plus l'apparence de monts vers le nord, où la terrasse supérieure vient jusqu'au bord du mur de grès qui la soutient suspendue sur la vallée du Grand-Lac.

Et dans toute cette région des monts Dangrêk, s'étend une sombre et haute forêt interceptant complètement les rayons du soleil. Pendant une journée entière, le voyageur marchera dans une ombre lugubre qui pèse comme un cauchemar, n'apercevant que les gros troncs d'arbres, gigantesques colonnes qui supportent la voûte impénétrable; le sol est couvert de petits arbustes. En sortant de cette obscurité, quelle que soit la chaleur, c'est avec joie qu'il saluera les rayons du soleil.

Cette sorte de forêts est rare en Indo-Chine, où dominent les forêts claires des arbres à essences résineuses; où le soleil pénètre dans l'intérieur de la plupart des forêts épaisses.

La forêt sombre des monts Dangrèk est traversée par le phlau Ta Mean, sentier de piétons, qui conduit de Sourén à Svai Chèk, dans la province de Battambang. Ce phlau Ta Mean, à trois lieues à l'ouest du grand passage de Chup Smach est très fréquenté par les voleurs, qui y font passer les bestiaux volés.

Chup Smach « source de l'arbre smach », appelé par imitation et corruption, Chhang Smet par les Siamois et les Laociens, est le grand passage des voitures et des caravanes de bestiaux descendant du Laos au plateau du Grand-Lac et à Bangkok.

Tous les mœuong laociens de l'est et du nord-est envoient leur impôt par cette voie.

Chup Smach est à peu près droit au sud de Sourén, à deux journées de marche. Le dernier centre de la province de Sourén est le Phum Bak Day, à deux lieues de la descente de Chup Smach. Près de ce village est un poste de police installé en pleine forêt par le gouverneur de Sourén.

La descente commence au Ruot lœu « le gradin supérieur »; au-dessous est une terrasse que longe la route qui tourne vers l'est, et de distance en distance, on aperçoit sur sa droite des échappées de la plaine au loin. De temps à autre la route est encaissée; les pierres sont de grès rouge; c'est la pierre de la montagne.

Au-dessous du Ruot lœu, après vingt minutes de marche sur cette terrasse peu inclinée, on aperçoit, à quatre-vingts mètres à droite de la route une mare qui a toujours de l'eau, c'est Trepeang Chhuk Ang. De ce point, un sentier de piétons peut conduire directement au plateau supérieur par la traverse.

Un peu plus loin est le deuxième gradin, le Ruot Treang (nom d'arbre), où se trouve un puits dont l'eau ne manque jamais.

De ce Ruot Treang un sentier de traverse conduit directement au bas de la pente. Ce sentier et celui de Trepeang Chhuk Ang, qui en est pour ainsi dire le prolongement, permettent aux piétons d'abréger beaucoup le trajet.

Une ancienne route, aujourd'hui presque abandonnée, appuyait un peu plus à l'est, où le même degré est appelé Ruot Srey Srenoh « le gradin ou l'étage des regrets de la fille ».

De ce dernier point, la vue est très dégagée sur la plaine, où surgissent tous les pics et mamelons disséminés dans les provinces de Sisaphon, Battambang, Phnom Srok, Chongkal et Siem Réap.

Ce nom de Srey Srenoh est expliqué par la légende d'une jeune fille enlevée par son amant et un ami. Le trio s'arrête en ce lieu, l'amant chante, l'ami joue de la flûte, et la fille regarde le paysage à perte de vue qui reporte sa pensée vers ses parents, au loin, là-bas. Elle s'attendrit, verse des larmes, refuse de poursuivre sa route, et l'amant, furieux, la tue sur place.

Aujourd'hui, les Cambodgiens du pays d'en bas qui vont au Laos se retournent avec émotion en cet endroit, et la légende aidant, ils songent à leur famille, si bien que, sans être enlevés le moins du monde, un peu de musique attendrissante les ferait facilement pleurer.

Au-dessous du Ruot Treang ou Ruot Srey Srenoh, la route, après avoir longé une terrasse pendant vingt minutes, atteint le troisième gradin appelé Ruot Soai (du manguier). Dix minutes plus loin est le Ruot Dey (de terre). Ensuite on traverse le petit aur Koki « ruisseau de l'arbre koki », et enfin on atteint la cinquième et dernière descente, le Ruot Anchùn ou « gradin du transport », ainsi appelé parce qu'il exige le déchargement des bagages, le passage des voitures à vide. C'est le seul, d'ailleurs, qui nécessite cette opération. Au-dessous est la plaine inférieure.

Ainsi donc le passage de Chup Smach compte cinq étages séparés par quatre terrasses intermédiaires, larges de 400 à 1,000 mètres environ. Du haut en bas, ces degrés sont: 1º Le Ruot Iœu, 2º le Ruot Treang ou Srey Srenoh, 3º le Ruot Soai, 4º le Ruot Dey, séparé par la plus large terrasse du 5º le Ruot Anchùn. Le Ruot Iœu a la plus grande dimension en hauteur (50 à 60 mètres); les autres ont à peu près une vingtaine de mètres chacun.

La descente est longue, la route se détournant souvent pour longer les terrasses, le flanc de la montagne, mais elle n'est pénible, en somme, qu'au Ruot Anchùn; partout ailleurs les hommes se contentent d'aider à retenir ou à pousser les charrettes. Avec peu de travaux, une voie ferrée passerait là. Le sol de la route est de sable rouge, mêlé de cailloux rouge brun, en grès ou bai kriem.

Au bas, dans la plaine, la route est encaissée; la terre, sablonneuse, est d'un blanc jaunâtre avec des cailloux noirs.

De Chup Smach on va : 1° Au sud-est, à Prah Srok ou Phnom Srok, à trois jours de marche; 2° à Sisaphon, à quatre jours au sud-sud-ouest, en passant par le monument de Bantéai Chhmar, situé à peu près à mi-route de Chup Smach à Sisaphon.

Le premier village au sud, traversé par la route, est Trepeang Khpos, à trois lieues du défilé. C'est un village du district de Chongkal où est installé un poste de surveillance qui perçoit au profit du chau mœuong de Chongkal, un fœuong (40 centimes) par voiture de passage.

Dans cette région du Chup Smach croissent beaucoup d'arbres koki, popél, reang des montagnes. A une journée vers l'est du Chup Smach est un sentier de piétons, le phlau Tuk Chol.

Plus à l'est encore, à deux ou trois jours du phlau Chup Smach, droit au sud du mœuong Suraphim, district de Sourén, un autre sentier conduit au village de Samrong, dans le district de Chong Kal. C'est le phlau Daun Keo, où l'on peut, à la rigueur, faire passer des voitures en les transportant.

Au delà, à quatre jours à l'est du Chup Smach est le phlau Châm, au sud, un peu à l'ouest de Sangkah, qui conduit soit à Entrokon au sud-est, soit à droite, à Samrong et Chongkal. De Sangkah, en une petite journée de marche, on atteint le Phùm Char. De ce village au phlau Châm il y a une demi-journée, et de la montagne à Chongkal on met trois jours, en passant par Samrong.

<h1 style="text-align:center">XXXI</h1>

DANGRÊK ORIENTAUX.

En continuant vers l'est, la ligne des Dangrêk cesse d'être de niveau avec le plateau supérieur et se relève un peu au sud-est, de Sangkah, et de plus en plus au sud de Koukhan.

6.

Le phlau Prah Balaï, puis le phlau Daun Aur la traversent; ce sont des sentiers de piétons. Le dernier conduit de Koukhan à Prasat Dàp, district de la province cambodgienne de Kompong Soai.

Plus à l'est, à trois ou quatre lieues au nord de Prasat Dàp, les Dangrèk sont dominés par un beau pic, sur le sommet duquel est construit le monument khmèr appelé Prah Vihéar, observatoire haut de 400 mètres sur les plaines inférieures à perte de vue.

A l'est de Prah Vihéar, au nord-est de Prasat Dàp, le passage appelé phlau Prah Chréy est praticable aux voitures, dit-on, mais il est probable qu'il faut les décharger. Ce passage conduit du Phum Bèng Melou, dans la province de Koukhan, où est un poste de surveillance, à Prasat Dàp, dans Kompong Soai, et de là la route descend vers le district de Promotèp.

Plus à l'est encore est un sentier de piétons appelé le phlau Dam Phkar.

Enfin on rencontre le phlau Dan Ta Pouï, au dernier col ou abaissement vers l'est. De même qu'au phlau Chàm, au sud de Sangkah, on peut faire passer des charrettes par le Dan Ta Pouï, mais avec peine et difficulté.

Au phum Dan Ta Pouï, dans la province de Koukhan, sur le plateau supérieur, qui a pris le nom du défilé, est un poste de surveillance où un mandarineau examine les papiers des passants sans rien percevoir. Il conduit au chef-lieu de Koukhan les gens qui voyagent sans papiers. De ce village au col, à deux lieues au sud, le plateau est couvert d'une épaisse forêt.

Le gradin supérieur du Dan Ta Pouï est, de même qu'aux autres passages, appelé Ruot lœu ou Thnak lœu. Le deuxième est le Ruot Phtah Dan, et le troisième ou dernier en descendant est le Ruot Sok Kràm. Ces trois ruot sont éloignés les uns des autres, et la route fait beaucoup de lacets.

Au ruot Phtah Dan, l'ancien chau de Koukhan avait installé un poste de douane ou de surveillance, depuis longtemps abandonné. A hauteur de ce poste, à une centaine de mètres sur la gauche en descendant est une crevasse de rochers où jamais l'eau ne manque en mars-avril.

A ce ruot du milieu, les chargements doivent être portés, et de temps en temps les voitures aussi, ce qui rend le passage fort pénible. Aussi préfère-t-on souvent transporter directement le chargement par un sentier dont nous allons parler et ne conduire que les voitures par la route carrossable, sauf à les porter de temps en temps quand besoin est. Le sentier en question, à l'ouest et à une portée de voix du chemin des voitures, est assez droit et la pente à peu près uniforme ; pas de terrasse, pas de degré ; il est beaucoup plus court que la route des voitures. Le passage Dan Ta Pouï, de même que le Chup Smach, indique une différence de niveau de 150 mètres environ entre les deux plateaux.

Au bas de la descente, la route se dirige au sud, laisse sur sa gauche Phnom Ach Kandal, petit mont isolé de 120 mètres de hauteur, et passe successivement aux villages de Sok Kram, de Kap Khmum et de Rolom Thma, ce dernier à une grande journée de marche du phum Dan Ta Pouï.

A deux lieues vers l'est de Dan Ta Pouï, à vol d'oiseau, est un sentier de piétons appelé Phlau Ansé.

Les Dangrèk qui, depuis la source du Moun, ont suivi la direction ouest-est, font en ce point un coude brusque, à angle droit et se dirigent du nord au sud, sur une longueur de trois lieues, puis, figurant ainsi un croc aigu, la chaîne prend sa direction dernière, au nord-est et au nord qu'elle conserve jusqu'à l'embouchure du Moun.

Au nord-est de ce crochet, vers Melou Préy, un sentier de piétons, le phlau Chambak, conduit de Phum Srenang, village de Melou Préy, à la province de Koukhan.

Et à deux ou trois lieues plus loin, un autre sentier de piétons, le phlau Pong Dèng, conduit du Phum Krevan, dans Melou Préy, au plateau laocien.

Plus au nord, dans les provinces de Tonlé Ropou et de Bassak, je n'ai pas de renseignements sur les passages, sauf sur celui de Song Nang à l'ouest de Bassak, que l'on dit praticable aux voitures. Les défilés doivent exister en assez grand nombre, mais le pays est presque désert.

La différence de niveau entre les deux plaines que sépare la chaîne diminue progressivement en s'avançant vers le nord, et les phou Dèn Mœuong prennent de plus en plus l'aspect d'une chaîne ordinaire de montagnes.

Plus au nord encore, c'est une succession de petites collines qui est terminée au sud de Pak Moun par un soulèvement important et à Pak Moun même par des plateaux de grès que le Moun a taillés à pic, en creusant son lit torrentueux de Phimoun à Pak Moun.

Au sud des montagnes de Pak Moun, une route fréquentée qui relie les deux provinces de Bassak et d'Oubon part de Sak Mœuong sur le Grand-Fleuve, traverse quelques rizières, puis des plateaux sablonneux aux forêts claires. Plus loin le grès plaque le sol de larges dalles.

En une journée de marche on peut atteindre les phou Dèn Mœuong qui sont ici une ligne de petites collines égrenées. Près du passage, un poste de surveillance fourni par le village de Na Vieng, province de Bassak, examine les papiers des voyageurs.

Quelques coups de pioche au défilé, et la route serait très belle, la nature en a fait tous les frais. En l'état actuel, les *lâs* ou petites charrettes laociennes peuvent la suivre.

Après avoir dépassé les phou Dèn Mœuong, on traverse une épaisse forêt large de deux lieues, et on atteint, à Dan Daun Phàng, le Daun Noï ou petit Daun. C'est un gros torrent dont le lit a ici 80 mètres de largeur et 10 mètres de profondeur. Il sert de limite entre les territoires de Bassak et d'Oubon.

Dès la fin de novembre le Daun Noï est guéable; en outre, les petites pirogues du hameau de Dan Daun Phàng, hameau de cinq ou six cases, peuvent aider au passage des bagages.

A une petite journée de marche au delà, la route traverse le houé Kouong, dont le lit a 20 à 30 mètres de largeur et 2 mètres de profondeur. Du houé Kouong on atteint Phimoun en une matinée de marche.

XXXII

FLORE DE LA RÉGION.

Il ne sera pas inutile de donner quelques détails sur les grands arbres que l'on rencontre le plus communément vers les monts Dangrèk, en particulier, et sur le plateau du Moun, en général.

Il y a des arbres plus spéciaux à la montagne, d'autres sont communs aux deux régions. Je n'emploierai ici que les dénominations cambodgiennes, les seules dont j'aie l'habitude.

Dans les environs du chhang Takor, des khao Vong, on rencontre beaucoup de bois de fer, des *haisan,* grand arbre au bois noir, et du *sisiet,* dont l'écorce rouge, charnue, est enlevée par plaques et exportée au nord, vers Sourén, Siphoum.

Les hautes, grandes et sombres forêts à l'ouest du Chup Smach, aux environs des passages Ta Mean et Chomtup Péch offrent des *dœm chœung chap* « arbre pied de moineau,» en assez grande quantité, grand arbre à l'écorce noire, aux feuilles petites, au cœur d'un blanc jaunâtre ; son bois durable, paraît-il, par excellence, est le bois des grands monuments khmèrs.

Sa durée rivalise avec celle de la pierre, disent les Cambodgiens. En effet, les travées en bois des portes monumentales d'Angkor Thom tiennent encore, et j'assigne à ces édifices de 1,150 à 1,200 ans d'existence.

Les arbres qui précèdent sont plus spéciaux à la montagne, ceux qui suivent sont rencontrés indifféremment sur le plateau du Moun et aux Dangrèk, sauf le *sral* ou pin qui paraît assez généralement cantonné dans les forêts à mi-route entre le Moun et les Dangrèk.

Son beau tronc bien droit, atteignant souvent 2 mètres de circonférence, et son bouquet d'aiguilles vertes réjouissent toujours l'œil du voyageur européen, en lui rappelant la patrie au milieu de toute cette flore exotique, mais il faut bien l'avouer, c'est un arbre presque inutile. Son bois, qui pourrit très rapidement, ne peut servir qu'à faire des torches grossières ; on le taille en petites baguettes que l'on lie en faisceaux.

Le *dœm néang phdèk,* dont le bois très durable peut rivaliser avec le *chœung chap,* est assez commun dans les forêts de Korat. Les indigènes n'osent pas, par crainte superstitieuse, l'employer à la construction de leurs cases. Il est utilisé pour les temples et pour les maisons des mandarins.

Le *phchek,* l'un des plus communs, est employé à la construction des jonques, des voitures et surtout des colonnes de cases. Le *koki* tient dans l'eau, et le *phchek* sur terre, disent les Cambodgiens.

Le *phchek* fournit la résine solide que les Khmèrs appellent *cheur chong* « résine des bouts », ainsi appelée parce qu'elle sort, non du tronc, mais des extrémités. On la détache en cassant ses stalactites. Pilée et mélangée avec la résine liquide du *trach* ou du *téal*, elle sert à enduire les barques, calfeutrer leurs fentes, et à rendre imperméables les seaux en bambou tressé.

Le *krenhung*, bois de fer rouge, est assez commun entre le Moun et les Dangrèk.

Le bois de ' ... pelé *koki* fait surtout des pirogues et aussi des cercueils, ... ne funèbre qui empêche, par crainte superstitieuse, d'employer ses planches à d'autres usages.

Le *trach*, très commun au Laos, sert à faire des planches, des jonques et donne la résine liquide. A Sourén, sur ses feuilles on étend le tabac qui, séchant ainsi, devient plus fort.

Le *téal*, au beau port, donne également une résine liquide.

Le *chhœu krâm* ou *sôk krâm* est aussi estimé pour les colonnes des cases que le *phchek* ou le *reang*. Les manches de charrue sont généralement en *sôk krâm*. Son écorce, ses fruits, son bois, ses champignons servent à faire des breuvages que les Cambodgiens boivent pour se remettre des fatigues, des courbatures, des dérangements intérieurs causés par une chûte.

Le *reang* ou *reang phnom* « des montagnes » est employé à faire des colonnes de cases. Sa fleur odorante, d'un blanc jaunâtre, est recherchée par les abeilles en mars-avril.

Le *phdiek* laisse exsuder une résine solide blanche, qui ne sert à aucun usage. Son bois est travaillé quelquefois en pirogues, mais il est peu estimé, peu résistant.

Le *popél*, pour la construction des pirogues, vient après le *koki*. Son bois, qui résiste à l'eau, à l'humidité, est découpé en en planchettes employées au Laos, en guise de tuiles, pour la couverture des temples, des maisons des mandarins. Son écorce, sa racine, peuvent être mâchées en guise de bétel. Cet arbre laisse exsuder une résine visqueuse, et dans les pays de production du sucre de palme, lorsque pendant l'exploitation, qui n'a lieu qu'à la saison sèche, le temps n'est pas beau, l'eau de palme épaissit mal, il faut y ajouter de cette résine. En outre, un morceau de bois de *popél*, gros comme le doigt, placé dans le tube de bambou qui recueille le suc de palme rend cette eau plus douce, et le sucre obtenu est meilleur.

Le *srelao* sert à faire des rames. Le *khlong* et le *thbéng* dont le bois, facile à travailler, résiste très bien à l'abri de l'humidité et n'est pas volontiers attaqué par les termites, fournissent généralement toutes les pièces de l'intérieur des cases, sauf les colonnes qui pourriraient en terre.

A part le *chœung chap*, le *haisan*, le *sisiet*, tous les arbres que nous venons d'examiner sont excessivement communs dans les forêts du Cambodge, et les détails qui précèdent sur leurs usages se rapportent aussi bien au Cambodge qu'au Laos.

<h2 style="text-align:center">XXXIII</h2>

<h3 style="text-align:center">LE MOUN.</h3>

Le principal affluent du Grand-Fleuve au Laos, celui que nous avons dû plus spécialement étudier par suite de la direction de notre voyage, est appelé Moun ou Nam Moun, quelquefois Phi Moun, mais jamais Sé Moun.

Les Laociens prétendent que ce nom de Moun vient du sanscrit *mûtra* (urine), et pour expliquer cette prétendue étymologie, ils ont forgé après coup une histoire quelque peu indécente. Je crois que Moun est simplement la corruption du dernier mot de l'expression cambodgienne qui désigne cette rivière Sting Préy Mùl (Mùl est prononcé Moul, et les Laociens ou les Siamois transforment facilement les finales en *n*). De même, Phi Moun, nom qui est resté à deux centres habités presque aux deux extrémités du cours d'eau, un dans la province de Korat l'autre dans celle d'Oubon, n'est que la corruption de Préy Mùl.

D'ailleurs, j'ai reconnu qu'en thèse générale tous les noms laociens ou siamois du Moun et de ses affluents sont des noms cambodgiens défigurés.

Le Moun prend sa source au nœud de rencontre des deux grandes chaînes, les Dangrèk dont la direction est de l'est à l'ouest, et les Khao Niai qui courent du sud au nord. Selon, les indigènes, sur le versant méridional de ce nœud de montagnes prend naissance la rivière de Kabine,

Il coule d'abord au nord et même un peu au nord-ouest. A quatre ou cinq jours de marche au nord de sa source, il passe à Phi Moun, petit village où sont de nombreuses plantations de canne à sucre.

Son lit mesure ici 8 à 10 mètres de largeur et 5 à 6 mètres de profondeur, avec de l'eau jusqu'aux mollets en mars. Selon les indigènes, son lit est plus profond et plus large en amont près des montagnes ; dire qui concorde parfaitement avec les observations faites sur la plupart des cours d'eau de l'Indo-Chine.

Le Moun sépare ici le district de Pah Kon Chhai à gauche du district de Korat proprement dit, à droite. Peu à peu, il prend la direction du nord-est, et passe à une vingtaine de kilomètres au sud-est de Korat; ici son lit a 10 ou 12 mètres de longueur.

Il coupe la route de Phimaie à Korat, à 12 kilomètres à l'est de cette dernière ville, à 32 kilomètres à l'ouest de Phimaie, au point appelé Tha Chhang (rive des éléphants). Ici, son lit que l'on traverse sur un pont de madriers, mesure une trentaine de mètres de largeur sur 8 à 10 mètres de profondeur.

Un peu plus bas, à Tha Chhang même, le Moun reçoit plusieurs rivières qui viennent de l'ouest et du nord-ouest. Dès lors, il coulera dans sa direction définitive vers l'est, peut-être un peu vers le nord.

Il passe à 2 kilomètres au nord de Phimaie où son lit mesure 20 à 30 mètres de largeur et seulement 4 à 5 mètres de profondeur; il passe à 5 kilomètres environ au sud de Pou Tai Song, et au delà il quitte la province de Korat. Dans son parcours à travers cette province, il inonde ses bords aux crues.

Il sépare les deux provinces de Sourén au sud et de Suvana Phoum au nord. Son lit s'agrandit progressivement jusqu'à 80, 100 mètres de largeur et 4 à 5 mètres de profondeur. Le fond est de sable, et l'eau serpente en chenaux entre les bancs de sable jaunâtre. En janvier, on le traverse facilement avec les voitures du pays. Ses eaux sont saumâtres à la saison sèche, le terrain étant imprégné de sel qui est même exploité à Bo Kan Thao, dans le district de Chomphon, province de Sourén.

Aux crues, il inonde les plaines voisines jusqu'à la profondeur de 1, 2 ou 3 mètres, empêchant la culture du riz en beaucoup d'endroits.

Il passe·à 2 kilomètres au sud de Chomphon, district que Sourén prend sur Suvana Phoum, à Ban Tom et au Phum Kompong Soai, rive droite, deux gros villages de Ratanabouri, à 4 ou 5 lieues au nord du chef-lieu de Ratanabouri.

A partir de son confluent avec le houé Thap Tan, son lit change d'aspect; le fond est pierreux, les rapides nombreux. Il mesure une centaine de mètres de largeur et 4 à 5 mètres de profondeur, et 40 à 50 centimètres de profondeur d'eau en janvier. Il coule dans la province de Sisakèt ou bien la sépare de celles de Suvanaphoum et d'Oubon. Il passe à Mœuong khong, rive gauche, gros village de Koui, province de Sisakèt, reçoit sur sa droite le Samlan qui passe au Mœuong Sisakèt. Du confluent du Samlan au confluent du Si, le Moun coule souvent entre deux murs de grès, le grès est au fond du lit. Sur les rives poussent en abondance le koki, le téal, les bambous.

L'eau est plus profonde, mais par bassins successifs que des déversoirs moins profonds réunissent. Ces déversoirs rendent le Moun fréquemment guéable aux basses eaux. Les pêcheries sont plus nombreuses dans cette partie, ce sont tantôt des lignes fixes attachées à une traverse qui surmonte deux pieux plantés dans l'eau, avec une clochette en bois que fera sonner le poisson pris à l'hameçon. Ou bien trente à trente-cinq tréteaux sur pilotis couvrent toute la largeur du lit et offrent positivement l'image d'un pont. Les bateliers, pour passer, devront démolir une pile ou deux. Les tréteaux sont couverts de soles de foyers; les pêcheurs allument deux feux la nuit et pêchent au moyen de sacs à coulisse dont ils ferment l'ouverture d'un coup sec dès que le poisson vient heurter le fond.

Enfin, à quatre ou cinq lieues au-dessus d'Oubon, le Moun reçoit sur sa gauche le Si, son affluent le plus important, et change encore une fois d'aspect.

De ce point à Phi Moun, c'est un bassin profond aux eaux tranquilles, le courant presque insensible, les rives quelquefois escarpées, mais plus généralement doucement inclinées en cuvette et couvertes d'arbres. Sa largeur est de deux à trois cent mètres, et son lit est encore augmenté par de nombreux *boung*, probablement d'anciens bras de la rivière, obstrués en amont qui forment des V avec son cours. Ces *boung* ou tronçons de rivière ont souvent, aux eaux basses, leur lit planté avec du riz de saison sèche.

Le Moun, dans cette partie de son cours, offre beaucoup de ressources à la pêche, au profit principalement de la ville d'Oubon, sur la rive gauche.

De Phi Moun, rive droite, à Pak Moun, son confluent, c'est un torrent à nombreux rapides (10 ou 12); son lit est taillé à pic dans les plateaux de grès qui, à la saison sèche, dominent les eaux d'une dizaine de mètres de hauteur. Le dernier rapide est à trois kilomètres environ en amont du confluent, juste au-dessous de l'île Tanah. C'est le Kèng Tom Pa Dèk. De ce point à Pak Moun, la rivière est encore encaissée entre ses deux hautes parois de grès, mais les eaux sont tranquilles, très profondes, jusqu'à 30, 40, 50 mètres dit-on.

Aux hautes eaux le Moun est navigable jusqu'à Phimaie sans trop de difficultés; aux basses eaux les jonques remontent avec peine jusqu'à l'embouchure du Samlan, la rivière de Sisakèt; et les plus petites pirogues doivent s'arrêter à l'embouchure du Thap Tan.

Le bassin d'Oubon, c'est-à-dire du confluent du Si à Phi Moun, est toujours commode pour la navigation locale. Quant à sa partie inférieure de Phi Moun à Pak Moun, il y a à distinguer quatre périodes par an. Aux basses eaux, de janvier à mai, la navigation est très pénible, très difficile, il faut hâler les embarcations aux rapides, les décharger et transporter le chargement en marchant sur les rocs à sec des bords du fond du lit. Aux hautes eaux, d'août à octobre, le Moun, gonflé, remplit ses digues, tous les rapides disparaissent sous un courant fort mais assez uniforme; la navigation est alors facile. Elle est absolument impossible aux deux périodes intermédiaires; les rapides sont violents; le fond du lit couvert par les eaux ne permet guère de transporter le chargement sur les rocs des bords.

Vers la fin de novembre 1883, il me répugnait beaucoup de prendre une légion de porteurs pour suivre la route de terre de Sak Mœuong à Phi Moun ; j'allai donc examiner le Kèng Tam Pa Dèk, où d'ailleurs des renseignements erronés plaçaient une inscription khmère. Dans leur lit encaissé, les eaux séparées en deux bras par l'île Tanah se rejoignaient en aval, et immédiatement, étaient divisées de nouveau par un rocher au milieu de la rivière. Les soubassements de ce rocher produisaient le rapide appelé Thom Mou dans sa moitié nord et Tanah dans l'autre partie. L'eau resserrée et tumultueuse glissait tout à coup, présentant une surface lisse et inclinée à 45 degrés, s'abaissait d'un mètre pour rebondir jusqu'à la même hauteur.

Il eût été folie de songer à faire passer là une jonque. « Il y a une douzaine de rapides d'ici à Phi Moun, me disaient les Laociens, et celui-ci n'est pas le plus violent. Il faut encore attendre quinze ou vingt jours de décrue avant de songer à prendre cette voie. » Les jonques d'Oubon qui se laissent surprendre dans le fleuve de Bassak y attendent plusieurs mois que le Moun leur permette de remonter. Aux basses eaux, ces jonques remontent à Oubon en un mois, tandis que, pendant l'inondation, la descente à Bassak a lieu en six journées de laociens, six petites journées.

Je présume que les bords du Moun sont déserts de Pak Moun à Phi Moun. D'ailleurs, partout où il n'y a pas de tertre assez élevé pour préserver les cases de l'inondation, le Moun a refoulé les cultures et les populations à deux, trois ou quatre lieues dans l'intérieur, sur la limite de la zone inondée. Seuls, quelques gros centres favorisés ont pu se créer sur les bords de la rivière de Phimaie à l'embouchure.

A propos du Moun et de ses affluents que nous allons passer en revue, il est temps de placer une observation générale, relative à tous les cours d'eau de l'Indo-Chine. On sait que les eaux ont leur minimum de février à avril. Elles augmentent aux pluies de mai à septembre, et baissent d'octobre à janvier. Les dimensions du lit, qui doivent être considérées de préférence par suite de leur caractère de fixité, indiquent en général la hauteur moyenne de la crue, qui souvent dépasse cette moyenne et déborde sur les plaines à droite et à gauche. Il y a peu de torrents qui n'aient leur petit débordement, toujours dù à la différence entre la puissance de l'afflux d'amont et celle du déversoir à l'aval. Le colmatage, l'altitude générale du terrain ont très peu d'importance dans la question.

L'ensemble de toutes ces petites crues partielles forme celle des grandes rivières, des fleuves, dont le caractère est d'autant plus régulier que l'espace embrassé par tous les affluents est plus considérable.

XXXIV

AFFLUENTS DE DROITE.

Le aur Chakarat ou houé Chakarat vient de Thung Kathèn, plaine marécageuse au sud, coupe la route de Phimaie à Korat à 16 kilomètres à l'ouest de la première ville, à 28 kilomètres à l'est de la seconde. Il se jette dans le Moun au-dessus de Phimaie, après un cours de deux à trois jours de marche. Vers le Moun, son lit atteint jusqu'à 20 mètres de largeur et 5 ou 6 mètres de profondeur. En février, il n'a que des flaques d'eau stagnante.

Le Nam Khêm (l'eau salée) est moins un cours d'eau qu'une longue dépression du terrain sans rives taillées nettes, qui se réunit au Moun au-dessous de Phimaie; son eau est effectivement salée à la saison sèche.

Le sting Prai Méas, appelé par corruption siamoise Lam Plaï Mat, doit prendre sa source non loin de celle du Moun. Il coule de l'ouest à l'est, rencontre à Srah Takien l'une des routes qui conduisent de Korat à Phkeam. A ce dernier village il change de direction, coule au nord-est, passe à quelques kilomètres à l'ouest de Nang Rong, puis à l'ouest de Bouriram, entre dans le territoire de Sourén et se jette dans le Moun, un peu au-dessus de Pou Taisong, après un cours de sept à huit jours de marche. Son lit, qui mesure généralement 12 à 15 mètres de largeur et 5 à 6 mètres de profondeur, atteint, près du Moun, jusqu'à 30 et 40 mètres de largeur et 6 à 7 mètres de profondeur, et là il inonde aux crues les plaines voisines jusqu'à 2 ou 3 mètres de hauteur.

Le Plaï Mat reçoit les sources d'une partie des Phnom Vêng; il a de l'eau courante pendant toute la saison sèche. Sa direction et celle du Moun, embrassant un grand ovale, expliquent pourquoi le Moun n'a presque pas d'autre affluent de droite dans la province de Korat, alors qu'il reçoit plusieurs rivières à gauche. Le Plai Mat reçoit sur sa droite le sting Tha Léo ou sting Nang Rong qui vient des phnom Vêng au sud, passe au mœuong Nang Rong et se jette dans le Plai Mat à une journée au nord de ce chef-lieu de district.

Le sting Prah Chi vient des phnom Dangrêk, sépare du territoire de Sourén le district de Pha Konchhai, province de Korat, et se jette dans le Moun au-dessus du mœuong Chomphon. A l'ouest de Sourén, vers le milieu de son cours de cinq journées de longueur, son lit mesure 12 à 15 mètres de largeur et 4 à 5 mètres de profondeur.

Le Prah Chi reçoit sur sa droite deux autres torrents, le sting Daun Ngao, qui a trois jours de cours, et le sting Snèng, qui vient aussi des Dangrêk, passe à 2 ou 3 kilomètres à l'ouest du chef-lieu de Sourén et se jette dans le Prah Chi, après un cours de quatre à cinq jours de marche.

Le sting Kap Téal, que les Laociens de sa partie basse appellent houé Thap Tan, prend sa source à l'est du passage Chup Smach, probablement à l'un des cols qui permettent de descendre à Chongkal.

Après un cours de deux jours, il passe un peu à l'est du mœuong Sang Keah où le courant rapide, par suite de la pente du terrain, coule dans un lit de 15 mètres de largeur sur 4 à 5 mètres de profondeur, puis à l'est du chef-lieu du Sourén; il sépare la province de Sisakèt à l'est du mœuong Ratanabouri, ancien district de Sourén à l'ouest, puis traverse des plaines basses, inondables, et se jette dans le Moun au Ban Houé Thap Than, où son lit est réduit à une quinzaine de mètres de largeur. En janvier, il a encore 50 ou 60 centimètres d'eau.

Le Kap Téal reçoit sur sa gauche le sting Komphok qui vient de Dangrêk et passe au mœuong Romduol ou Souraphim à l'ouest de Sangkak où son lit mesure 12 à 15 mètres de largeur et 4 à 5 mètres de profondeur; son cours est de deux journées de marche.

Le sting Komphok reçoit lui-même sur sa gauche le aur Trach qui vient aussi des monts Dangrêk et sert de limite entre les provinces de Sangkah et de Sourén. Ce dernier torrent est à sec en février.

Sur sa rive droite, le sting Kap Téal reçoit un autre torrent le sting Srèl.

Le sting Samlanh, de même que tous les autres, vient des Dangrèk, coule du sud au nord, reçoit sur sa droite le sting Kâk, passe au mœuong Sisarèt où, en janvier on trouve encore de l'eau jusqu'aux genoux au fond de son lit aux parois d'argile sablonneuse qui mesure 20 à 30 mètres de largeur, sur 6 à 7 mètres de profondeur. Le sting Samlanh, que les Laociens appellent houé Samlan, se jette dans le Moun à trois lieues au nord de Sisakèt, à vol d'oiseau.

Le sting Krenhung ou houé Krenhung prend sa source aux Dangrèk, à l'ouest du pic de Prah Vihéar, dans la province de Koukhan, coule dans cette province, puis sépare Sisakèt à l'ouest d'Oubon à l'est, et se jette dans le Moun au-dessus du confluent du Si.

Le Daun Niai, le grand Daun, sur lequel j'ai moins de renseignements, doit recueillir probablement les eaux qui descendent des Dangrèk à la courbe de la chaîne au sud-est de Koukhan. Il passe au petit mœuong Dèt, et se jette dans le Moun à quatre lieues au-dessus de Phi Moun, ayant alors un lit de 80 à 100 mètres de largeur et de 10 à 12 mètres de profondeur. Aux hautes eaux, il est facilement navigable jusqu'au mœuong Dèt.

Le houé Kouong, à l'ouest de Phi Moun, à sec en janvier, a taillé dans le grès du sous-sol un lit de 20 à 30 mètres de largeur et de 2 à 3 mètres de profondeur.

Enfin, le Daun Noï, le petit Daun, torrent dont le lit mesure jusqu'à 60 ou 80 mètres de largeur et 8 à 10 mètres de profondeur dans la partie inférieure du cours qu'il s'est taillé dans le grès. Il recueille les eaux du versant nord, devenu ici le versant ouest de la dernière partie des phnom Dangrèk ou Phou Dèn Mœuong. Il peut être navigable aux hautes eaux, et à la fin de novembre il est guéable. Le Daun Noï se jette, dit-on, dans le Moun au Kèng That Haï, à peu près à mi-distance de Phi Moun à Pak Moun. Il sert de limite entre les provinces de

Bassak et d'Oubon. Toutefois le petit mœnong Boua, sur sa rive gauche, à trois jours de marche au sud du Moun, a quitté Oubon pour relever de Bassak.

XXXV
AFFLUENTS DE GAUCHE.

Le lam Prah Phlœung, qui passe au sud du mœnong Pak Konchhai et se jette dans le Moun au sud de Korat, vient des Khao Nïai. Dans la plaine, son lit mesure une dizaine de mètres de largeur et 4 mètres de profondeur. Il a un peu d'eau par flaques pendant la saison sèche.

Le Takong coule du sud au nord dans une vallée des grandes montagnes, rencontre à Pak Chhang, après trois ou quatre jours de cours, la route du Dong Phya Yèn, continue son cours au nord pendant une journée, puis quitte les montagnes, coule à l'est vers Korat à trois jours de marche, passe au nord de la citadelle et se jette dans le Moun à Tha Chhang, à une matinée à l'est de Korat.

A deux lieues avant d'arriver à cette ville, ses eaux sont dérivées pour arroser le Parou, longue ligne de jardins à l'ouest de Korat, et aussi pour arroser la citadelle. La route du Dong Phya Yèn suit à peu près ce cours d'eau depuis Korat jusqu'à Pak Chhang.

Le Takong Bariboun vient de l'ouest, de Khao Sèn Lam, dit-on, à quatre journées de Korat. Il passe à deux lieues au nord de cette ville et se jette dans le Moun au-dessous de Tha Chhang, après avoir passé près des ruines khmères de Nom Van, où son lit mesure une dizaine de mètres de largeur et 4 mètres de profondeur.

Le lam Sieng (ou Chhieng) Kraï, vient du nord-ouest des Khao Sati Houa, dit-on; passe entre Chaya Phoum et Korat, à une trentaine de kilomètres au nord de cette dernière ville et se jette dans le Moun entre Tha Chhang et Phimaie. Son lit a 8 à 10 mètres de largeur, 3 à 4 mètres de profondeur, et de l'eau jusqu'aux genoux à la saison sèche; il inonde quelquefois les plaines des environs.

Ce cours d'eau reçoit sur sa droite le Lam Klong qui vient des forêts de l'ouest.

Le houé Sa Thèt prend sa source à deux journées au nord de Korat, vers le ban Prasat Anthao, coule au sud-est, sépare les districts de Phimaie à l'ouest et de Pou tai song à l'est et se jette dans le Moun au sud de Pou tai song. Ce cours d'eau, dont la longueur est de cinq à six journées de marche, atteint jusqu'à 30 et 40 mètres de largeur, et 4 à 5 mètres de profondeur. Il conserve un peu d'eau à la saison sèche. Il fournit à la ville de Korat d'excellent poisson.

Le Prèk Tompeang Chù sépare les districts de Pou tai song à l'ouest et de Phya Kaphoum Visaï à l'est. Son lit, qui assèche à la saison sèche, atteint 8 à 10 mètres de largeur, 3 à 4 mètres de profondeur. Son cours est de trois à quatre jours de marche.

Le Siou est un petit affluent du Moun qui traverse la province de Siphoum et passe au sud du chef-lieu. Il se jette dans le Moun au-dessus du confluent du Thap-than.

Le Si, presque aussi considérable que le Moun, est le principal affluent de cette rivière. Souvent les Laociens confondent le mot *si* avec *sé* « fleuve », et alors pour eux le Si est le fleuve par excellence. Mais cette idée est erronée. Dans le haut de son cours, le Si est encore appelé lam Prah Chhi, corruption évidente d'une dénomination cambodgienne perdue : Sting Prah Chi (le mot lam pour nam signifiant eau, cours d'eau en siamois). Le mot laocien *si* n'est que la corruption du *chhi* siamois, du *chi* cambodgien.

Le lam Prah Chhi vient des grandes montagnes au nord-ouest de la province de Korat; il entre dans cette province en séparant les districts de Chettorach au sud et de Chayaphoum au nord. Il coule alors vers l'est. Son lit, déjà très grand, mesure une quarantaine de mètres de largeur sur 10 à 12 mètres de profondeur, et conserve en février de l'eau jusqu'aux genoux; eau claire sur fond de sable et de gravier. Il reçoit sur sa droite le houé Kat Souh qui vient des monts de l'ouest à trois ou quatre jours, et dont le lit atteint jusqu'à 20 mètres de largeur et 4 mètres de profondeur. Le lam Prah Chhi tourne brusquement au nord en contournant le district de Chaya Phoum qu'il laisse à l'ouest, le séparant de la province de Chonobot à l'est.

Il change encore une fois de direction pour couler définitivement au sud-est. Il passe à une petite journée au sud de Khon Khên, où son lit mesure une trentaine de mètres de largeur et une dizaine de profondeur, ayant encore deux à trois coudées d'eau aux basses eaux, sur fond de sable et de bai kriem.

Plus bas, le Si reçoit sur sa gauche le Phou Ong, qui vient des monts du mœuong Lom au nord-ouest, passe à deux journées au nord-est de Khon Khên, où son lit mesure 15 à 20 mètres de largeur, 6 à 8 mètres de profondeur. Il se jette dans le Si après un cours de sept à huit jours.

Le Si coule au nord du mœuong Roi Et ; un peu plus bas il reçoit sur sa gauche le houé Nhâng qui vient de l'est des Phou Lak Don, près du mœuong Koutsin. Cet affluent a un lit de 20 mètres de largeur, de 5 à 6 mètres de profondeur.

Le Si passe ensuite au mœuong Nhassonthon, rive gauche, au mœuong Tanasaï, rive droite. Un peu au-dessous de ce dernier mœuong, il reçoit sur sa gauche le Khout Dong qui vient d'une plaine à l'est de Nhassonthon, coule du nord au sud ayant beaucoup de villages sur les bords de son lit de 20 à 30 mètres de largeur et 2 ou 3 mètres de profondeur.

Le Si se jette dans le Moun à trois ou quatre lieues à l'ouest d'Oubon, à vol d'oiseau. Une erreur de M. Francis Garnier a fait reporter le cours de cette rivière beaucoup trop à l'ouest jusqu'au delà du parallèle de Sisakèt. Dans toute la dernière partie de son cours, depuis Roi Et et Nhassonthon jusqu'au confluent, le Si a un lit de 80 à 100 mètres de largeur, fond plat de sable jaunâtre où l'eau serpente en petit chenal à la saison sèche. Les rives escarpées généralement l'encaissent de 4 mètres de hauteur. Les plaines des bords, basses, n'offrent que des roseaux, des bambous ; les villages ont dû en général se réfugier à l'intérieur, à une matinée de distance. La navigation est très-difficile aux eaux basses, même pour les plus petites pirogues. L'ancienne embouchure du Si, encore appelée Si Thao, « le vieux Si » est un bras d'une quarantaine de mètres de largeur, 4 mètres de profondeur qui va, après une journée de cours, joindre le Moun à 2 kilomètres plus haut que le confluent actuel.

Enfin le sé Boh ou sé Bok, ou sé Bouok, dernier affluent de gauche du Moun, vient du nord, du mœuong Amnat. Il passe au mœuong Phanan, au mœuong Takan où son lit mesure une trentaine de mètres de largeur sur 4 à 5 mètres de profondeur. Il se jette dans le Moun entre Oubon et Phimoun, à six lieues à l'ouest de ce dernier point.

Son lit en aval mesure jusqu'à 4 et 5 mètres de largeur et 8 mètres de profondeur. Aux hautes eaux, les pirogues le remontent jusqu'à Amnat. On rencontre beaucoup de villages sur ses rives. Le pays qu'il traverse est fertile en rizières.

Le sé Boh reçoit successivement sur sa gauche : le houé Kut Khapoun, le houé Phalao et le houé Kathèn.

XXXVI

AFFLUENTS DU GRAND-FLEUVE.

Nos renseignements, incomplets et de seconde main dans ce paragraphe-ci, ne doivent être acceptés que sous certaines réserves.

Le houé Bang Koué vient des Phou Kham et se jette dans le Grand-Fleuve, rive droite, au-dessous de Khêmarat, après un cours de quatre à cinq jours de marche. Son lit, au fond de sable et de cailloux, n'assèche pas aux basses eaux.

Le houé Nam Kham qui prend sa source à un grand étang appelé Nong Han, au chef-lieu même du mœuong Sakoun, coule au sud-est et se jette dans le Grand-Fleuve, rive droite, à une lieue environ au-dessous de Dhatou Penom. Son lit, qui mesure 20 à 25 mètres de largeur, 6 à 8 mètres de profondeur, a toujours au moins deux ou trois coudées d'eau. Ce cours d'eau est d'une navigation relativement facile, il faut six à sept jours de pirogue pour remonter de l'embouchure à la source.

Il a pour affluent de droite le houé Nam Phou Ong qui vient des Phou Phan à quatre ou cinq jours à l'ouest, et a toujours de l'eau dans un lit d'une quinzaine de mètres de largeur sur 5 ou 6 mètres de profondeur.

Le houé Nam Foaï vient de Kout Samat; il a deux journées de cours; un lit d'une douzaine de mètres de largeur, 5 ou 6 mètres de profondeur, qui assèche aux basses eaux. Ce houé se jette dans le Grand-Fleuve, rive droite, entre Outén et le mœuong Samat au nord de Lokhon.

Le Nam Hin, qui vient des Phou Phadang, à une dizaine de jours de navigation vers l'est, navigation difficile par suite des roches et des rapides, a toujours de l'eau dans un lit d'une trentaine de mètres de largeur et de 8 à 10 mètres de profondeur. Il se jette dans le Grand-Fleuve rive gauche en face d'Outén. On rencontre beaucoup de villages sur ses bords.

Le Nam Sangkham, qui se jette dans le Grand-Fleuve, rive droite, au-dessous de Sayabouri, vient de Dong Ban Ya à l'ouest dans le mœuong Nong Han. Aux hautes eaux: on le remonte en dix jours de pirogue. Il y a beaucoup de villages sur ses bords. Dans la partie inférieure de son cours, il sépare Sayabouri au nord, de Lokhon au sud; vers l'embouchure, son lit mesure une quarantaine de mètres de largeur et 10 mètres de profondeur dont 3 à 4 mètres d'eau. Les rives argileuses sont escarpées. À la fin de la saison sèche l'eau ne peut être bue, elle est trop salée, la terre du bassin contenant beaucoup de sel.

Le houé Pak Ding se jette dans le Grand-Fleuve, rive gauche, au-dessus de Sayabouri; son lit, vers l'embouchure, atteint 12 mètres de largeur et 4 mètres de profondeur. Cette rivière, qui n'assèche pas, vient des Phou Louong à dix jours de lente et pénible navigation vers l'est.

Le houé Pak Saï vient de Thung Na « plaine de rizières » à l'ouest, coule dans un lit de 8 mètres de largeur, 5 mètres de profondeur, limite Sayabouri vers le nord-ouest et se jette dans le Nam Khong, rive droite.

Le houé Louong vient du sud-ouest de l'ancien mœuong Nong Boua, ou du mœuong Matasaï, selon d'autres. Il coupe la route de Nong Khai à Nong Han, à peu près à une journée au nord de la seconde et à deux petites journées au sud de la première de ces villes, et il se jette dans le Grand-Fleuve, rive droite, au dessus de Phon Visaï. Il y a beaucoup de villages sur les bords de cette rivière. Au point où la route dont nous avons parlé la traverse, son lit a 20 ou 30 mètres de largeur, 8 à 10 mètres de profondeur, de l'eau en toute saison, des pierres, du bai briem au fond.

Le houé Nam Mang, qui vient des Phou Ho Phou Hong, à une journée à vol d'oiseau au sud-ouest, sépare Phon Visaï de Nong Khai et se jette dans le Grand-Fleuve, rive droite; son lit mesure 10 à 12 mètres de largeur et 4 mètres de profondeur.

Redescendons un peu le Grand-Fleuve pour parler des affluents de gauche, dont la direction générale est nord-sud. Ils viennent de la région dite des Pouon ou Phouon, et sont remarquables à plus d'un titre. Ce sont successivement le Nam San, qui se jette dans le Nam Khong, à mi-distance entre Sayabouri et Phon Visaï; le Nam Ngiep, qui se jette un peu au-dessous de Phon Visaï (le Pompisaï des cartes); le Nam Thon, qui se jette dans le Grand-Fleuve au-dessus de l'ancienne capitale laocienne, Vien Chan; et, selon mes renseignements du moins, le Nam San, qui se jetterait plus haut encore, séparant les territoires de Nong Khai et de Sieng Khan.

Le Nam San, qu'a dû reconnaître en partie M. Néïs, où le vaillant explorateur a été arrêté par les hordes nombreuses des Hos, aurait une trentaine de mètres de largeur vers son embouchure, et 6 à 8 mètres de profondeur. Il pourrait être remonté en pirogue même aux basses eaux, lentement et péniblement toutefois. Les kêngs ou rapides sont nombreux et le trajet de l'embouchure à Sieng Khvang durerait quinze à vingt jours.

Selon les indigènes, partant du Grand-Fleuve, en un jour on atteint le mœuong Pasoum, district de Phon Visaï sur la rive droite ou occidentale. De là, en deux jours, on va à Bari Kan, autre district de Phon Visaï sur la même rive. De ce point, en neuf jours, on remonte jusqu'au mœuong Ngam, toujours sur la rive occidentale, mais à une matinée de distance de la rivière. Enfin, du mœuong Ngam, en six jours, on peut atteindre le mœuong Sieng Khvang, qui est situé sur la rive orientale. Ces mœuongs Barikan, Ngam, Sieng Khvang, sont habités par la race dite Phouon.

Le Nam Ngiep, à son embouchure au-dessous de Phon Visaï, mesure une quarantaine de mètres de largeur et 10 mètres de profondeur. De même que le Nam San, il viendrait du pays de Sieng Khvang, à une quinzaine de jours de navigation au nord. En remontant la rivière, au bout de cinq jours on atteint le mœuong Thoulakan, district de Nongkhai, sur la rive occidentale.

Il y a beaucoup de villages sur cette rivière que les petites pirogues peuvent remonter même aux basses eaux. La navigation est active lors de la crue; de nombreux radeaux de bambous emportent les tablettes d'écorce de sisiet vendues dans tout le Laos. En effet, le sisiet dit de Nongkhai provient presque entièrement du pays arrosé par cette rivière et par les deux suivantes : le Nam Thon et le Nam San. Sur les lieux de production, le sisiet vaut de 3 à 5 ticaux les 1,000 tablettes.

Vers l'embouchure du Nam Thon, son lit mesure une vingtaine de mètres de largeur et une dizaine de mètres de profondeur ; on a de l'eau jusqu'aux genoux à la saison sèche. Il n'est pas alors navigable. La rivière viendrait de Phou Khao Khvai, à une vingtaine de jours en remontant. Il y a beaucoup de villages de Laociens et de sauvages sur ses bords. Le sisiet, apporté à dos d'homme, est disposé dans la rivière sur de petits radeaux de bambou, que les premières crues emportent au Grand-Fleuve où bambous et sisiet sont disposés en grands radeaux.

Quant au Nam San, la dernière des trois rivières à sisiet, à radeaux de bambous, son lit mesure à l'embouchure une douzaine de mètres de largeur, 6 mètres de profondeur et deux coudées d'eau en janvier. Elle passe à Ban Samœu à sept jours de navigation en remontant lors des hautes eaux. Cette rivière sépare Nong Khai à l'est de Sieng Khan à l'ouest.

Enfin, nous avons à dire quelques mots sur un dernier groupe de rivières qui coulent toutes du sud au nord et se jettent dans le Nam Khong, au-dessus de Sieng Khan près du coude brusque où le Grand-Fleuve quitte la direction nord-sud pour couler à l'est vers Nong Khai, Phon Visaï. Ce groupe comprend le Nam Lœuï, le Nam Hœuong et les affluents de ce dernier qui coulent dans les vallées parallèles de la chaîne entre le bassin du Nam Khong et celui du Ménam.

Le Nam Lœuï qui vient des Phou Vieng à six journées au sud du Grand-Fleuve, coupe la route de piétons, qui conduit de de Sieng Khan à mœuong Lœuï. En ce point, son lit a une trentaine de mètres de largeur, 8 mètres de profondeur et deux coudées d'eau à la saison sèche. Il se jette dans le Nam Khong à une matinée de marche au-dessus de Sieng khan.

Le Nam Lœuï reçoit sur sa gauche le houé Nam Man qui vient des monts Dansaï à quatre jours au sud du mœuong Lœuï. Il passe à ce mœuong même où son lit mesure 10 mètres de largeur et 6 mètres de profondeur, avec une coudée d'eau à la saison sèche. On recontre beaucoup de rapides et beaucoup de villages le long de son cours. Aux crues, le Nam Lœuï et le Nam Man peuvent être remontés en pirogue jusqu'au mœuong Lœuï. Le fond est de sable et il y a peu de rapides de ce mœuong au Grand-Fleuve.

Le Nam Hœuong vient des Phou Mieng ou Phou Vieng, à trois ou quatre jours au sud du mœuong Dansaï. Il reçoit sur sa gauche le Nam Kham Man, petit affluent qui passe au chef-lieu de Dansaï. Plus au nord, le Nam Hœuong coule dans un lit de 40 mètres de largeur, 10 mètres de profondeur et conserve deux coudées d'eau à la saison sèche. La route de Dansaï à Khèn Thao le traverse deux fois.

Le Nam Hœuong passe ensuite au mœuong Khèn Thao où son lit mesure 80 mètres de largeur, 8 mètres de profondeur, avec 2 o t 3 mètres d'eau à la saison sèche. Aussi la navigation est-elle facile entre Khèn Thao et l'embouchure dans le Grand-Fleuve appelée Pak Hœuong; le trajet se fait en deux jours. Il y a beaucoup de roches et de Kèng ou rapides au-dessus de Khèn Thao. Le Nam Hœuong reçoit successivement sur sa gauche le Nam Houé, le houé Nam Sang et le houé Nam Hoï.

Le Nam Houé vient des Phou Vieng au sud, entre dans le territoire de Khèn Thao où il laisse, à 1,500 mètres sur sa droite, le puits d'eau salée appelé Bo Thèn, puis il coupe la route de Dansaï à Khèn Thao et se jette dans le Nam Hœuong après un cours de trois à quatre jours. Son lit ayant atteint une trentaine de mètres de largeur, 8 mètres de profondeur, avec de l'eau aux genoux à la saison sèche.

Le houé Nam Sang, que traverse la route de piétons et de bœufs porteurs qui mène de Khèn Thao à Phi Chhaïc sur le Ménam Nan, vient des Phou Dèn Din au sud, et se jette dans le Nam Hœuong, à une petite journée au nord du point que traverse la route où son lit mesure 10 à 12 mètres de largeur, 4 mètres de profondeur avec un minimum d'eau d'une coudée.

Le houé Nam Hoï, également traversé par la route de Khên Thao à Phi Chhaïe est, dans cette direction, le dernier cours d'eau qui porte ses eaux au Nam Khong. Il vient des Phou Mieng au sud et se jette dans le Nam Hœuong après un cours de quatre à cinq jours de marche, ayant atteint un lit de 20 mètres de largeur, 6 mètres de profondeur avec un minimum d'eau d'une coudée de profondeur.

TROISIÈME PARTIE

MŒUONGS DU GRAND-FLEUVE

Sommaire.

XXXVII

KHÊN THAO.

Le mœuong Khên Thao, qui dépend de Péchaboun, sur le ménam Sak, est traversé par la route directe qui fait communiquer Phichhai sur le ménam Nan avec Sieng Khan sur le Nam Khong, route de piétons et de bœufs porteurs. Il faut deux jours de marche à travers les montagnes pour se rendre du mœuong Nam Pat, district de Phichhai, à Khên Thao.

Le mœuong Khên Thao est borné à l'est, à deux jours de distance, par le territoire de Sieng Khan, la limite est au ban Pak Hœuong. Il est borné à l'ouest par le mœuong Nam Pat au ban Nam Phout à un jour de Khên Thao; au sud-est par le mœuong Lœuï, au sud-ouest par le mœuong Dansaï à deux jours, au nord par le mœuong Paklaï à ban Don Sang, à deux jours.

Le sol de la province de Khên Thao est couvert de forêts et de montagnes parallèles qui vont du sud au nord.

On y compte 750 inscrits valides intérieurs et 350 extérieurs. Les inscrits mariés payent 3 ticaux de capitation. Les jeunes gens célibataires ne payent rien quoiqu'ayant dépassé l'âge de vingt ans, à condition toutefois que leur père paye encore l'impôt. S'il est rayé, ils sont inscrits à sa place. Le tribut porté à Péchaboun serait de 50 cattis et 15 damling par an. Le chau porte les titres de : Phrah lam meti (?). Ses insignes sont d'argent, avec un parasol rouge.

Le chef-lieu est sur le bord du Nam Hœuong, large, ici, avons-nous vu, de 80 mètres environ, et navigable en toute saison jusqu'au confluent, au ban Pak Hœuong à deux jours de navigation. Au-dessus de Khèn Thao, la rivière n'est pas navigable aux eaux basses.

Le village sur la rive droite occupe un terrain élevé, pas inondé, dont le sol est de sable et d'argile. Il mesure environ 800 mètres de longueur, 80 mètres de largeur et compte 150 cases environ dans un pays découvert, avec des arbres de jardin autour des cases, qui sont couvertes en chaume du pays. On y rencontre deux pagodes ayant chacune huit ou dix bonzes. La couverture des temples est en planchettes taillées en forme de tuiles, d'ardoises. Quelques Chinois, venus de Bangkok, vendent des cotonnades, des allumettes, de la vaisselle.

Les femmes, assez blanches, un peu ramassées de taille, portent toutes les cheveux courts, portent le sin ou jupe laocienne, s'ornent de bracelets d'or et d'argent, et aux oreilles leurs ornements sont en forme de clous.

Les hommes ont les cheveux courts sur le derrière, séparés à la Capoul sur le devant. Ils portent des langoutis de soie à la siamoise. Insolents et vantards, ils sont grands fumeurs d'opium. Voire même les deux jeunes filles du chau sont des demoiselles à la figure émaciée par l'abus de l'opium. L'influence siamoise se fait encore sentir à un autre point de vue : les femmes ne se baignent pas nues.

Les habitants cultivent des rizières et se livrent à la pêche aux filets. Le poisson est très commun dans leur pays. Ils vont aussi l'acheter ou le pêcher au Nam Khong en janvier, février, le salent, l'emportent et font du prahok laocien.

Dans ce pays de transit, ils ont pour monnaies les ticaux de Siam, les thép ou pièces d'argent de la Birmanie anglaise à l'effigie de la reine Victoria, de la valeur de 3 sling et un fœuong. Pour menue monnaie ils ont les *at* ou petits sous siamois.

Il y a un grand commerce d'éléphants à Khên Thao; on les amène du mœuong Lœui, d'Outên, d'Oubon. Les marchands viennent les acheter à Khên Thao pour les conduire par Phichhaï, Phitsannlok à Bangkok ou vers la Birmanie anglaise.

A une journée de marche au nord du mœuong Dansaï, mais dans le territoire de Khên Thao, à 1,200 mètres du village de Bo Thên, près de la route qui relie les deux mœuongs, est un puits naturel profond de 12 mètres environ, large de 2 mètres de diamètre, plein d'eau salée inépuisable. Cette eau portée au village, évaporée par ébullition, donne un sel blanc vendu sur place 1 sling les 2 mœun, soit 70 centimes les 24 kilogrammes.

L'exploitation a lieu toute l'année, mais particulièrement à la saison sèche. Il n'y a pas le moindre impôt sur cette industrie, unique gagne-pain des villageois de Bo Thên. Ce sel est exporté à Dansaï, Khên Thao, Sieng Khan.

Chaque année, les habitants du village offrent à la divinité du puits un canard, un poulet, un porc, une jupe de femme, un habit blanc, une écharpe rouge, un miroir et un peigne. Faute de lui consacrer ces vivres et ces objets féminins, l'eau sourdrait mal. En outre, pendant l'exploitation, il doivent s'abstenir de salir cette eau, d'y cracher, etc., d'insulter autrui, d'aller eux-mêmes ou d'y conduire des étrangers vêtus de noir ou de rouge. Toute faute de ce genre doit être expiée par une nouvelle offrande d'un canard, deux poulets, cinq bougies, cinq fleurs, cinq baguettes odoriférantes.

Vers l'ouest, la province de Khên Thao finit au ban Nam Phok, à quelques lieues à l'ouest du houé Nam Hoi, dernier affluent du Nam Hœuong; un peu plus loin, à une grande journée de marche à l'ouest du chef-lieu de Khên Thao, à peu près sur la ligne de partage des eaux, est un autre puits naturel d'eau salée ayant aussi 2 mètres de diamètre. L'eau est claire. Trop éloigné des villages, ce puits salé n'est pas exploité. Politiquement, il appartient au district de Nam Pat situé dans l'autre bassin.

La route qui traverse les montagnes et passe près de ce dernier puits est large d'un mètre; les piétons, les bœufs porteurs la fréquentent; mais pendant la sécheresse, elle manque d'eau potable depuis le houé Nam Som, dernier affluent du Nam Nan, jusqu'au houé Nam Hoi, premier cours d'eau qui porte ses eaux au Nam Khong.

Le chau actuel de Khèn Thao n'est pas de la race des anciens dignitaires du pays. Le fils de son prédécesseur était en fonctions depuis trois ans, lorsque celui-ci se rendit avec son père à Bangkok, muni d'un viatique de 100 cattis d'argent. A Bangkok on lui promit la place pour la première faute réelle ou apparente du titulaire, ce qui ne tarda pas. Des voleurs vrais ou prétendus, se disant mal jugés, condamnés à tort, crièrent à l'oppression et réclamèrent à Bangkok, d'où ordre au chau de se rendre à la capitale. On lui insinua qu'il était en faute. Il fut destitué et la place fut donnée au compétiteur, dont le père, le Luong Visièt, trop âgé, se contenta d'être le conseiller. L'ancien gouverneur alla cacher sa honte à Péchaboun, d'où le chau le renvoya à Khèn Thao en qualité de Phou chhoui. Le gouverneur actuel, en fonctions depuis treize ans, est très mal avec son supérieur, le chau de Péchaboun, qui soutient l'ancien.

En 1883, le chau de Péchaboun ayant reçu l'ordre de faire des levées pour réprimer les incursions des Hos, avisa Khèn Thao de fournir 400 hommes pour sa part. 200 hommes seulement furent levés. Il demanda des explications. Comment, dans un district de 1,000 à 1,100 inscrits on ne peut lever 400 hommes ? Il envoya un mandarin prendre les noms des réfractaires et leur faire payer 4 ticaux par tête, prélevant ainsi 8 cattis et 10 damling. Sur ce, le chau de Khèn Thao porta plainte à Bangkok, cria à l'oppression. Ordre au chau de Péchaboun de se rendre à la capitale pour répliquer à la plainte. Le procès n'est probablement pas jugé à l'heure actuelle. Mais Khèn Thao ne veut plus dépendre de Péchaboun et demande à relever directement de Bangkok.

Pour compléter le tableau, il faut ajouter que le ratsevong et le ratsebout, probablement d'accord avec l'ancien chau, ne s'entendent nullement avec le chau actuel.

XXXVIII
DANSAÏ.

Le mœuong Dansaï, qui relève de Phitsanulok sur le ménam Sak, est borné à l'ouest par Lokhon thai, autre district de Phitsanulok, également dans le bassin du Ménam ; la limite est au ban Bo, à quatre heures du chef-lieu de Dansaï ; au sud, par le mœuong Lom, la limite est aux Phou Dou, à une journée de distance ; à l'est, par le mœuong Lœuï, aux Phou Hin Kâng, à deux jours de distance ; au nord, par le mœuong Khèn Thao au ban Hin Ba Phoa, à un jour de distance.

Dansaï, érigé en mœuong depuis une soixantaine d'années, a son territoire entièrement situé dans les chaînes de montagnes parallèles. Le climat est assez froid pendant une partie de l'année. Il y aurait 1,000 inscrits intérieurs et 300 extérieurs.

Chaque inscrit marié paye un mœun de laqué par an, ou, à défaut, paiera 4 ticaux de capitation. Le prix courant du mœun de laque est de 2 ticaux. Les célibataires de plus de vingt ans payent 6 sling ; les vieillards, après cinquante ans, payent 1 tical ou de la laque à proportion. Le tribut de la province est en laque : 90 piculs par an. Le pays est pauvre ; les gens, misérables, sont dépourvus de poissons, de bestiaux. Ils cultivent un peu de tabac, plantent du riz. Pour 1 tical, on a entre deux et quatre mœun de riz.

Le chef-lieu, en terrain élevé, boisé, dans les montagnes, sur un sol d'argile sablonneux, au bord du Nam Kham Man, compte une quarantaine de cases entourées d'arbres de plantation. Sept bonzes pleins de ferveur prient dans l'unique pagode de Dansaï. Le chau porte les titres de : Phra kèo vongsa chau mœuong Dansaï. Ses fonctionnaires sont bienveillants, paresseux, négligents, bavards, peu adonnés à la boisson.

Les femmes portent la jupe laocienne ; elles sont courtes, noiraudes ; elles ne coupent pas leurs cheveux. Les hommes, vêtus à la siamoise, portent souvent toute leur barbe.

La principale production du pays est la laque. Les rameaux à graines d'insectes sont attachés en février aux arbres sangkè. La cueillette a lieu en septembre. Les gens qui s'en occupent doivent s'abstenir de se laver la tête, sinon les insectes à laque prendraient mal. La laque vaut sur place 2 ticaux le mœun (ici de 20 livres), soit 10 ticaux le picul.

Les gens de Dansaï font aussi de la chaux. Le calcaire vient des Phou Kong Dèng. Ils cueillent encore de la cire qu'ils exportent avec la laque par Khên Thao, Phichhaie. Ils envoient du sel de Bo Thèn par le mœuong Lœuï vers le Nam Khong.

Tous ces transports ont lieu au moyen de bœufs porteurs, tels que nous les verrons à Korat. De Dansaï on va en deux jours à Khên Thao, traversant plusieurs montagnes et deux fois le Nam Hœuong. Le brigandage infeste toute la région.

Dans la province de Dansaï, les habitants s'abstiennent de tirer des coups de fusils par divertissement et préviennent charitablement l'étranger de les imiter. Peu leur importe d'ailleurs qu'il outrepasse la défense. Le délinquant, seul responsable vis-à-vis des mânes, sera pris de coliques et ira *ad patres*, à moins que, bien avisé, il ne fasse l'offrande de deux poulets, un canard, cinq bougies, cinq fleurs, cinq baguettes odoriférantes.

L'obbahat, le ratsevong, le ratsebout ne résident pas au chef-lieu, où le chau a pour l'aider un maha thài. Ce chau est en procès avec l'ancien chau de Phitsanulok, son supérieur. Celui-ci envoya à Bangkok seulement une partie de l'impôt et répondit à une demande d'explication que depuis deux ou trois ans le district de Dansaï ne payait l'impôt que d'une manière incomplète. Lettre de Bangkok à Dansaï ordonnant de payer : « J'ai tout payé, répond le chau de Dansaï; j'ai mes reçus en règle. » Il se rend à Phitsanulok où le chau le fait saisir et mettre à la chaîne, réclamant tout l'argent en litige. Pour se tirer de là, le chau de Dansaï paya et, sitôt en liberté, il porta plainte à Bangkok.

Pour ce fait, et d'autres semblables, le chau de Phitsanulok fut révoqué, mais le procès en restitution est loin d'être jugé.

XXXIX

LŒUÏ.

Le nom du mœuong Lœuï est souvent accolé à celui du mœuong Lom par euphonie et pour désigner cette région montagneuse entre les deux bassins du Nam Khong et du Ménam. Les deux mœuong sont respectivement situés dans les deux bassins.

Le mœuong Lœuï qui, pour compléter le singulier chassé-croisé qu'offre ici le système de dépendance appliqué par la cour de Bangkok, relève de Péchaboum sur le Ménam Sak, est borné à l'ouest par le mœuong Khên Thao, la limite se trouve au Ban

Houé, à un jour de distance du chef-lieu de mœuong Lœuï; au sud par le mœuong Dansaï; au sud-est par le mœuong Lom, dont le territoire s'étend, peut-être en partie, dans le bassin du Nam Khong; au nord, par le mœuong Sieng Khan, au ban Na Si; enfin, à l'est, par le mœuong Samoutasaï, à quatre jours de distance.

Ce mœuoug de Samoutasaï, probablement Samoutavisaï, sur lequel je n'ai pas d'autres renseignements, relève de Bangkok; son chau a pour titres : Phrah visaï nho dom chau mœuong Samutavisaï boulilam (?).

Le chau de mœuong Lœuï a pour titres : Phrah si sangkram (Brah çri sangrama). Ses insignes sont d'argent et de cuivre, avec un parasol rouge.

De même qu'à Khên Thao et à Dansaï, la population est laocienne; on y rencontre quelques Kola ou Birmans.

L'impôt est de 5 ticaux par inscrit marié; les vieillards, 10 sling, les jeunes célibataires, 2 ticaux. Les inscrits sont au nombre de 250 intérieurs et 160 extérieurs. Il n'y a pas de fermier d'opium au mœuong Lœuï. L'opium vaut 1 tical le damling ou once.

Le chef-lieu du mœuong Lœuï, à deux jours au sud de Sieng Khan, sur les deux rives du houé Nam Man, compte environ 200 cases occupant une longueur de 4 à 500 mètres. Le terrain n'est pas inondé; le village, ombragé par des arbres de plantation, est entouré de rizières.

Les gens sont joueurs, ivrognes, menteurs et quémandeurs. Les femmes en partie portent le chignon laocien; en partie, elles coupent leurs cheveux à la siamoise; de même que toutes les Laociennes, elles portent le sin ou jupe cousue, et des écharpes jaunes. Elles sont relativement blanches, élancées. Les hommes ont les cheveux, les vêtements à la siamoise. La prononciation diffère un peu de celles des autres pays laociens. De même que dans les mœuongs voisins, il y a beaucoup de brigands.

Les gens sont pauvres. Ils cultivent quelques rizières, mais le riz est assez cher : 1 tical les quatre mœun. Le peu de poisson qu'ils ont est pris avec des nasses à la main; mais ils ne mangent guère avec le riz que du chèo ou mélange de sel et de piment.

Ils mâchent peu de bétel ; n'ont pas les dents très noires, fument beaucoup de tabac et fument aussi le kanchha et l'opium.

De même que dans la plupart des mœuong laociens, les femmes peinent plus que les hommes qui, en dehors des corvées publiques, ne songent guère qu'à prendre au lacet perdrix, tourterelles et poules sauvages.

La monnaie est le tical siamois et le thép ou pièces anglaises de la Birmanie.

Une industrie locale est la cueillette de kreko ou cardamome bâtard. L'arbuste pousse sur le sol des hautes futaies. Pendant la saison, un homme peut récolter jusqu'à un picul de cette graine qui vaut ici 10 ticaux le picul.

Les habitants de mœuong Lœuï forgent aussi le fer dont le minerai, très riche, paraît-il, vient des Phou Lèk « montagnes de fer, à un jour au nord du mœuong. Le minerai disent les gens du pays, est noir et, pour en tirer du fer, il suffit de faire chauffer et de frapper à la masse pour agglomérer les blocs et expulser les scories. En répétant cette opération à plusieurs reprises, on obtient du fer suffisamment pur. Ils vendent ce fer 1 tical les dix livres, ou forgent des sabres, des couperets vendus 1 tical pièce.

Les gens du mœuong Lœuï chassent l'éléphant vers les Phou Louong, les Phou Khiou, au sud. Au départ, les chasseurs recommandent à leurs femmes de s'abstenir de couper leurs cheveux ou de donner l'hospitalité à un étranger. Si ces prescriptions étaient violées, le mari manquerait les éléphants sauvages et pourrait bien divorcer au retour. De son côté, le chasseur doit s'abstenir de toute relation sexuelle et donner des noms de convention à tous les objets usuels, ce qui crée une sorte de langage spécial entre les chasseurs.

Dès qu'ils aperçoivent un troupeau d'éléphants, ils cherchent à séparer les petits individus et se lancent, à deux ou trois éléphants privés, à la poursuite d'un sauvage, de la même manière que les chasseurs de Melou Préy que nous avons vu précédemment. Seulement la corde du nœud coulant, très longue, de 40 à 50 mètres, est lâchée quand le nœud a été passé. La bête sauvage marche sur cette corde qui bientôt entrave sa marche, l'arrête. Ils lui passent alors une autre corde au cou et l'amarrent à un arbre, l'y laissent un jour ou deux avant de commencer à le dompter. Ils allument des feux tout près, à deux ou trois mètres du captif, et l'amènent au campement à l'aide des éléphants domestiques. Avant la chasse, ils font aux esprits de la corde une offrande de riz, d'eau-de-vie, poulets, canards.

Le chau actuel du mœuong Lœuï, en fonctions depuis six ans, vient du mœuong Lom, et comme de juste il est en désaccord avec son supérieur, le chau de Péchaboun, qui l'opprime, dit-il. L'autre répond qu'il est insoumis, désobéissant et lui a déjà infligé 1 catti d'amende. D'où plainte du chau de mœuong Lœuï à Bangkok. L'affaire en est là et peut y rester longtemps.

XL

SIENG KHAN.

Sieng Khan est encore un de ces mœuongs laociens du bassin du Grand-Fleuve placés sous la dépendance de mœuongs plus importants du bassin du Ménam ; Sieng Khan relève de Phichhaïe.

Il a pour limites, au sud, le territoire du mœuong Lœuï à une demi-journée ; à l'ouest, le territoire de Paklaï à une demi-journée ; à l'est, sur les deux rives du Grand-Fleuve, il est borné par le territoire de Nong Khaï, à quatre jours.

On y compte 360 inscrits valides et 1,200 (?) avec les vieux et les célibataires. Il est probable qu'il faut estimer à 350 environ les inscrits intérieurs et à 150 ou 200 les inscrits extérieurs. L'impôt est fixé à 2 sling d'or par inscrit marié, ou à défaut d'or, à 8 ticaux d'argent. Les vieux, les jeunes célibataires payent 1 sling d'or ou 4 ticaux. Le tribut de la province est fixé en or : 35 damling d'or, dont 20 pour le roi, 10 pour le second roi, 5 pour le Maha malla ou autres mandarins du Krom maha thaï. A défaut de cet or, la province payera en argent et probablement dans la proportion de 1 à 16. Cet impôt est porté à Bangkok avec une lettre d'envoi de Phichhaïe. Ils offrent au chau de Phichhaïe, pour obtenir cette lettre, 4 sling d'or ou 16 ticaux d'argent.

Le chau a les titres de Phra si akabah chau mœuong Sieng Khan (Brah çri akara ?). Il a pour insignes une boîte de bois de srelao recouverte de cuivre, une aiguière d'argent, une urne de porcelaine, un parasol rouge.

Avant la prise de Vien Chan, le chef-lieu était sur la rive gauche du fleuve. Il est actuellement sur la rive droite, dans un pays boisé, entouré de montagnes. Le sol est argileux ; le terrain n'est pas inondé. On y compte huit pagodes et six ou huit bonzes par pagode, et environ trois cents cases s'étendant en une seule ligne sur 800 à 1,000 mètres de rive. Les cases, couvertes en chaume du pays, ont des cloisons en planches ou bambou tressé.

Les femmes, blanches, grassouillettes, coupent leurs cheveux en général. Celles qui conservent le chignon l'entourent d'un mouchoir rouge et le portent incliné à gauche.

Les habitants sont simples, peu bavards, pauvres, peu hospitaliers, pas trop voleurs ni trop ivrognes, quoique tous, hommes et femmes, jeunes et vieux, se livrent à l'usage de l'eau-de-vie. Ils pêchent au filet dans le fleuve, prennent aux lacets les perdrix, tourterelles, poules sauvages. Ils parient sur les combats de coqs et se divertissent aux joutes nautiques lors de l'inondation.

Ils cultivent des rizières et plantent du coton, du tabac sur les berges du fleuve. Le coton vaut 4 ticaux le picul, le tabac 4 ticaux le mœun de vingt livres.

Sieng Khan est l'un des centres du commerce des éléphants venant de Nong Khai, d'Oubon, de tout le Laos, et allant par Khèn Thao au ban Tha Pho dans le district d'Uttaradit, province de Phichhaie, sur le Ménam.

Une industrie spéciale est celle de l'or dans les sables noirs du lit du Nam Khong au mœuong même, et un peu en aval. Les procédés d'exploitation sont à peu près les mêmes que ceux des gens d'Attopœu. Aux basses eaux, ils recueillent du sable mêlé d'eau dans une sorte de boisseau de 50 centimètres de diamètre et deux doigts de hauteur de bords, agitent le mélange, jettent l'eau et versent le résidu dans l'un des quatre à cinq tubes dont un ouvrier se munit pour sa journée.

L'impôt de Sieng Khan est très lourd, parce que ce mœuong se révolta avec le chau Anuh. Le Bodin ne voulait plus de chau à Sieng Khan, lorsqu'un homme de la famille des anciens chau descendit à Bangkok, et pour obtenir la dignité, promit de payer 3 sling d'or par ménage soit la valeur de 12 ticaux.

Le Bodin consentit et cet homme, nommé Anuh Phimat, fut le premier chau de Sieng Khan. Il eut pour successeur l'oncle du chau actuel qui demanda au Phya Amat de réduire l'impôt trop exagéré. Le Phya Amat réduisit à 2 sling d'or par ménage. Actuellement encore, les habitants se plaignent de ce lourd impôt qui les réduit à une sorte de conditions d'ilotes ; les autres chau refusent de les accepter pour leurs sujets, par suite d'une entente avec le chau de Sieng Khan, qui, de son côté, ne doit pas recevoir dans sa clientèle les Laociens venant des autres mœuongs. Les procès importants ne sont pas jugés dans le pays, on les porte à Phichhaie.

En 1883-84, un envoyé spécial de Phichhaie, le Prah Pi Phit, résidait à Sieng Khan avec quatre-vingts guerriers pour surveiller les agissements des Hos.

XLI

NONG KHAI.

La province de Nong Khai est bornée à l'ouest, par Sieng Khan ; au nord, par Sieng Khvang ou le pays des Phouon ; à l'est, par Phon Visaï, et au sud, par Nong Han.

La province, l'une des plus grandes du Laos, compterait 3,500 inscrits intérieurs et 1,500 extérieurs payant 6 ticaux d'impôt et seulement 8 sling ou 2 ticaux s'ils sont requis pour un service public. Le tribut envoyé par le chau à Bangkok serait de 2 piculs d'argent dont 1 picul pour le roi, 40 cattis pour le second roi et 10 cattis au Samdach maha malla.

Outre la province proprement dite, les districts suivants relèvent de Nong Khai :

1º Le mœuong Phou Vieng, dont le tribut serait de 10 damling d'or, ce qui suppose des mines dans le pays si le fait est exact ;

2º Le mœuong Thoun Khoun, dont le tribut serait de 12 damling d'or.

Les titres du chau sont : Phya botum teva phiban chau mœuong Nong Khai. (Padtna devâbhipâla...).

Nong Khai, dont le nom peut signifier « la mare de la forteresse » ou « la mare de la vente », et qui a donné ce nom à la province, est situé sur la rive droite du Grand-Fleuve. Le terrain élevé, découvert, n'est pas inondé. Les cocotiers, aréquiers poussent sur la terre assez noire ici. La ville, qui occupe environ 2 kilomètres de longueur, sur 120 à 150 mètres de largeur, doit compter un millier de cases, plus de 6,000 habitants. Il y a deux rues longitudinales, l'une au bord du fleuve, et l'autre dans l'intérieur. On compte à Nong Khai dix-sept pagodes et quinze à vingt bonzes par pagode. Les murs des temples sont en briques et recrépis à la chaux, les toits sont en tuiles.

Outre les Laociens, on trouve à Nong Khai des Chinois, des Siamois et des Kola ou Birmans; ceux-ci sont très mal vus, détestés même.

La petite monnaie est le lat de dix au sling. Moins important que Korat, mais plus considérable qu'Oubon, Nong Khai est le grand marché du nord de cette partie du Laos que nous étudions.

Les marchandises, cotonnades surtout, viennent de Bangkok par deux voies, celle de Phichhaie, Khên Thao, Sieng Khan et, principalement, par la voie de Korat, Chonobot, Khon Khên, Nong Han. Nong Khai reçoit l'arec de Korat, sa production étant insuffisante. Les noix ne sont pas pesées mais comptées, et 1,200 noix valent 1 tical. Nong Khai reçoit, dit-on, de l'ortie de Chine de Luong Prabang. On y cultive du riz, du tabac, du coton, de l'ortie de Chine qui n'est pas très belle, paraît-il. Plantée en mai-juin, elle est coupée en octobre-novembre. On y élève des vers à soie dont on tisse la soie. On fait un peu de sel dans les environs de Nong Khai.

En janvier-février, le gros poisson que les Cambodgiens appellent trey réach est pêché en abondance dans les gouffres au-dessus de Vien Chan. Il est séché, salé et vendu assez cher, dit-on, jusqu'à 3 et 4 ticaux (?) la pièce.

Le fond de la population laisse à désirer en tant que moralité. Vantards, bavards, menteurs, ivrognes, quémandeurs, voleurs, les gens de Nong Khai incendient à l'occasion pour mieux voler.

L'ancienne capitale laocienne, Vien Chan, à l'ouest de Nong Khai, sur la rive gauche du fleuve, fut détruite vers 1827 par un général siamois, le Bodin.

Ces Laociens n'ont plus d'annales écrites, et ils ne se souviennent guère que des noms de quelques rois :

Le chau Phasaï Settha,

Le chau Chantabauli,

Le chau In,

Le chau Anuh (Anou).

Et encore les deux premiers me semblent fort douteux, Chantabauli paraît être la corruption de Chandrapouri, nom officiel de la ville.

Le chau Anuh, refusant de payer le tribut et songeant à se révolter contre Bangkok, fut la cause de grandes calamités dans le Laos. Il leva des troupes et s'avança jusqu'à Korat, où il fut battu par le Bodin. Le chau Anuh s'enfuit jusqu'à Vien Chan, et de là passa chez les Annamites, laissant le ratsevong organiser la résistance. Le roi de l'Annam lui promit des secours et l'engagea à prendre les devants. A son retour, le chau Anuh fut de nouveau battu par le Bodin, et les secours promis ne parurent pas. Cette fois-ci, le chau Anuh s'enfuit chez les Phouon où le chau Nai, roi des Phouon, s'empara de sa personne, de celle de l'Oppahat et du Sattisan fils du chau Anuh et les livra tous les trois au Bodin qui les emmena à Bangkok où ils s'empoisonnèrent. Le ratsevong, autre fils du chau Anuh, put se réfugier chez les Annamites, et on n'a jamais eu de ses nouvelles. La population de Vien Chan s'enfuit en partie chez les Phouon, et en partie fut emmenée par les Siamois. Telle est la version locale.

Le père du chau mœuong actuel de Nong Khai était alors le Thau Souor de Nhassonthon. Placé à la tête d'un corps de troupes, il vint combattre le ratsevong de Vien Chan, pendant que le Bodin, je ne sais pour quelle raison, s'arrêtait à Nhassonthon. Pour le récompenser de ses services le Bodin lui donna le mœuong Nong Khai, destiné à remplacer Vien Chan, cette dernière ville étant condamnée à ne pas se relever de ses ruines.

Il y a dix ou douze ans, les Hos vinrent assaillir Nong Khai. Le chau était alors à Oubon pour recevoir le Phya Amat. Le ratsebout, qui commandait à Nong Khai, leva des troupes, fut défait, et se retira en face de Nong Khai, sur la rive gauche du Grand-Fleuve. La nuit, emmenant ses femmes et ses enfants, il se sauva jusqu'à Nong Han. A cette nouvelle, la population, prise de panique, s'enfuit par eau, par terre, de tous côtés.

Le Phya Amat, arrivé à Nong Han, fit saisir le ratsebout, le ramena enchaîné à Nong Khai, où il le fit décapiter pour le châtier, et aussi comme holocauste de victoire. Puis il ordonna aux chau mœuong de Nong Khai, de Lokhon, de Bang Mouk, de Nong Han de lever des troupes pour refouler les Hos. On tendit des embuscades à toutes les routes par où ceux-ci pouvaient se retirer. Au nombre de six cents environ, les Hos élevaient alors une forteresse à Vien Chan. Ils furent attaqués, défaits, tombèrent dans les embuscades et un bien petit nombre put regagner le nord.

XLII

NONG HAN.

Nong Han, dont le chef-lieu est situé à trois journées au sud de Nong Khai, est borné par Phon Visaï au nord-est, Sakun au sud-est, Khon Khen au sud, et Nong Khai au nord et nord-ouest. La province mesure à peu près quatre jours de marche dans tous les sens.

Nong Han, le chef-lieu, est entouré de deux levées de terre rectangulaires ayant environ 8 mètres de largeur, 4 mètres de hauteur, et situées à 40 mètres de distance l'une de l'autre. La levée extérieure mesure 1,000 à 1,200 mètres de côté. Une seule entrée est ménagée à la face est. Ces levées sont couvertes de cépées de bambous.

Protégé par cette double forteresse, le mœuong compte cent cinquante à deux cents cases et deux pagodes. Il y a peu d'arbres, beaucoup de bambous. On y boit l'eau des puits et des bassins creusés.

Le chau aurait pour titres : Phra titah khiet khan chau mœuong Nong Han. Ses insignes sont d'argent avec un parasol rouge.

La monnaie est le lat de huit au sling. Le tribut annuel porté à Bangkok serait de 25 cattis d'argent.

De cette province peu importante relèvent deux districts :

1° Le mœuong Vaèh Sa Phoum ou Vari Sa Phoum, à deux jours au sud-est sur la route de Sokoun, est peuplé d'une race spéciale de Laociens, les Phou thai, que nous verrons dans la plupart des mœuongs suivants. Ces Phou thai paraissent venus de Kha Poun à l'est du Grand-Fleuve lors de la prise de Vien Chan.

Ce petit mœuong, érigé depuis dix ans, compte quatre-vingts cases au chef-lieu, où le chau porte les titres de : Prah sourèn nah bolitah chau mœuong Vaèh Sa Phoum. Il paye 2 cattis d'impôt annuel.

2° Khoum Phou Vapi, jadis ban Nam Khong Phan Don, est érigé en mœuong depuis trois ans, au profit d'un chau ou fils de chau, de Nong Han, qui porte les titres de Phrah bàvàr rèt ru-sey chau mœuong Khoum Phou Va Pi. Il paye 8 cattis d'impôt. Le chef-lieu est à une journée de marche au sud de Nong Han.

De Nong Han à Nong Khai au nord, à Sakoun au sud-est, à Khon Khèn au sud, l'eau fait défaut sur les routes lors de la sécheresse. On ne peut s'abreuver guère qu'aux puits ou bassins creusés des villages, souvent à une journée de distance. Les charretiers emportent de l'eau dans des tubes de bambous.

Nong Han a déjà eu cinq chau :

1° Le thau Phè ; 2° le thau Ang Kang, fils aîné du précédent ; 3° le Lœuong Chuon Pèn, fils cadet du thau Phè ; 4° le Luong Chon Kè, dernier fils du thau Phè ; 5° le thau Sieng Sali, fils du Luong Ang Kang et chau actuel.

XLIII

PHON VISAI.

Le Phon Visaï des cartes, petite province toute entière située sur la rive droite du fleuve, bornée à l'est, par Sayabouri ; au sud, par Nong Han et Sakoun ; à l'ouest, par Nong Khai ; au nord, par le Nam Khong qui la sépare de Nong Khai.

Il y aurait 900 (?) inscrits intérieurs et 200 extérieurs. Les mariés payant 6 ticaux de capitation, les jeunes célibataires 2, les vieillards 3 ou 4. L'impôt serait de 36 cattis pour toute la province.

Le chau a pour titre : Phra visai saura dèt chau mœuong Phon Visaï, ou, selon d'autres : Phrah surinha sakdi santhon chau mœuong Phon Visaï.

De Phon Visaï relève le petit mœuong Pasoum, sur le Nam San, de l'autre côté du Grand-Fleuve.

Le chef-lieu de Phon Visaï, où sont quelques marchands chinois, compte 150 à 200 cases dispersées le long de la rive droite du fleuve et cinq pagodes de huit à dix bonzes chacune. Le terrain est boisé, bas, exposé à l'inondation. Il n'y a pas de cultures de rizières aux environs.

La population est brune, un peu courte de taille. Les femmes coupent en général leurs cheveux.

Le lat est de dix au sling. On cultive le riz, le coton dans la province, où les forêts permettent de recueillir le kreko ou cardamone bâtard. On fait du sel sur le houé Louong, au ban Phon Khong, à un jour de distance du chef-lieu. Le commerce par le Grand-Fleuve est loin d'être nul entre Nong Khai, Phon Visaï, Lokhon. Les barques sont poussées à la gaffe en remontant, et en descendant on pagaie ou on rame face en arrière.

Lorsque le Phya Amat alla combattre les Hos, il y a quelque dix ans, il envoya l'ordre au chau de Phon Visaï, entre autres, de faire des levées et de se rendre à Vien Chan. Le chau fit demi-tour à Nong Khai en avouant que l'ennemi lui faisait peur.

Le Siamois, furieux, lui reprocha d'être chaque année en déficit dans le payement du tribut, d'être absolument incapable. Il le fit saisir et décapiter immédiatement au midi du village, confisquant tous ses biens, bœufs, buffles, éléphants et prenant ses filles pour femmes.

XLIV

SIENG KHVANG.

Huit mœuongs ou districts, paraît-il, relèvent du mœuong Sieng Khvang, qui enverrait tribut ou plutôt des cadeaux à Hué et à Bangkok à la fois.

Toute cette région est peuplée de Pouon ou Phouon. On retrouve chez cette population une coutume commune à plusieurs tribus kouï : un jeune homme embrasse et caresse à sa guise toute fille qui lui plaît. Et dans les fêtes, si leur fille n'est pas embrassée, caressée, c'est une grande mortification pour les parents; leur fille est une malheureuse. Mais les mânes des ancêtres sont offensées si l'on ne s'en tient pas à de simples caresses, et pour les apaiser l'amant devra payer une amende de 4 ticaux et d'un buffle, ou, en cas de grossesse, un buffle et 12 ticaux.

Les mariages des Phouon ont lieu à peu près comme ceux des Laociens. Leur dialecte, paraît-il, diffère sensiblement, de la langue laocienne. Leurs dignitaires sont de race phouon aussi bien que le peuple.

Le pays est fréquemment envahi par les bandes des Hos, bandes qui doivent tenir de près aux Pavillons noirs du Tonkin. Les chau, les fonctionnaires fuient alors vers Bari Kan, Nong Khai.

En novembre 1883, un envoyé royal, le Maha thâi, de Korat, vint à Bari Kan pour surveiller les agissements des Hos. On faisait des levées d'hommes dans les mœuongs d'alentour. De leur côté, les Hos élevaient des forteresses aux mœuongs Ngan, Sieng Khvang. Ils se sont retirés depuis, paraît-il, probablement à la suite des succès remportés par les troupes françaises au Tonkin.

La cour de Siam se préoccupe beaucoup de cette région et croit devoir chercher à gagner de vitesse la France en affermissant son autorité sur ce territoire contestable, en passant des traités avec les chefs indigènes.

Je rencontrai à Korat, en mars 1884, une expédition, commandée par des Anglais au service du roi de Siam, avec topographes européens et siamois pour relever le pays, délimiter une frontière. En août, cette expédition rentrait à Bangkok décimée et ayant perdu un Européen sur trois. Les Siamois ne se décourageaient pas ; au discours du trône, le jour de sa fête, le roi annonçait une nouvelle expédition, à la veille de partir, quand j'ai quitté Bangkok fin septembre.

Cependant, il est d'usage, dans tous les pays du monde, que le règlement de pareilles questions exige l'entente et le concours des deux voisins intéressés.

XLV

SAYABOURI.

La province de Sayabouri est bornée au sud par le mœuong Lokhon au Pak Nam Sang Kham ; au nord, par Phon Visaï au

Kêng Sadok, à trois jours de navigation; à l'ouest, par Nong Han au houé Pho Ek, et à l'est par le mœuong Phon Vadou, à quatre jours de distance.

Il y aurait dans cette province 700 inscrits intérieurs et 200 extérieurs, vieux et valides compris Les hommes mariés payent 3 ticaux, les vieux de cinquante an 2 ticaux et les jeunes célibataires ayant plus de vingt ans 1 tical de capitation. Le tribut porté à Bangkok serait de 7 cattis par an, chiffre qui ne s'accorde pas avec ceux qui sont donnés pour les inscrits. Le chau a les titres de Phra saï nhah lat vongsa. Ses insignes sont d'argent, son parasol rouge. Les autres dignitaires ont des insignes de bois ou de cuivre.

La population laccienne est brune de teint, un peu massive de taille, peu propre, assez adonnée à l'ivrognerie.

Le chef-lieu, sur la rive droite du Nam Khong, compte 120 cases environ, disséminées sur 1,200 mètres de rive. Le terrain, assez boisé, est bas, sujet à l'inondation. Les habitants n'ont pas de rizières. Ils achètent leur riz qu'ils payent 1 tical les 5 ou 6 mœun.

Sayabouri exporte du cardamome bâtard cueilli à une journée à l'ouest du mœuong, dans les forêts appelées Dong van Koum. L'arbuste, qui atteint la hauteur de la ceinture au plus, pousse naturellement sur le sol de ces forêts de grands arbres. Il n'y a aucun impôt sur cette cueillette complètement libre. Ce cardamome, vendu 10 ticaux le picul au mœuong Sayabouri, transporté par la voie du Grand-Fleuve à Nong Khai, est vendu ici 12 ticaux le picul. De Nong Khai, il est transporté par charrettes à Korat.

XLVI

SAKUN.

Le mœuong Sakun ou Sakoun, fondé depuis une cinquantaine d'années, est borné au nord-ouest par Nong Han; au nord, par Sayabouri; à l'est, par Lokhon; au sud par Mouk Dahan, et au sud-ouest par le mœuong Phou Lén Sang.

La population est composée de Laociens, de Phou Thaï et de quelques Annamites. La province payerait 38 cattis d'impôt annuel.

Le chau a pour titres : Phya chanta prah théat théani chau mœuong Sakun Lokhon. (Chandra... Dhatu Dhani... Saguna Nagara ? Ce titre se rapporte à une ruine bouddhique du pays.) Ses insignes sont d'argent avec un parasol rouge.

Le chef-lieu, sur un tertre sablonneux, de 1,200 mètres de longueur et 120 à 150 mètres de largeur, planté de cocotiers et d'aréquiers, compte environ trois cents cases.

A une centaine de mètres vers l'est du village est un bassin naturel long de 3 kilomètres environ, large de 2 kilomètres et profond d'une dizaine de mètres aux basses eaux. C'est le Nong Han d'où sort le Nam Kham, ayant dès lors une vingtaine de mètres de largeur. Cette rivière, navigable aux pirogues en toute saison, va, après un cours de sept à huit jours de navigation, se jetter dans le Grand-Fleuve au-dessous de Dhatou Penom.

A la saison sèche le mœuong Sakoun boit l'eau des puits du village, et aux pluies il boit l'eau du Nong Han, qui déborde jusqu'aux cases et envahit les puits.

Le lat est de huit au sling.

Du mœuong Sakoun relèvent les districts suivants :

1° Le mœuong Phalanan ou Phah Renan, au nord-ouest de Sakoun, fondé depuis une quarantaine d'années, peuplé de Phou thai qui habitent une centaine de cases au chef-lieu, sur les bords boisés du houé Ham, affluent probable du Sang Kham. Le chau a pour titres : Phra Sêna Narong chau mœuong Phalana. Le district payerait un tribut de 1 catti d'argent et de 3 damling d'or (?) ;

2° Le mœuong Savang, au nord, payerait 6 damling d'or (?);

3° Le mœuong Va Non, au nord-ouest de Phalana, payerait 1 catti et 2 damling d'argent ;

4° Le mœuong Phou Ti Phak Sanakoum payerait 1 catti et 10 damling d'argent ;

5° Le mœuong Koutsa In payerait 1 catti et 5 damling ;

6° Enfin le mœuong Phou Vadou, séparé à l'est du fleuve, payerait 4 cattis d'impôt.

Les habitants de Sakun cultivent des rizières, et font du sel à la saison sèche.

Il y a, au chef-lieu, une vingtaine d'Annamites venus de Phou Vadou à l'est et qui habitent Sakun depuis une vingtaine d'années. Les hommes sont vêtus à l'annamite, leurs femmes gardent le chignon annamite, mais elles ont pris la jupe laocienne.

XLVII

OUTÈN.

Le Houtèn des cartes, mais il n'y a pas plus d'aspiration que dans Oubon.

Les inscrits de la province seraient au nombre de 900 intérieurs et 200 extérieurs, tant vieux que valides, payant 4 ticaux de capitation par homme marié, 3 ticaux les vieux, et 2 les jeunes célibataires.

Le chau a les titres de Phra si volalat chau mœuong thah Outèn (Brah çri vara râja...). Ses insignes sont d'argent avec un parasol rouge. Les autres dignitaires ont des insignes d'argent et de cuivre. Tous sont de race Nhà (prononcez gnià) de même que toute la population du chef-lieu.

A première vue, les Nhà se distinguent des autres Laociens par une prononciation un peu différente et plus rapide, par quelques mots spéciaux, par exemple les deux questions : « Où allez-vous? — D'où venez-vous? » sont dites par les Nhà : *pay la pi lœu, ma tê pi lœu,* tandis que les autres Laociens disent : *pay say, ma tê say.* Les Nhà ont aussi quelques nuances différentes dans leurs *lamnien* ou coutumes.

Le chef-lieu, sur la rive droite du Grand-Fleuve, compte environ 200 cases, entourées d'arbres de jardin : cocotiers, aréquiers, manguiers, orangers, jacquiers et bananiers, et disséminées des deux côtés d'une route intérieure sur une longueur de 1,200 mètres et sur 200 mètres de largeur environ. Le lat est de huit au sling.

Ces Nhà paraissent plus beaux que les autres Laociens. Prises en général, leurs filles sont les plus jolies Laociennes. Elles sont blanches, élancées. Elles portent, comme les autres Laociennes, le sin ou jupe rayée, se couvrent d'écharpes rouges et portent des bracelets d'argent.

Les hommes ont les cheveux coupés à la siamoise, portent souvent la barbe courte et sont vêtus, de même que tous les autres Laociens, du pha mouong, langouti du pays, soie et coton, ou du kien, imitation venant d'Europe.

Leurs cases à travées sont couvertes de l'herbe sebau, les cloisons sont en bambou pok tressé. On y trouve des nattes, des oreillers, couteaux, sabres, bols et plateaux de riz. Tout cela leur est commun avec tous les autres Laociens.

Ces Nhà sont de bonnes gens, affables, accueillants, pas trop ivrognes. Toutefois, il boivent beaucoup de la liqueur fermentée appelée lao haï qui est préparée de la manière suivante : Le riz gluant est pilé, saupoudré de farine de riz non gluant, la pâte obtenue est pressée dans une jarre dont le couvercle est bouché hermétiquement avec de la cendre mouillée. Deux jours après, on peut boire en introduisant jusqu'au fond de la jarre un petit tube en bambou de la grosseur du doigt. Ils versent de l'eau et la renouvellent au fur et à mesure, jusqu'à ce qu'elle perde le goût aigre-doux du ferment. Ce breuvage, aspiré en quantité, finit par procurer cette ivresse si chère à tous les Laociens.

A l'extrémité sud du village d'Outèn, il y a depuis cinq ou six ans une dizaine de cases d'Annamites qui brûlent des coins de forêts pour planter du riz, et distillent de l'alcool. Ils ne payent pas de capitation.

En réalité, le chef-lieu d'Outèn, quoique relevant directement de Bangkok, est situé sur le territoire de Lokhon.

La province d'Outèn s'étend vers l'est au delà du Grand-Fleuve, et autrefois le chef-lieu était à trois journées à l'est du fleuve, au mœuong Luong. De ce dernier point, en quatre ou cinq jours, on allait chez les Annamites par des routes pénibles à travers les montagnes. Il y a une soixantaine d'années, les Annamites envahirent le pays, la population prit la fuite vers l'ouest, et les mandarins se fixèrent dès lors à Outèn.

Les Annamites trouvant le pays désert, s'en retournèrent tous dans leurs pays. Peut-être cette invasion annonçait elle les secours promis à Vien Chan vers 1827.

XLVIII

LOKHON.

Le mœuong Lokhon est borné au nord-ouest par le mœuong Savang, district de Sakoun, à trois jours de distance; au nord, par le mœuong Sayabouri, au Nam Sangkham, à deux jours; à l'est, par le mœuong Phou Vadou, qui relève de Sakoun; au sud, par le mœuong Bang Mouk, au Pak Nam Kham, à deux jours de distance; au sud-ouest, par le mœuong Kout Saman, qui relève directement de Bangkok.

Dans ce territoire de la province de Lokhon sont situés : le chef-lieu de la province d'Outên et Dhatou Penom, la métropole religieuse du Laos.

Il y aurait dans la province de Lokhon 2,000 inscrits intérieurs et 400 extérieurs. La capitation ne serait que de 10 sling par tête et 6 sling pour les vieillards. Le tribut payé à Bangkok serait de 172 cattis d'argent.

Outre les Laociens, on rencontre dans la province des Annamites et quelques Chinois.

Quoique la province de Lokhon soit importante, le chau n'est qu'un phra. Ses titres sont : Phrah phenom nakhan anurah sethi sat tép binhout poutra bouri si kout boun luong chau mœuong Lokhon.

Ce galimatias peu commode à déchiffrer pour qui ne lit pas sur les écritures originales, semble indiquer qu'il est le gardien officiel de la métropole religieuse de Dhatou Penom. Ses insignes sont d'argent. Les autres dignitaires ont des insignes d'argent et de cuivre.

Le chef-lieu, sur la rive droite, s'étend sur quinze à seize cents mètres de rive. Le terrain est bas, inondable, planté d'arbres de jardin; les rizières un peu en arrière, dans l'intérieur. Il y a à Lokhon cinq pagodes ayant de dix à vingt bonzes chacune. Les temples ont des murs en briques recrépis à la chaux, et ils sont couverts de planchettes taillées en tuiles.

Les femmes coupent en général leurs cheveux à la siamoise, portent des ornements d'argent ou faits avec l'or d'Attopœu.

La population se livre à la pêche. Les habitants sont vantards, quelque peu insolents.

Les districts de Lokhon sont :

1° Le mœuong Houé, peuplé de Phou thai, à trois journées au sud-ouest de Lokhon.

Ces Phou thai, dont le nom signifie « hommes libres », ne diffèrent pas des autres Laociens, en apparence du moins. Peut-être ont-ils le teint plus clair, mais langage, vêtements, nourriture, coutumes paraissent les mêmes que chez les Laociens proprement dits. On rencontre des villages de Phou thai jusque dans Sisakèt, bien au sud. Leur pays d'origine paraît être vers l'est du Grand-Fleuve, du côté des montagnes qui séparent le Laos de l'Annam à hauteur d'Outèn, Lokhon, Bangmouk.

Le petit mœuong de Houé, à 18 ou 20 kilomètres au nord-ouest de Dhatou Penom, compte une soixantaine de cases.

C'était jadis lè ban Dong Vai, érigé en mœuong il y a trente-cinq ans environ. Le chau porte les titres de Phrah keo kou mon. Il se pare d'insignes d'argent et d'un parasol rouge.

On y fait des nattes et des charrettes.

2° Le mœuong Lamlat, à l'ouest de Lokhon, habité par des Phou thai ;

3° Le mœuong Akat, dans l'est ;

4° Le mœuong Samat ou Asamat, sur le bord du Grand-Fleuve, rive droite, à quelques lieues au nord de Lokhon.

Le lat de Lokhon est de huit au sling.

On cultive le riz dans la province de Lokhon, le tabac et le coton sur les rives du Grand-Fleuve. Sauf le sisiet, ammené de Nong Khai par les Laociens, tout le commerce est entre les mains de quelques Chinois qui apportent les étoffes en suivant la route de charrettes de Korat à Nong Khai, louant pour ce trajet des voitures à forfait au prix de 5 ticaux, dit-on, par picul de marchandise. De Nong Khai, ils descendent en jonque jusqu'à Lokhon, louant par mois 4 ticaux une jonque et 4 ticaux chaque rameur.

Il y a environ deux cents Annamites fixés à une journée à l'ouest de Lokhon. Poussés par la misère, ils sont venus des frontières de l'Annam se fixer ici depuis une vingtaine d'années. Ils occupent deux ou trois hameaux où ils distillent de l'alcool. Ils cultivent aussi des rizières. Le chau ne prélève pas d'impôt sur ces Annamites, et il leur laisse gagner leur vie à leur guise. Mais si, à un moment donné, ils ont besoin de protection, ils doivent la reconnaître par des services. Les hommes portent le costume annamite. Les femmes ont quitté le pantalon annamite pour la jupe laocienne.

Ils ont gardé leurs costumes, leur langage.

Tout explorateur examinant ce pays a dû être ou sera hanté par l'idée de relier un point à chercher sur la côte de l'Annam avec le Grand-Fleuve entre Lokhon et Sayabouri. Que l'on compare sur une carte la brièveté de ce trajet avec la longueur de la route que suivent actuellement les marchandises de Bangkok à Korat, à Nong Khai, à Lokhon. L'ouverture d'une pareille voie de communication ayant à peu près la longueur de celle qui relie aujourd'hui Moulmein à Rahèng, sur le Ménam, développerait singulièrement les productions et les richesses du bassin du Grand-Fleuve, de Sieng Khan à Khêmarat.

Au commencement de 1884, le chau de Lokhon et les chau des provinces environnantes élevaient des palais de bambous pour le Samdach maha malla qui n'alla pas au Laos du reste. Ils avaient prélevé sur chaque contribuable un mœun de paddy.

XLIX

DHATOU PENOM.

Au Laos, les tours évidées à l'intérieur aussi bien que les *chaidey*, ou monuments coniques pleins, sont appelées *thai*, prononciation de *dhat* pour *dhatu*, mot sanscrit qui, entre autres significations, désigne les ossements qui restent après l'incinération. Le nom du contenu a passé au contenant, et au Laos, une foule de *ban thai* sont des villages où existent des ruines peu importantes d'ailleurs.

La métropole religieuse des Laociens est désignée par le mot cambodgien *penom* pour *phnom*, joint au mot *thai* qui, par exception et à cause du mot qui suit, a conservé ici sa prononciation originelle *dhatou*, et nous écrivons le nom de cette métropole comme les indigènes le prononcent : Dhatou Penom.

Je ne parlerai pas ici du monument lui-même qui a déjà été décrit, je crois, dans la relation de Francis Garnier, je me contenterai d'ajouter quelques renseignements spéciaux.

Dhatou Penom n'est pas un mœuong proprement dit. Son territoire est enchevêtré avec ceux de Lokhon, de Bangmouk, ou, pour parler plus exactement, Dhatou Penom n'a que des clients et pas de territoire. 2,000 inscrits, affranchis par le roi de Siam de l'impôt de capitation, doivent veiller à l'entretien, à la conservation de la métropole du Bouddhisme au Laos. Il y a toujours cinq hommes de garde au temple empêchant les visiteurs de le détériorer et lui offrant chaque jour des présents de vivres comme à une divinité. Aux nouvelles et aux pleines lunes on lui offre aussi des concerts de musique siamoise. Vingt-cinq bonzes environ, qui habitent la pagode, vont, selon la règle, mendier chaque matin et adorent le That au retour.

Le That est le seul chau de Dhatou Penom. Tout dignitaire qui voudrait être chau mourrait avant deux ans.

L'autorité est partagée entre deux chefs civils nommés par le premier ministre du Krom maha thai, et pris dans deux familles où ces fonctions sont héréditaires : le Prah pithak chaidi, qui obéit au chau mœuong de Lokhon, et le Luong phou salat kàng, qui se réclame du chau mœuong de Bangmouk.

Avant 1881 ils ne relevaient de personne ; mais, depuis cette époque, la zizanie la plus violente règne dans la petite république de Dhatou Penom.

Ne s'entendant plus, les deux chefs se sont appuyés réciproquement sur les chau voisins. Tout le monde commande, personne n'obéit. Le Phra et le Luong recevront séparément les envoyés royaux de passage.

Les deux chau voisins s'en mêlent, donnent des ordres aux hommes du peuple qui se plaignent vivement de cet état de choses. Être réquisitionnés par les chau du voisinage, eux qui n'avaient autrefois que le service du That ! Une partie émigra, et ils ne sont plus que 2,000, chiffre très inférieur à celui de jadis.

Le village de Dhatou Penom, sur la rive droite du Grand-Fleuve, compte une centaine de cases, occupant un terrain boisé, peu élevé, inondable.

Les hommes sont bruns, élancés, alors que les femmes sont plutôt blanches, grassouillettes. Celles-ci portent l'écharpe sur un petit justaucorps. Tout le monde est joueur, adonné à l'eau-de-vie, et même les jeunes filles peuvent faire associer les deux mots bien disparates de « gentes ivrognesses ». Ils préfèrent manger crus les boudins de porc qu'ils préparent en mélangeant au sang de la citronnelle, de la ciboule, du piment, du gingembre, le tout haché menu.

Aux crues, hommes et femmes s'amusent aux joutes de pirogues. Les Kola ou Birmans exportent à Bangkok les buffles des contrées environnantes.

Les gens de Dhatou Penom font appel de leurs procès respectifs à Lokhon et à Bangmouk.

L

BANG MOUK.

Le mœuong Bang Mouk est appelé officiellement Mouk Dahan ou Mouk Tahan. La province qui s'étend sur les deux rives du Nam Khong est bornée à l'ouest, par Kalasin ; au nord, par Lokhon ; à l'est, par Lomnau ; au sud, par Khêmarat.

Les mœuongs qui relèvent de Bang Mouk seraient les suivants :

1º Le mœuong Sang Khon à l'est, peuplé de Phou thai, payerait 5 cattis d'impôt ;

2º Le mœuong Veang à l'est, payerait 6 cattis d'impôt. Ce mœuong frontière est aussi revendiqué par Khêmarat (voir ci-dessous) ;

3º Le mœuong Tah Luka payerait 4 cattis. Le chef-lieu sur la rive occidentale du Grand-Fleuve, compte une soixantaine de cases ;

4º Le mœuong Nong Soung payerait 4 cattis d'impôt. Cet impôt est apporté à Bang Mouk qui envoie annuellement à Bangkok 40 cattis de tribut.

Le chau a pour titres : Phra chau saurivong bamlong maha ratsekan chau mœuong mouk Tahan. Les insignes sont en argent avec un parasol rouge.

La province envoie des buffles vers Bangkok. Les habitants se livrent au transport, par radeaux, du sisiet et du tabac de Nong Khai, Phon Visaï à Bassak, Khong. Ils se rendent à Nong Khai à pied ou en pirogue en quinze jours.

LI

KHÊMARAT.

Le mœuong Khêmarat, ou Hêmarat, est borné au nord, par Bang Mouk; à l'ouest et au sud, par Oubon; à l'est, par les mœuongs frontières, Veang, Nong, Phin. La province paye un tribut annuel de 35 cattis.

Le chau a pour titres : Prah tép vongsa chau mœuong Khêmarat. (Brah deva vansa...) Comme pour tous les phra, ses insignes sont d'argent avec un parasol rouge.

Le chef-lieu, sur la rive droite du fleuve, à 200 mètres de la berge, occupe un terrain bas, inondé aux crues, très boisé en arbres sauvages et arbres de jardins. On y compte une centaine de cases et deux pagodes.

Les habitants rien moins que belliqueux, avouent naïvement qu'en cas de levées pour faire la guerre, ils emporteront, outre les armes et les vivres, un vêtement de soie et une bague d'or, pour en faire présent au vainqueur, racheter leur vie et jouir du bonheur de revoir femmes et enfants. Les femmes de ces Laociens sont brunes, peu jolies.

Les gens de Khêmarat atteints de fièvre ne se baignent pas et ne boivent que frais au contraire des khmêrs qui, dans ce cas, boivent froid et prennent des bains. Les Laociens s'abstiennent aussi de porc, de volailles.

Trois mœuongs relèvent de Khêmarat :

1º Le mœuong Kham Khœun Kêo. Le chef-lieu, au nord en remontant le Grand-Fleuve, sur la rive droite, à 800 mètres de la berge, compte une trentaine de cases habitées par des Phou Thaï. Phra Lamelin chau mœuong Kham Khœun Kêo envoie 5 cattis d'impôt à Khêmarat ;

2° Le mœuong Amnat à l'ouest, dans le bassin du Moun, paye 6 cattis d'impôt. Son chau a pour titres : Phra amoh lomnat chau mœuong Amnat cham rœn.

Le mœuong Saméah à l'est, sur le sé Daun, paye 6 cattis d'impôt. D'autres font relever de Bassak ce mœuong dont le chau porte les titres de Phra si kunavong chau mœuong Saméah.

D'autres prétendent que Khêmarat reçoit le tribut payé par les trois mœuongs frontières Veang, Nong et Phin, mœuongs situés au nord-est de Khêmarat, peuplé de Phou thai et payant aussi tribut à l'Annam. Ils enverraient à Khêmarat trente marmites de cuivre et trois nattes de rotin.

Les gens de Khêmarat vont acheter du tabac et de la chaux à Lokhon, où ils payent 1 tical les cinq mœun de chaux et 2 ticaux le mœun de tabac, qu'ils revendent à Khêmarat ou aux marchands d'Amnat, de Phanan, de Takan, au prix de 1 tical les quatre mœun de chaux, 3 ticaux le mœun de tabac.

Khêmarat envoie des bœufs, des buffles et des chevaux dans la direction de Bangkok. Le lat est de huit au sling. Le picul de porc coûte 5 ticaux à Khêmarat, la poule 5 lat, le canard, 1 sling.

La navigation du fleuve, entre Khêmarat et Pak Moun, l'une des plus pénibles de tout le cours connu du Nam Khong, justifie complétement la division du Laos en trois parties que nous avons adoptée ici. Cette navigation n'a guère lieu qu'aux hautes eaux, et même alors une barque descendra en dix ou douze jours ; il faut la décharger, la passer à vide aux rapides. Un radeau descendra de Khêmarat à Pak Moun en huit ou neuf jours.

Outre les mœuong Veang, Nong et Phin, qui payent tribut dit-on, à Hué et à Bangkok, on compte aussi comme mœuong laocien, mais dépendant uniquement de l'Annam, le mœuong Kha Phoum ou Kha Poum, qui serait le pays d'origine des Phou thai qui se sont dispersés à l'ouest du Grand-Fleuve.

QUATRIÈME PARTIE

MŒUONGS LAOCIENS DU MOUN

Sommaire.

LII

KHON KHÊN ET CHONOBOT.

Nous passons maintenant aux mœuongs de langue laocienne situés dans le bassin du Moun et de son affluent le Si.

Je réunis ici deux provinces sur lesquelles j'ai peu de renseignements. Khon Khên a son chef-lieu à six petites journées de marche au sud de Nong Han, et à trois jours au nord de Chonobot. Le village est en plaine, on y compte 150 cases environ. La province est bornée : à l'est, par les mœuongs Kalasin et Mahasanakham ; au nord, par Nong Han ; à l'ouest, par les Phou Khieu ; au sud, par Chonobot.

Le chau a pour titres : Phra lokhon si balilat balomalat sah phakedey si saur phra santhon chau mœuong Khon Khên. Il envoie 20 cattis de tribut annuel à Bangkok.

La route de Khon Khên à Nong Han traverse des plaines arides, sablonneuses, aux forêts claires d'arbres à essences résineuses. La ligne de partage des eaux entre le Moun et le Grand-Fleuve n'est pas bien dessinée dans cette direction.

Chonobot est borné : à l'ouest, par les Phou Khieu ou montagnes bleues ; au nord, par Khon Khèn ; à l'est, par le mœuong Mahasanakham, et au sud par Korat ; il y a sept jours de marche entre Chonobot et Korat. Le chef-lieu de Chonobot est en plaine sur sol de terre noire. On y compte environ 250 cases sous les aréquiers et cocotiers.

Le Phra chan phra thét chau mœuong Chonobot envoie 20 cattis d'impôt annuel à Bangkok.

<h2 style="text-align:center">LIII</h2>

<h3 style="text-align:center">MAHASANAKHAM ET ROÏ ET.</h3>

Le chef-lieu de Mahasanakham, au sud du Si, est à une bonne journée de marche au nord de Phyaka Phoumvisaï, district de Siphoum. On y compte 3 pagodes. Il y a une trentaine de maisons chinoises et probablement de 150 à 200 maisons laociennes. C'est un centre de commerce de la soie, vendue ici de deux à trois cattis le picul.

Le mœuong Roï Et a son chef-lieu à deux jours de marche au sud du Si, sur un tertre allongé est-ouest entre un fossé au nord et une lagune au sud. On y compte 8 pagodes et environ 400 cases. Les gens boivent l'eau des puits, cultivent choux et oignons près de leurs cases. Ces Laociens suivent plutôt les modes siamoises.

Le lat est de huit au sling.

Roï Et est le centre d'un commerce de cardamome bâtard, de laque, de peaux, de cornes exportés à Korat.

Le territoire n'est pas délimité entre Roï Et au nord, Siphoum au sud, et les deux districts de cette dernière province, Melou Phai au sud-est, Kétaravisaï au sud-ouest. L'impôt de capitation est perçu selon les registres des chefs-lieux, et les habitants de tel ou tel village payent à deux ou trois chefs-lieux selon leur choix respectif.

<h2 style="text-align:center">LIV</h2>

<h3 style="text-align:center">KALASIN.</h3>

Le mœuong Kalasin ou Kalasaï, noms qui doivent être la corruption du nom officiel que je ne connais pas, paraît occuper le nord du Si, de Khon Khèn à l'ouest à Ikang Mouk à l'est.

Ses limites sont, à l'est, à quatre jours du chef-lieu, le houé Tha Pœnok qui le sépare de Bang Mouk; au nord, à cinq jours, le houé Tha Léo, qui le sépare de Nong Han; à l'ouest, en trois jours on atteint le territoire de Khon Khên; au sud, le Si sépare le mœuong Kalasin de Roï Et, et Nhassonthon le borne au sud-est. Toutefois le district de Siraphoum, sur la rive droite du Si, dépend aujourd'hui de Kalasin, après avoir successivement relevé de Siphoum et de Nhassonthon.

Le chau de cette grande province centrale du Laos porte les titres de Phya saï santhon chau mœuong Kalasin.

De ce mœuong relèvent :

1° Le mœuong Phédan ou Sên Phédan, à trois jours au nord-ouest de Kalasin. Le chau a pour titres : Phra suvan phakedey chau mœuong Sên Phédan;

2° Le mœuong Thakanhang, à trois jours à l'ouest; son chau est le Phra si suvan chau mœuong Thakanhang;

3° Le mœuong Hattakan, à trois jours au nord, a pour chau le Phra baksa sun ban chau mœuong Hattakan;

4° Le mœuong Koutsin, à trois jours à l'est, sur la route de Nhassonthon à Bang Mouk;

5° Le mœuong Siraphoum, à deux jours sud-sud-est, sur la rive droite du Si.

Je n'ai, en réalité, de renseignements précis que sur ces deux derniers districts de Kalasin.

Le mœuong Koutsin est sur la ligne de partage des eaux entre le Moun et le Nam Khong. De Kalasaï ou de Nhassonthon on peut aller près de Koutsin en voitures du pays. Mais de Koutsin à l'est, vers Bang Mouk, il faut traverser à pied les montagnes.

Le chef-lieu de Koutsin, sur un plateau de rizières entourées de montagnes, compte une cinquantaine de cases habitées par des Phou thaï. Dans leurs cases on ne voit guère que le plateau à manger le riz, des nattes, des oreillers, des marmites. La prononciation de ces Phou thaï est un peu plus rapide que celle des autres Laociens. Leurs filles, assez blanches, ne portent pas le chignon droit sur la tête comme la généralité des Laociennes, mais un peu en arrière, à la mode des femmes annamites. Assez propres, elles se baignent nues aux puits du village sans s'inquiéter le moins du monde des regards des hommes du pays. Elles sont encore plus craintives vis-à-vis de l'étranger que la plupart des autres Laociennes. Elles portent de même la jupe rayée; elles s'ornent de crochets d'argent aux oreilles, de bracelets d'argent et de colliers à petits tubes enfilés à la suite. Les hommes ne diffèrent pas dans leurs vêtements des autres Laociens.

Outre le riz, les gens de ce pays cultivent du coton, vendu un tical les 80 livres. Le paddy coûte un tical les huit ou dix mœun.

On compte dans le distrit 450 inscrits intérieurs et 55 extérieurs. Ils paient trois ticaux les mariés et un tical les jeunes célibataires. Selon d'autres, les jeunes sont affranchis de l'impôt de capitation et les vieux ne paient que deux ticaux. Le tribut du district est de sept cattis et cinq damling, envoyé directement à Bangkok tous les deux ans.

Le chau a pour titres Phra aphibet vongsa chau mœuong Koutsin.

La route de Nhassonthon à Koutsin, dont la direction générale est au nord-est, passe d'abord à travers des terrains bas, se relève peu à peu en s'éloignant de Nhassonthon. A Nong Chéy on entre dans le territoire de Kalasaï, et, au bout de cinq petites journées de charrette à bœufs depuis le départ de Nhassonthon, on atteint ban Nako, limite de la route de charrettes. Le terrain est accidenté, on traverse de petites montagnes, et, trois heures après le départ de ban Nako, on atteint le mœuong Koutsin.

Le mœuong Siraphoum, à deux petites journées de marche à l'est de Roï Et, à deux jours au sud-sud-est de Kalasaï, à deux jours au nord-ouest de Nhassonthon et à deux jours au nord-nord-est de Siphoum, appartient géographiquement à cette dernière province dont il relevait jadis. Le chef-lieu est à 1,200 mètres de la rive droite du Si, dont il est séparé par une lagune d'une centaine de mètres de largeur et de quatre kilomètres de longueur. On compte 70 à 80 cases au chef-lieu assez boisé, et 500 inscrits dans le district.

Phra nikoum bareyrak chau mœuong Siraphoum, tels sont les titres du chau.

Il y a quelque quinze ans le Phya Amat de cette époque, mort depuis, vint de Bangkok pour tatouer les inscrits. Pour lui être agréable, le chau de Nhassonthon lui offrit des éléphants dont quelques-uns appartenaient à son subordonné, le chau de Siraphoum. Celui-ci se plaignit au Phya Amat qui remboursa le prix des éléphants. Depuis cette époque, Siraphoum, qui avait déjà quitté Siphoum précédemment, refusa de relever de Nhassonthon et se mit sous la dépendance de Kalasaï.

LV

YASSONTHON.

Yassonthon ou Nhassonthon (prononcez *gniassonethone;* ces mots sont, je pense, la corruption du sanscrit Yaçodhara) sur la rive gauche du Si, est borné au nord par le houé Tha Léo, à deux jours de distance, qui le sépare de Kalamasaï; au nord-est, à trois jours, par le même territoire de Kalamasaï ou Kalasin; à l'est par Bang Mouk; la limite est au houé Mak, à trois jours de distance; au sud-est, par Oubon, à trois jours de distance; au sud-ouest, par le Si, qui sépare la province du territoire de Siphoum.

Le Phra santhon vongsa chau mœuong Yassonthon a des insignes d'argent et un parasol rouge. Celles des autres dignitaires sont en cuivre et bois de krenhung.

La province compte 1,000 inscrits qui paient dix sling de capitation, les célibataires un tical. Le tribut envoyé annuellement à Bangkok est un picul d'argent (12,000 francs). En outre, chaque inscrit fournit un mœun de paddy par an pour les magasins locaux, l'entretien des kha louong ou envoyés royaux.

Le chef-lieu, à 800 mètres de la rive gauche du Si, le terrain s'inclinant doucement vers la rivière, est assez élevé pour ne jamais être inondé. On y compte environ 500 cases assez serrées sur un espace de 1,200 mètres de longueur, 400 mètres de largeur, cinq pagodes de 15 à 20 bonzes chacune.

Les femmes coupent leurs cheveux à la siamoise, ne se baignent guère que vêtues, portent le sin ou jupe rayée rouge et noir, des clous aux oreilles, des bracelets d'or ou de cuivre aux bras. La population du chef-lieu est douce. Ils font lutter des coqs, battre des buffles. Il y a beaucoup de voleurs dans le pays.

Le poisson ne manque pas, et dans les environs du chef-lieu sont de bonnes rizières pas inondées. Yassonthon envoie beaucoup de bœufs, de buffles, de chevaux dans la direction de Bangkok et reçoit le sisiet de Nong Khai, le salpêtre de Dhatou Penom ; ces deux articles viennent de Bang Mouk par terre.

LVI

SUVANAPHOUM.

La province de Suvanaphoum (en sanscrit Suvarna bhumi terre de l'or), ou, par corruption, de Siphoum, devrait comprendre la plus grande partie du territoire entre le Moun et le Si, au nord des provinces de Sourén et de Sisakêt. Actuellement, outre le district de Siphoum proprement dit, elle comprend encore ceux de : 1º Melou Phaï, au nord-nord-est ; 2º Kétaravisaï, à l'ouest ; 3º Phyaka Phoumvisaï, plus à l'ouest encore, et 4º Chatu Phiman, que je suppose, mais sans pouvoir l'affirmer, être le même que Chomphon, district envahi actuellement par Sourén et que nous verrons avec cette dernière province. La plupart de ces districts quittant ou ayant tendance à quitter Siphoum, nous les examinerons séparément.

Il y aurait 3,000 inscrits selon les uns dans la province, 1,300 selon les autres. Les deux versions peuvent s'accorder peut-être en tenant ou en ne tenant pas compte des districts séparés. Le tribut envoyé à Bangkok serait un picul et demi (18,000 francs) par an. L'impôt, dit-on, était jadis en cardamome bâtard venant du nord, un picul pour cinq inscrits. Depuis une vingtaine d'années il a été converti en argent.

Parlons du district de Siphoum proprement dit.

Le lat est de huit au sling. De même que dans la généralité des mœuongs laociens, il n'y a aucune ferme, ni d'alcool, ni d'opium. Toutes les industries sont libres.

Le chau a pour titres : Phra ratana vongsa chau mœuong Suvanaphoum (Brah ratna vansa...).

Le chef-lieu, le mœuong Siphoum, à une grande journée de marche au nord du Moun, sur un tertre naturel long de 1,500 à 1,800 mètres, large de 300 mètres, dominant de plusieurs mètres les plaines basses des environs qui s'étendent au loin, à l'ouest et au sud, compte 6 pagodes et 300 à 400 cases cachées derrière les haies vives. Par moment on se croirait en pleine forêt.

Il n'y a pas de marché à Siphoum. Quelques Chinois y vendent de la cotonnade apprêtée 7 à 8 ticaux la pièce. Les Siamois venus de l'ouest sont plus nombreux. Les gens de Siphoum, insolents, méchants, ivrognes, fumeurs d'opium, passent en outre pour voleurs. Les femmes ont encore la jupe laocienne et les écharpes jaunes, mais elles coupent assez généralement leurs cheveux.

L'eau-de-vie coûte 4 lat la bouteille ordinaire. Les Kola apportent l'opium et vendent 1 tical d'argent le poids de 3 sling d'opium.

Pour se rendre de Siphoum à Nong Khai, les charrettes suivent l'itinéraire suivant: Roï Et, à trois jours au nord, ensuite deux jours pour atteindre Karasin au nord-nord-ouest de Roï Et. De Karasin en trois jours à Hattakan au nord. Trois autres journées de marche conduisent à Nong Han, et trois jours de plus encore permettent d'atteindre Nong Khai.

De Siphoum à Nhassonthon, il y a une forte journée de marche, 45 à 50 kilomètres. De Siphoum à Siraphoum, son ancien district au nord-nord-est, il y a deux journées de marche.

LVII

SEL DE SIPHOUM.

On fait du sel un peu partout dans le Laos, de Nong Khai et Sayabouri à Sisakêt, mais surtout à Siphoum et à Korat. Le sel dit d'Oubon vient en général de Siphoum et surtout de Bo Pean Kan « le puits aux mille cases de damier, d'échiquier », à une journée au sud-est de Siphoum, bassin sans issue, long de 2 kilomètres environ, large de 200 mètres, avec moins de 1 pied de profondeur d'eau salée pendant la saison sèche.

Le fond, en grès rouge, est partagé naturellement en cases semblables à celles d'un damier dont les noires seraient en creux.

Dans la plaine nue, tout autour le sel paraît, après les pluies, en efflorescences blanchâtres.

A deux kilomètres au sud-ouest du puits est le village de Bo Pean Kan, de 25 à 30 cases. Non seulement ce village, mais tous les villages des environs viennent faire du sel à partir du troisième ou du sixième jour de la lune croissante du mois cambodgien méakh (janvier-février), ou le troisième mois siamois.

Dans la plaine, partout où paraissent les efflorescences de sel, la terre est raclée, mise en tas recouverts de branchages, d'épines pour empêcher les animaux de la disperser, et dès que l'exploitation commence, on la met dans de grandes auges creusées dans des troncs d'abres. Ces auges, longues de 2 mètres environ, sont percées au fond d'un trou bouché avec une poignée d'herbes ou un morceau de natte pour le filtrage.

La terre salée est mêlée dans l'auge avec une quantité d'eau suffisante pour opérer le lavage; l'eau s'écoule lentement à travers le filtre, tombe dans une marmite placée sur un support au-dessous de l'auge. L'eau salée est ensuite réduite en sel par ébullition. Ce sel en poudre est vendu dans tout le Laos. Le prix varie de 6 à 10 mœun pour un tical d'argent. Dans sa saison, un homme, selon le degré de son activité, fera de 5 à 10 piculs de sel. Le chau de Siphoum perçoit un droit de 1 picul de sel par famille de saunier.

Dans le troisième ou le sixième jour de la lune croissante du mois de méakh, les sauniers se réunissent pour faire des offrandes à la divinité locale avant de commencer l'exploitation. En 1884 un porc fut sacrifié, en 1885 ce sera une tortue, l'année suivante un buffle, puis la série recommence.

Sur les lieux, les sauniers doivent s'abstenir de tous rapports sexuels, de couvrir ou de ceindre leur tête, ou même de l'abriter sous un parasol, sous un parapluie. Le bo ou puits ne doit être traversé ni à pied, ni à cheval, ni en voiture. Quiconque enfreint ces prohibitions devra offrir pour un nouveau sacrifice une bouteille d'eau-de-vie et un animal du genre de celui qui a été sacrifié au début de l'exploitation.

Toutes ces offrandes sont faites à la Nang Tim du village voisin de Kamine. La divinité s'est incorporée dans cette femme appelée dès lors Nang Tim « la dame Tim ». Quand elle mourra, l'esprit ira se gîter dans une autre femme du village. De quelle manière y a-t-il concurrence et comment alors s'exerce le choix? Je l'ignore. Il paraît que c'est sur la déclaration de la femme elle même qu'on la reconnaît Nang Tim. Faute d'observer les us et coutumes, les sauniers s'exposeraient à de graves maladies, ou bien la foudre les frapperait.

Les Laociens prétendent que le sel marin cause des démangeaisons. Mais, en général, ils ne le connaissent même pas, ne consommant que le sel du pays. Une ménagère m'a demandé un peu de sel marin un jour, non pour la cuisine, mais pour faire un médicament.

LVIII

MELOU PHAÏ.

Melou Phaï (corruption d'une ancienne dénomination cambodgienne, Melou Préy « arec de la forêt », les mots laociens ou siamois étant tout différents), ou mœuong Melou Phaï Dên Phalit, pays de plaines nues, de rizières, est un district de Siphoum, au nord-est.

Le chef-lieu, jadis ban Sên, actuellement mœuong Melou Phaï, a 3 pagodes, ce qui suppose 100 à 150 cases, sur un tertre au sud d'une lagune de 50 à 60 mètres de largeur sur 400 à 500 de longueur. Cette lagune n'assèche pas.

Le Si coule à un kilomètre au nord-est. De Melou Préy on va à Tanasaï, au sud-est, en une forte journée de marche; à Nhassonthon, vers l'est, en une petite journée; à Siphoum, au sud-ouest, en une journée. Ici, la route de charrettes sur le sable est assez bonne.

Il y aurait 500 inscrits dans ce district, dont l'impôt est porté à Siphoum. Le Phra bamlong ritthi kaï chau mœuong Melou Phaï Dên Phalit, fils de l'ancien chau de Siphoum, gouverne le district.

Le lat est de quatre au sling.

Les femmes portent en partie le langouti retroussé des Siamoises, les hommes suivent les modes de Siam.

Le riz vaut de 4 à 8 mœun au tical, selon les saisons. De même que dans la plupart des mœuongs laociens, il y a un léger impôt local sur le riz, un panier de riz par charrue ou par laboureur. Ce riz, apporté par les contribuables, remis au mœuong na ou magasinier, sert à nourrir les « envoyés royaux » de passage.

Melou Phaï exporte aussi des peaux de bœufs, que les Siamois de Korat viennent troquer contre de la cotonnade. Le picul de peaux, qui coûte ici 20 à 22 ticaux, en vaudra 25 à 28 à Korat.

LIX

KÊTARAVISAÏ.

Le mœuong Kêtaravisaï ou, par abréviation, mœuong Kêt, est à une journée et demie au nord du Moun, à une journée au nord-ouest de Siphoum. Les deux centres sont séparés par une steppe déserte et dénudée d'arbres.

C'était jadis le ban Kou Kadon, du nom laocien d'une ruine khmèr située en cet endroit. Il y a une douzaine d'années, l'obbahat de Siphoum, ne s'entendant pas avec son chau, descendit à Bangkok et obtint la faveur d'ériger en ce lieu un mœuong qui porterait directement son impôt à Bangkok. Toutefois le mœuong Kêtaravisaï dépend du mœuong Maha sanakham, à deux jours au nord-ouest; les mandarins sont tenus d'aller boire l'eau du serment à ce dernier mœuong. Il y aurait 600 inscrits dans le district de Kêtaravisaï, payant 2 ticaux par homme inscrit marié, et le tribut porté à Bangkok serait de 15 cattis.

Le chef-lieu, sur un tertre sablonneux comme la généralité des centres habités dans le bassin du Moun, compte environ 150 cases sur un tertre de 1,200 mètres de longueur et 200 mètres de largeur. Il y a peu d'arbres de jardins; on voit que le pays est neuf. Il y a 3 pagodes.

Le lat est de huit au sling. Un seul Chinois, venu de Korat, y vend de la cotonnade apprêtée 7 ticaux la pièce, la cotonnade écrue, 5 ticaux la pièce.

Le Phra si kêtichhai chau mœuong siri Kêtaravisaï, a des insignes d'argent comme tous les phra. Après sa mort, on les passe au successeur lors de la réception de la lettre de nomination.

Les mandarins, les gens de ce petit mœuong ont bon air ; les premiers s'entendent entre eux. On n'y voit ni fumeurs d'opium, ni fumeurs de kanchha. Ils ne boivent que de l'eau-de-vie qui est distillée partout. « L'alcool, dit le Laocien, est la médecine interne par excellence, l'excitant des muscles et des vaisseaux ».

Les villages extérieurs de ce mœuong, situés vers l'ouest, outre la culture du riz, se livrent à deux industries, celle du sel et celle de la fonte de fer.

Le sel apparaît à la surface de la terre en beaucoup d'endroits. Les gens le préparent comme nous l'avons déjà vu ; seulement, au lieu de recueillir l'eau salée du lavage dans une marmite, ils creusent souvent le sol en entonnoir à pente très douce. Ces trous ont 2 mètres de diamètre à l'orifice, 1 mètre de profondeur, et la paroi est recouverte d'une mince couche imperméable de sable et de résine liquide. Un bambou porte l'eau du filtre au réservoir abrité par un toit léger destiné à empêcher le soleil de faire éclater la couche imperméable.

A côté, un billot arrondi, planté en terre, servira de moule pour les marmites à coction fabriquées grossièrement sur place avec de la terre mélangée de balle de riz qui empêchera les fentes. On commence en janvier pour finir aux pluies. Chaque auge ou fourneau en exploitation paye au chau par maison une redevance d'un mœun (12 kilog.) de sel.

<h2 style="text-align:center">LX</h2>

<h3 style="text-align:center">FER DE KÊTARAVISAI.</h3>

Le fer est forgé, entre autres lieux au ban Tiou, village d'une trentaine de cases à l'ouest du mœuong Kêtaravisaï. Ces Laociens coulent des socs et forgent de ces pioches-spatules que les Cambodgiens appellent *cháp*.

Le minerai, petit gravier de billes arrondies de la grosseur des billes à jouer, vient de Nang Kham, à quatre kilomètres à l'ouest de ban Tiou. On l'obtient en creusant un peu la terre, dans le lit des ruisseaux, des mares desséchées.

Les fourneaux faits avec des briques et la terre des tumuli des nids de termites, ont environ 1 mètre de hauteur sur le sol, 50 centimètres de largeur et 3 mètres de longueur. De haut en bas, ces fourneaux sont percés de deux cheminées écartées de 50 centimètres et chauffées par des soufflets de forge placés dans un trou commun creusé dans le sol. Deux cavités peu profondes, mais plus larges que les cheminées, sont ménagées sur le fourneau en dehors des cheminées, ce sont des récipients pour les ustensiles et pour le minerai à ajouter pendant la fonte.

Le charbon et le minerai une fois placés par couches alternées dans les cheminées, le feu est activé par les soufflets de forge, et on ajoute par le haut de nouvelles couches au fur et à mesure du tassement. Les scories sont retirées derrière le fourneau, le fer rouge en avant, du côté des soufflets. En un jour un fourneau donnera trois chauffes, soit six morceaux de fer pouvant servir à fabriquer douze pioches.

En septembre, on prépare le charbon avec les bois du koki, du popél, du thbèng ou du trach. En octobre-novembre, on construit les fourneaux, on ramasse le minerai qui est lavé et apporté au village. Avant de commencer les travaux de fonte les forgerons adorent Prah Prisnoukar, le patron des ouvriers et artisans. Ils préparent un peigne, un chignon, un pagne de femme, un bracelet, un poulet bouilli, une bouteille d'eau-de-vie, des bougies, baguettes odoriférantes, des fleurs, des feuilles. Un achar ou maître laïque des cérémonies récite les formules ou prières selon un tam ra ou traité, et fait l'offrande à Prah Prisnoukar. Le rite achevé, on place le charbon, le minerai et on allume.

Pour fondre les socs, on prépare d'abord, avec de la terre mêlée de bouse de bœuf ou de buffle, des *pains* ayant la forme et la dimension du vide intérieur du soc. Le moule est formé de deux briques que l'on applique l'une sur l'autre pour couler la fonte après avoir placé convenablement le pain de bouse. La fonte a lieu dans de vieilles marmites remplies de fer et de charbon et percées d'un trou pour l'introduction du soufflet de forge. Avant de se livrer à ces opérations, il faut encore faire à Prah Prisnoukar une offrande d'une paire de bougies, une paire de baguettes odoriférantes, une bouteille d'eau-de-vie et un œuf.

Un soc est vendu 1 sling, quatre pioches valent 1 tical. Le chau prélève un droit de quatre pioches sur chaque fourneau.

LXI

PHYAKA PHOUMVISAÏ.

Ce mœuong a été fondé il y a huit ans, sur l'emplacement du ban Nakha, par le fils de l'ancien chau de Suvanaphoum. C'est un district de cette province, dont il est séparé par le mœuong Kèt. Ce sont trois frères qui, par rang d'âge, ont reçu les dignités de chau, d'oppahat, de ratsevong.

Le lat y est de huit au sling. Le territoire du mœuong et celui de Suvanaphoum, contigus par le sud des provinces, ne sont pas pas délimités. Le peuple choisit ses chefs à l'un ou à l'autre chef-lieu.

Il y a 120 cases au mœuong Phyaka Phoumvisaï groupées en cercle, sans arbres ni haies vives. Aussi on n'y trouve pas de poules. Il y a une pagode à l'extrémité orientale du village.

Le voisinage des pays de langue siamoise commence à se faire sentir. Sur les épaules des femmes, les écharpes rouges ou bleues commencent à apparaître.

A une lieue vers l'est on rencontre un village dont le nom m'échappe, et qui est plus important que le mœuong lui-même. C'est un district de cultivateurs et de sauniers. On y vend aussi de la soie, 2 à 3 cattis le picul. Comme ailleurs, pas de fermes. Le riz est abondant, mais il n'y a pas de cours d'eau et le poisson fait défaut. Les registres sont tenus à Suvanaphoum, paraît-il. Aussi ne peut-on obtenir de renseignements sur l'impôt et les inscrits.

LXII

SISAKÈT ET DÈT.

La province de Sisakèt, qui s'étend sur les deux rives du Moun, est bornée : à l'ouest, par le houé Thap Than, à une grande journée de marche du mœuong. Ce houé la sépare de Ratanabouri, ancien district de Sourèn.

Au sud-est, par Sourén, Sangkah; au sud, par Koukhan, au Dong Pak Houot; à l'est, au houé Krenhung, qui la sépare des territoires de Dêt et d'Oubon ; au nord, par Oubon au ban Talat, à une bonne journée de marche au nord du Moun, rive droite du Si; au nord-ouest, par Siphoum, au ban Dan, à une journée de marche du ban Pak Houé Thap Than.

De Sisakêt on gagne Ratanabouri à l'ouest en deux jours, ou Siphoum au nord-ouest en quatre jours.

Autrefois, la province de Sisakêt faisait partie de celle de Koukhan et l'ancien chef-lieu de Koukhan, le ban ou mœuong Romduol, est sur le territoire de Sisakêt. Selon les uns, Sisakêt aurait 10,000 inscrits, 13,000 selon d'autres. Ces chiffres me paraissent exagérés. L'impôt de capitation est fixé à 2 ticaux pour les inscrits mariés, 1 tical pour les célibataires. Le tribut annuel envoyé à Bangkok serait de 160 cattis.

Le Phya visêt phakedey chau mœuong Sisakêt a des insignes de porcelaine doublée de métal, un parasol rouge, un sabre, deux habits et un langouti de gala.

Le mœuong Sisakêt, à trois lieues à vol d'oiseau au sud du Moun, près du houé Samlan, qui dès décembre n'est plus navigable pour les petites barques, se compose de deux groupes occupant 12 à 1,500 mètres de longueur.

A l'est, le marché, le nouveau village; à l'ouest, l'ancien, le mœuong. Le sol est sablonneux, l'aspect du pays est un peu celui de la forêt sauvage récemment déboisée, occupée, quoique les grands arbres de plantation n'y manquent pas. Au marché, où sont plusieurs petites boutiques, des Chinois et des Siamois, venus de Korat, vendent des gâteaux, importent des cotonnades, des couvertures, exportent de la soie, les peaux de la province et de celle de Koukhan.

Le lat est de huit au sling depuis quatre ans; avant, il était de six au sling. La piastre mexicaine est acceptée pour 7 sling.

Il y a dans le pays beaucoup de tumuli, anciens nids de termites, d'où un adage laocien que nous aurons occasion de citer. La population n'est pas belle, les filles coupent les cheveux à la siamoise et sont vêtues à la laocienne.

Les habitants en général cultivent les rizières, pêchent dans le Moun, ils élèvent des bœufs et des buffles qu'ils vendent aux

Kola ou Birmans. Au commencement de 1884, un Kola vendait du tabac qu'il avait apporté des mœuong Lom, mœuong Lœui, par la voie de Khon Khên, Nhassonthon. Son tabac, acheté là-bas 5 ticaux le mœun, était vendu ici 8 à 10 ticaux.

Les forêts de Sisakêt sont tantôt aux arbres courts peu fournis, tantôt présentent les grands arbres aux essences résineuses. Il y a de nombreux sapins à une journée de marche vers l'est du mœuong et à une journée vers le sud.

Vers le sud-est sont plusieurs villages peuplés de Phou Thaï. D'ailleurs, si le fond de la population est laocienne, il y a beaucoup de Koui ou Soué que l'on trouve un peu partout. Et peut-être même que la plupart des prétendus Laociens sont d'anciens Koui !

A une journée de marche au nord-ouest du mœuong, sur la rive gauche du Moun, sont quelques villages de Koui nhœu (prononcez gnieu) dont le plus important, appelé mœuong Khong, compte une centaine de cases sur un tertre. Ces Nhœu nous ont paru plus beaux que les Laociens méridionaux en général. Ils prétendent venir de Birmanie, mais cela n'est guère possible pour plusieurs raisons. Ils sont Koui, leur vocabulaire est apparenté à celui des autres Koui et des Khmêrs. Il y a aussi des Koui nhœu dans la province de Koukhan.

De même que dans la plupart des gros villages koui, ils ont une pagode de bonzes laocisant.

Le mœuong Khong a même son mœuong Kao ou ancien mœuong abandonné.

Au sud-ouest de Sisakêt, au ban Komphêng, les habitants travaillent du fer d'Europe qui leur vient par Korat et coûte 1 tical les deux livres. Un ouvrier fait deux ou trois couperets par jour. Le salaire de sa main-d'œuvre est de 3 lat par couteau. L'installation, sous un arbre, est des plus primitives : une petite forge en terre glaise avec foyer creusé dans le sol et deux soufflets. Un morceau de fer enfoncé dans une branche d'arbre étendue sur le sol sert d'enclume.

Je n'ai que peu de renseignements sur le petit et pauvre mœuong Dêt à l'est de Sisakêt, au sud-sud-ouest de Phimoun, sur la rive occidentale du Daun Nïai. Dêt relève directement de Bangkok. Les habitants vont à Oubon, aux hautes eaux, échanger un mœun de coton contre quatre ou cinq mœun de sel. Si le coton est bon marché, un mœun vaudra 1 tical.

LXIII

PROVINCE D'OUBON.

La province d'Oubon, l'une des plus grandes du Laos, s'étend sur les deux rives du Si, du Moun et du Nam Khong.

Les renseignements sur les inscrits donnent des chiffres qui varient de 6,000 à 40,000. Ainsi sont les laociens. Admettons que 15,000 inscrits soient un chiffre raisonnable. Quant au tribut annuel envoyé à Bangkok, les renseignements varient de 5 à 10 piculs d'argent (de 60 à 120,000 francs). L'impôt de capitation est fixé à 2 ticaux par homme valide; en quelques endroits, 10 sling. Le lat, qui était il y a quelques années de huit au sling, est actuellement de quatorze.

Plusieurs des mœuongs qui relèvent d'Oubon sont à l'est du Grand-Fleuve, et, au point de vue géographique, auraient dû être classés avec les mœuongs du Grand-Fleuve. Certains renseignements font dépendre plusieurs de ces mœuongs de provinces autres qu'Oubon.

Nos données ne sont pas très précises sur ce point. Ainsi :

1° Le mœuong Phàng, peuplé de Laos et de Soué, est à l'est du Nam Khong ;

2° Le mœuong Lom Nao ou Nam Nao est à l'est du Grand-Fleuve ;

3° Le mœuong Singkhon ou Sangkhon est à l'est du Nam Khong. Son chau a pour titres : Phra chamrœu phon roup chau mœuong Sangkhon ;

4° Le mœuong Chéam, au nord de Pak Moun, à l'est du Grand-Fleuve, à quatre jours d'Oubon, relevait jadis de Bassak. Son chau, mécontent du roi de Bassak qui exigeait un service trop pénible, dit-il, et 9 cattis de tribut pour la part contributive du district, se tourna vers Khèmarat où il paya dès lors 8 cattis. Quatre ans plus tard, ayant aussi des griefs contre Khèmarat, il s'adressa au chau d'Oubon à qu'il envoie sept cattis chaque année ayant pour ainsi dire mis sa vassalité à l'enchère, au rabais.

Le Phra komhêng sang kréam chau mœuong Krong Chéam réside au ban Na Vêng, sur le bord du Nam Khong. Il est de race laocienne, mais tous les autres fonctionnaires sont Soué ainsi que la population, qui habite un plateau pauvre, stérile, élevé de 70 à 80 mètres au-dessus du Grand-Fleuve. On compte 350 inscrits dans ce mœuong où sont beaucoup de roches et de montagnes. Tous ces Soué parlent laocien, ont adopté les vêtements, les coutumes laociennes.

Passons à l'ouest de la province d'Oubon.

5° Le mœuong Tanasaï, probablement pour Ratanavisaï (Ratna vishaya), à deux jours de marche d'Oubon, sur la rive droite du Si, à 250 mètres de la berge, dans une plaine découverte, compte 2 pagodes et 100 à 120 cases.

A la fin de 1883, le Phra louong saï sanah chau mœuong Tanasaï était à Bangkok pour répondre sur ses refus d'obéissance au chau d'Oubon son supérieur, et, de même qu'à Oubon, les kromokar étaient divisés en deux partis faisant bandes à part. Ces troubles sont connexes de ceux dont nous nous occuperons à Oubon. Ce chau a des insignes d'argent et un parasol rouge. La population est laocienne.

La frontière entre Oubon et Nhassonthon est marquée par un pieu de koki planté dans le Si près de la rive droite, à deux heures au-dessus du mœuong Tanasaï.

6° Le mœuong Phanan, à deux journées au nord-est d'Oubon, sur le sé Bouok, a été fondé il y a deux ans par le chau d'Oubon, qui informa Bangkok. Il y aurait 100 à 150 cases au chef-lieu qui, antérieurement, était appelé le ban Phalao.

Le Phra cham vongsa chau mœuong Phanan administre une population de Laociens.

7° Le mœuong Kah Sœum, à deux jours au nord-ouest d'Oubon, est fondé depuis deux ans. On compte une centaine de cases au chef-lieu.

Le Phra phit saï sanalong chau mœuong Kah Sœum Sêma administre une population de Laociens.

8° Le mœuong Takan, à un jour au nord-est d'Oubon, à un quart de lieue à l'est du sé Bouok, compte une quarantaine de cases. L'obhahat, le ratsevong y résident. Le chau demeure à ban Kout Samphon, à un jour plus loin. Des Laociens habitent ce district fertile en rizières dans le bassin du sé Bouok.

Le chau a pour titres : Phra bin bin chaï di chau mœuong Takan. Selon d'autres : Phra amoh nadon chaï chau mœuong Takan.

Il y aurait aussi les deux mœuongs suivants :

9° Hanouman Monton à cinq jours au nord-est d'Oubon (Phra Pachon chau mœuong Hanouman Monton).

10° Senang Nikom, à six jours vers le nord-est d'Oubon. Je n'ai pas d'autres détails sur ces deux mœuongs.

11° Enfin le mœuong Phimoun, à deux jours de navigation à l'est d'Oubon, sur la rive droite du Moun. Le district s'étend sur les deux rives.

Phimoun est créé depuis vingt-deux ans. Les arbres y sont encore jeunes ; au début, il y avait 2,000 inscrits et actuellement il y en aurait 3,000, sauf exagération ; ces inscrits paient 2 ticaux de capitation. Et le Phra bamvong ratsedon chau mœuong Phimoun Mansahan envoie à Oubon 8 cattis par an pour la part contributive de son district, chiffre bien loin de compte avec le nombre d'inscrits que s'attribue le même dignitaire.

Le chef-lieu, Phimoun, sur un tertre sablonneux incliné en pente douce vers le fleuve, occupe environ 1,500 mètres de longueur sur 250 mètres de largeur. On y compte 3 pagodes et 150 à 200 cases sur les côtés de deux routes longitudinales.

En face, sur l'autre rive du Si, le ban Saphœu a une pagode, une trentaine de cases, et de bonnes rizières qui appartiennent en partie aux mandarins de Phimoun. Le district élève des bœufs, des buffles exportés soit à Phnom Penh par Bassak soit à Bangkok par Sourèn.

Les bonnes rizières sont rares à Phimoun, les basses étant susceptibles d'être trop inondées, et les rizières hautes sont peu fertiles. La population tire de Bassak une partie du riz qu'elle consomme, elle apporte ce riz par terre sur les lâs ou petites charrettes attelées d'un buffle.

Le territoire du district d'Oubon proprement dit formerait un douzième mœuong assez étendu sur les deux rives du Moun. Il y a beaucoup de Soué au sud du Moun sur la route d'Oubon à Koukhan.

Au nord, en allant d'Oubon à Khèmarat, il n'y a pas de route de charrettes. On y traverse beaucoup de forêts de téal, khlong, thbêng, phchêk, et de krœul. Plusieurs villages recueillent le suc résineux de ce dernier arbre. Ce suc, que les Cambodgiens appellent merak, est vendu à Oubon 7 ticaux de tube.

On fait plus particulièrement du sel au nord-ouest d'Oubon. On fabrique des marmites, des jarres et des mortiers de cuisine au ban Tha Haï, village d'une centaine de cases au nord-ouest d'Oubon, près du Si. Ayant donné la forme à la glaise, les potiers placent les pièces dans des fours souterrains de 3 coudées de longueur, et allument des feux aux deux extrémités. Une nuit suffit pour la cuisson. Pour 1 tical on achète de 6 à 12 de ces jarres, selon leur grandeur. Les marmites sont vendues 30 au tical, et les mortiers 50. Tout cela est envoyé à Oubon.

LXIV

VILLE D'OUBON.

Le mœuong Oubon est bâti sur la rive nord du Moun qui coule ici ouest-est. Le tertre sablonneux, assez élevé, descend en pente douce jusque vers le Moun qui, aux basses eaux, coule à 100 mètres de la ville dont il atteint la première ligne de cases à l'époque des hautes eaux.

Un petit rempart formé d'une levée de terre, d'un fossé et d'une palissade courait sur les trois faces est, nord, ouest, et complétait la défense de la ville. Ce rempart, ruiné, n'est plus entretenu. Sa longueur est-ouest était de 2 kilomètres environ et sa longueur nord-sud de 400 mètres, évalués de la limite des inondations du Moun à la face nord. Trois rues longitudinales et beaucoup de ruelles transversales divisent la ville en nombreux quartiers.

Les cases, assez serrées, sont au nombre de 800 à 1,000 dans l'intérieur du rempart. En outre, au nord de la ville, à quelques 100 mètres, est un très gros village.

Au centre, près de l'habitation du chau, sont les boutiques basses du marché. On compte à Oubon 10 pagodes dans l'intérieur de la ville et 8 à l'extérieur; au total, 18. La plupart ont des temples aux murs de briques, recrépis à la chaux et couverts de planchettes en guise de tuiles.

La pente douce allant au fleuve est divisée par des palissades en nombreux petits jardins où les habitants plantent des légumes au commencement de la saison sèche. Les habitants d'Oubon ne boivent pas l'eau du Moun, réputée malsaine. Ils ont d'ailleurs des puits dont l'eau est excellente, surtout celle du puits principal, à une pagode en dehors de la ville, à hauteur du centre; eau claire et de très bonne qualité.

La situation d'Oubon a été très heureusement choisie, un peu au-dessous du confluent du Moun et du Si, sur le bassin profond du Moun. Le poisson, excellent, y abonde en toute saison. Nulle part je n'ai mangé d'aussi bonnes raies que les raies blanches d'eau douce harponnées dans le Moun. Le poisson tout entier vendu 14 lat, soit 14 sous, avait 35 à 40 centimètres de diamètre. C'étaient de petites raies, on en trouve dans le Moun ayant jusqu'à 1 mèt. 50 cent. de diamètre. Selon les Laociens, les raies existent dans tout le Grand-Fleuve.

Les gens d'Oubon pêchent à l'épervier tressé avec de l'ortie de Chine. Un épervier de douze coudées vaut 6 ticaux; de six coudées, 4 ticaux.

Outre les Laociens, on rencontre à Oubon plusieurs Chinois et des Siamois, quelques Kola ou Birmans, et des Khmèrs en très petit nombre. Les femmes du marché vendent du tabac, des cigarettes, des gâteaux, de l'eau-de-vie, du poisson frais ou accommodé. On trouve dans les boutiques des Chinois des étoffes, de la vaisselle, des plateaux de cuivre, des allumettes, du dåk Kham en poudre. Oubon fait un commerce assez considérable de peaux, de laque, de cornes, de cornes molles, de cornes de rhinocéros et d'ivoire. Ces articles sont exportés à Korat en dix-huit jours de charrettes ou un mois de jonques.

Quelques filles portent le langouti siamois, mais en général elles sont fidèles à la jupe laocienne. Quelques-unes ont les cheveux coupés courts, mais la majorité conserve le chignon national. Les hommes, qui suivent les modes siamoises, préfèrent s'oindre les cheveux avec de la graisse de porc plutôt que d'employer l'huile de coco ou de ricin. Ils évitent ainsi les maux de tête, disent-ils. Ils ont des prétentions à l'élégance, ainsi que le constate le proverbe commun dans cette partie du Laos : « Pour voir de nombreux tumuli, allez à Sisakêt ; des malheureux, allez à Dêt ; des élégants, allez à Oubon ! »

Les Laociens d'Oubon commencent à être envahis par la passion de l'opium que les Chinois leur vendent 1 sling le chi, soit au poids de l'argent. Ils appartiennent d'ailleurs à une race dont les mœurs singulières doivent se corrompre facilement dans les grands centres.

A quelques 100 mètres au-delà de l'extrémité occidentale d'Oubon est un petit village chrétien, siège de la mission catholique fondée depuis quatre ans et dirigée avec prudence par le Père Prodhomme, assisté de deux ou trois autres missionnaires. Leur tâche est hérissée de difficultés ; les bouddhistes en général, les Laociens en particulier n'offrent pas un riche champ à la moisson évangélique. Quelques Chinois et des sauvages recueillis dans le pays sont les ouailles de ce petit troupeau.

LXV

FONTE DES LAT.

Les lat de cuivre sont faits en plein air sous quelques cases au centre de la ville d'Oubon. Le cuivre, les clous, lingots, barres provenant de dépouilles de navires, viennent de Bangkok par Korat. Le lat d'Oubon, de quatorze au sling, pèse 4 chi de cuivre et 1 chi de plomb ; les pesées sont faites d'avance et placées en petits tas sur un van.

Deux femmes se livrent à l'opération de la fonte ; l'une fait marcher les deux soufflets de la petite forge, l'autre met un des tas préparés à l'avance dans un godet en terre semblable à une petite tasse à thé chinoise, qu'elle tient à l'aide d'une pince. Elle ajoute au mélange de cuivre et de plomb dans la capsule un peu de balle de riz ; celle-ci s'enflamme au feu et facilite la fusion qui s'opère en quelques secondes. Avec sa pince, la femme reprend le godet, verse le métal dans l'un des quatre trous creusés sur les quatre faces d'un petit moule en bois, après avoir enduit le creux avec un peu de résine liquide pour empêcher l'adhérence.

Il y a toujours deux lat au moule; on fait tomber d'un petit coup sec celui de la face inférieure avant de verser le métal dans le creux de la face supérieure.

L'obstruction des soufflets est faite d'un bourrelet de plumes. Un fer pour remuer la braise complète l'outillage de cette petite industrie entièrement libre, comme le sont toutes les industries au Laos.

Ces femmes traitent avec des Chinois qui leur donnent un mœun de cuivre et reçoivent 620 lat. Or, ici le lat est de quatorze au sling, cinquante-six au tical, quatre-vingt-dix-huit à la piastre mexicaine de sept sling; 620 lat font 11 ticaux plus 4 lat.

J'ignore combien coûte le mœun de cuivre, mais Chinois et femmes laociennes doivent, par le fait, partager un petit bénéfice. Deux femmes font, selon leur habileté, de 200 à 300 lat par jour.

LXVI

HISTORIQUE D'OUBON.

Nulle part on ne trouve des annales au Laos. Tout est à Bangkok, répondent les gens du pays. Selon les mandarins d'Oubon, la ville aurait été fondée de la manière suivante :

Jadis le chau Phata régnait à Nong Boua Lomphou, pays qui doit être situé au sud-ouest de Vien Chan. Il avait deux fils, le chau Phava et le chau Patoum. Le roi de Vien Chan demanda en mariage l'une des filles du chau Phata qui refusa et qui, pour fuir la vengeance du prétendant dépité, émigra avec ses *bau* ou clients, sujets, et descendit au sud jusqu'à Ban Dou Ban Kè, dans la province de Bassak, ou plutôt ce furent ses fils qui atteignirent ce point, lui mourut en route.

Phava et Patoum demandèrent protection au chau Seyah Kouman, roi de Bassak, puis remontèrent le Moun, et choisirent sur la rive nord l'emplacement du ban Chalamè pour fonder un mœuong appelé Oubon, dont Patoum fut le premier chau, ayant son frère Phava pour oppahat.

Ce chau Prah Patoum avait un fils, le chau Kham, qui alla fonder le mœuong Hêmarat ou Khêmarat. La Nang Ousa, fille du chau Phata, alla fonder au ban Sing le mœuong Yassonthon (Yaçodhara). Une autre fille, la Nang Si Sani, aînée de la précédente, alla fonder le mœuong Nong Khai.

A Oubon, le chau Prah Patoum eut pour successeur le fils d'une femme de rang secondaire, le chau Chan Prom qui, officiellement, prit les titres de Prah Promo réach vongsa (Brah brahma rajavansa).

A celui-ci succéda le chau Kou thong, prédécesseur du chau actuel. Celui-ci, en fonctions depuis dix-huit ans, est appelé le chau Nong kham, et, officiellement, chau Promotiva nukroh hat vong chau mœuong Oubon réach théani (Brahma devâ nugrah.. vansa... upala (?) raja dhani).

Les insignes de ce chau d'Oubon sont en or, mais il n'a pas le droit de vie et de mort, Oubon n'étant pas considéré comme royaume.

Selon d'autres versions, ce furent trois frères qui, chassés de Nong Boua Lomphou par le chau Anuh, de Vien Chan, vinrent demander asile à Bassak, puis secours à Bangkok au roi Prasat Thong qui envoya une armée prendre Vien Chan. De Bassak, le frère aîné, le chau Phata, remonta le Moun et fonda le mœuong Oubon au ban Chalamé; son cadet, le chau Phava, eut la dignité d'oppahat et le dernier, le chau Patoum, celle de ratsevong. Ils aidèrent à la prise de Vien Chan et à la capture du chau Anuh qui mourut à Bangkok. L'oppahat de Vien Chan fut tué dans la lutte, le ratsevong, vaincu, s'enfuit chez les Annamites d'où jamais il ne revint. Tous ces renseignements n'ont qu'une valeur fort relative. Il y a déjà pas mal de variantes dans les récits des événements qui remontent à deux générations. Mais, je le répète, il est difficile de trouver autre chose au Laos.

Après la catastrophe, la famille du chau Anuh, de Vien Chan, ne laissa que deux branches, l'une à Bangkok; l'autre, à Kham-thong, vient de s'éteindre récemment.

On s'accorde généralement à reconnaître que le chau d'Oubon est de cette race, l'unique race royale du Laos, mais ses ennemis ardents de la localité lui contestent même cela. Toujours est-il qu'il se trouve en antagonisme violent avec toute la famille des anciens chau et toute leur clientèle, bien plus nombreuse que la sienne. Depuis son départ pour Bangkok, en août-septembre 1883, son parti prend le dessus grâce un peu à l'un de ses plus chauds partisans, le Prah petoum (Brah padma) de qui je tiens les détails qui suivent.

Lorsque l'ancien chau, prédécesseur de celui-ci mourut, le ratsebout et le ratsevong gouvernèrent le mœuong, percevant l'impôt de tout le peuple. Le chau Promotiva, le chau actuel, occupait à cette époque la place de ratsevong à Bassak. Il se rendit à Bangkok, où le roi de Siam lui accorda la dignité de chau d'Oubon. Les deux autres, qui, selon les usages du pays, pouvaient espérer de l'avancement sur place, le considérèrent comme un intrus, refusèrent de lui obéir et de percevoir l'impôt de leur clientèle. Le chau se plaignit à Bangkok d'où ordre de descendre tous les trois. Ils revinrent avant la fin du procès. Le ratsevong et le ratsebout moururent; le roi de Siam conféra ces dignités à leurs fils qui refusèrent encore d'obéir au chau et de percevoir l'impôt. De rechef, le chau se plaint à Bangkok, d'où part une seconde fois l'ordre de se rendre tous les trois à la capitale. Et pas plus qu'au voyage précédent, il n'y eut de solution complète. Le chau revint, les deux autres restèrent à Bangkok où le ratsevong mourut. La clientèle de leur parti, fonctionnaires en tête, continuait à refuser de percevoir et de payer l'impôt.

Le chau envoya à Bangkok le Prah petoum qui exposa au Samdach Maha Malla que les clients de l'autre parti, très nombreux, refusaient absolument le payement de l'impôt depuis plusieurs années. Il demandait donc, pour en finir, un kha louong ou envoyé royal et des garnisaires. Le premier ministre envoya le louong Phakedey Darong et vingt-quatre soldats.

De son côté, le Phya Si, venant de la Cochinchine, de Battambang, remonta jusqu'à Oubon et prescrivit au chau de descendre à Bangkok pour continuer le procès.

Ce que ne pouvait me dire le mandarin laocien, c'est que tout procès, tout voyage, toute demande à Bangkok entraîne de nombreux présents; avec de pareils arguments, le dernier entendu a toujours gain de cause. Les procès ne sont jamais terminés. Ces plaideurs ne retirent pas même l'écaille de l'huitre.

Le luong Phakedey Darong (ou Narong), homme de cinquante-six à soixante ans, intelligent, courtois et obligeant, mène avec beaucoup de fermeté le mœuong si troublé qu'il est chargé d'administrer provisoirement. Envoyé pour percevoir, il exige le payement; tant pis pour ceux qui n'ont pas fait tire-lire. Tel inscrit doit payer jusqu'à 20 ticaux, l'arriéré de dix ans. C'est une grosse somme pour des Laociens. Et puisqu'en définitive il faut payer, le crédit des chefs rebelles baisse.

On m'a dit que le mandarin siamois avait imposé à 1 tical de capitation les jeunes célibataires et les vieux de plus de cinquante ans qui, auparavant, étaient exempts d'impôt. Le total de l'arriéré à percevoir monterait à la somme de 1,600 cattis, soit 384,000 francs.

CINQUIÈME PARTIE

—

LES LAOCIENS

—

Sommaire.

67. L'organisation politique. — 68. Le chau. — 69. Les procès. — 70. Notions diverses. — 71. Les Laociennes. — 72. Les Deng Hœuon. — 73. Le mariage. — 74. L'adultère; le divorce. — 75. Les couches. — 76. Les funérailles. — 77. Les fêtes. — 78. Les bonzes. — 79. Rites et superstitions.

—

LXVII
L'ORGANISATION POLITIQUE.

Ayant passé en revue la plus grande partie des mœuongs laociens de Sieng Khan à Sting Trèng, il convient maintenant, avant d'aborder les pays de langues, de race différentes, d'entrer dans quelques détails sur les traits communs à toute la race laocienne.

Au milieu de cette agrégation et désagrégation perpétuelles de mœuongs, selon les convenances des populations ou des chefs influents, un fait frappe tout d'abord, c'est la grande liberté dont jouit en temps ordinaire la généralité des gens de langue laocienne.

Vis-à-vis de Bangkok il s'agit de payer régulièrement l'impôt de capitation et de ne pas mettre en question la domination siamoise, ce à quoi pas un Laocien ne songe. Il faut en outre avoir la crainte du mandarin siamois, du Kha louong « envoyé royal ». Ceux-ci feront peut-être des dupes, mais ne peuvent guère se permettre des actes d'arbitraire.

Autrefois l'annonce de l'arrivée d'un grand mandarin siamois était apprise avec terreur par les Laociens. Aujourd'hui, ces hauts fonctionnaires exigent une certaine discipline de leurs hommes. Ils feront frapper de trente coups de verge les maraudeurs, les voleurs de poules, et ne laisseront plus enlever les jeunes filles laociennes. Leurs voyages, fructueux pour leur bourse et onéreux surtout pour les chefs laociens, sont assez rares en somme.

La cour de Bangkok respecte entièrement les mœurs et coutumes de tous ces pays éloignés. Elle n'intervient qu'à la suite des réclamations toujours accompagnées de présents, alors elle tâche de donner raison à tout le monde, au plus généreux, au dernier entendu. S'il y a contradiction dans les ordres donnés, que les Laociens s'arrangent entre eux.

Par leurs chefs nationaux les Laociens ne peuvent guère être pressurés, grâce aux compétitions que l'ambition ou la vanité suscitent chez ces chefs, à qui il importe d'avoir une nombreuse clientèle ou beaucoup de sujets; et en donnant de justes griefs à leurs clients, ils s'exposent à être délaissés. Un échange mutuel de services et de protection lie fortement les clients et leurs patrons. Ils prennent vivement fait et cause les uns pour les autres. Nous en avons vu plusieurs exemples, entre autre à Oubon; Ratanabouri, district laocien de Sourén, nous en donnera un plus frappant encore. Au Cambodge, l'esprit de parenté, très puissant, atténue l'esprit de clientèle.

Ce qui, après le roi de Siam, domine au Laos, ce sont les *tamniem* « les coutumes » qui, ancrées dans l'esprit de tous, tiennent lieu même de lois écrites; le code siamois est laissé de côté dans la plupart des mœuongs, et dans les cas, où un Cambodgien dira d'un ton pénétré, qu'on oublie plus lorsqu'on l'a une fois entendu, *chebap khmér* « les lois cambodgiennes », un Laocien dira *tamniem lao* « les coutumes laociennes ».

On n'entend que peu parler d'actes d'arbitraires commis par les chefs laociens. J'en connais toutefois du chau d'un mœuong reculé que je ne nommerai pas, n'ayant personnellement qu'à me louer de lui. Pendant plusieurs années, il avait vendu effrontément la justice; passe un kha louong siamois, il y a quatre ou cinq ans de cela; les justiciables se plaignent vivement. L'instruction faite, le rapport allait être envoyé à Bangkok lorsque le chau, dont la cause était trop mauvaise, prit le parti d'étouffer l'affaire en achetant le Siamois. Il lui en coûta quatre piculs d'argent (48,000 francs). Faisant argent de tout, et vite, il alla jusqu'à dépouiller ses femmes de leurs bijoux. Il se tint pour corrigé dans la suite, n'essayant pas même de garder rancune à ses adversaires.

Nous avons vu que le mœuong comporte en principe quatre dignitaires. Le chau, l'oppahat, le ratsevong, le ratsebout. Ces dignités qui, au point de vue honorifique, sont dans les proportions des chiffres 100, 50, 25, 15, sont en général héréditaires, soit dans une seule et même famille, soit dans deux ou plusieurs familles qui alors s'entendent bien rarement. Selon leur importance, les chau portent le titre personnel de phya ou de phra, en Cambodgien prah ; la hiérarchie siamoise comportant les titres suivants samdach, chau phya, phya, phra, louong, khun, mœun dont les deux premiers n'existent qu'à la cour.

Au Laos les enfants des chau sont appelés thau, mot équivalant à « prince ». Au-dessous des quatre dignitaires, les *kromokan* ou « fonctionnaires » jouent un rôle prépondérant lors du choix d'un nouveau chau, à moins que des intrigues, des cadeaux ne fassent envoyer spontanément de Bangkok un étranger qui tombera, comme une bombe dans le mœuong. Cela est rare, et Oubon nous donne un exemple des conséquences.

Les kromokan ont dans les mœuongs laociens le titre générique de mœuong qui correspond à celui de luong des provinces de langue siamoise. Ils sont juges, magasiniers, collecteurs, etc. Le mœuong sên et le mœuong chan sont généralement des juges.

Au-dessous des mœuongs sont des souphon, des senon, des seniet, etc. Puis viennent à l'extérieur, le ta sèng, sorte de petit chef de canton, le komnan, chef de deux ou trois villages, et le pho ban, littéralement « le père du village ».

Pour peu qu'un centre devienne important, les Laociens en feront vite un mœuong, avec toute sa hiérarchie organisée, au profit généralement des membres de la famille du chau supérieur. Ils seront ainsi dispensés de porter au loin leurs causes, sauf les cas d'appel, d'affaires graves.

Les habitants d'un chef-lieu important ne sont que rarement réquisitionnés, pour conduire le chau voyageant en personne, par exemple. Ces habitants se composent des fonctionnaires, de leurs serviteurs, des gens qui sont en relations suivies, continuelles avec ces autorités locales. Il n'y a donc guère au chef lieu que les fonctionnaires qui soient tenus de remplir leur service. Les corvées retombent sur les campagnards, qui s'en plaignent quelquefois, mais c'est l'usage pour ainsi dire.

L'esclavage pour dettes existe comme à Siam et au Cambodge. Je n'ai guère de renseignements sur le servage héréditaire. Cependant, la moitié du ban Tha Pho, gros village à l'est de Bassak, est au service du chau de Bassak, dont elle cultive les rizières. En dehors de cela, ces gens gagnent leur vie à leur guise, ramassent de la cire, par exemple. Ils sont exempts de capitation.

Outre l'impôt général de capitation, très variable avons-nous vu, selon les mœuongs, il y a presque partout un léger impôt en nature sur le riz pour les besoins des services publics, pour la nourriture des kha louong.

Toutes les industries sont libres. Les fermes sont à peu près inconnues. Il n'y a nulle part de douanes; pas même du côté de la Cochinchine. On m'a parlé d'une douane à Phimoun qui prélèverait le cinquième (?) sur les exportations d'Oubon dont les propriétaires auraient négligé de prendre un passeport au mœuong, pièce dont le prix est fixé à six sling. Mais cette prétendue douane doit rentrer dans la catégorie des postes de surveillance qui arrêtent les gens suspects ou sans papiers, les seuls postes que je connaisse au Laos.

Certains mœuongs sont dans des rapports de dépendance vis-à-vis d'autres plus importants. Par exemple Bassak a autorité sur Khong, Tonlé Ropou, et peut-être sur d'autres mœuongs de cette région. Dans ces conditions l'extradition est pratiquée. Mais pour peu que les mœuongs soient éloignés, que les chefs soient étrangers les uns aux autres, ou en mauvaises relations mutuelles, il n'est plus question d'extradition; et les esclaves, par exemple, peuvent sans être inquiétés, se réfugier dans un mœuong de ce genre.

Mais, par contre, si des *bau* « clients, inscrits hommes du peuple », quittent leur pays pour aller dans un autre mœuong si loin soit-il, et qu'ils conservent les liens qui les attachent à leurs chefs primitifs, prennent congé de ces chefs; quelle que soit la durée de leur séjour, de leur établissement dans la nouvelle résidence, le chau, les kromokan n'oseront en exiger l'impôt ou les corvées et n'auront sur ces étrangers que l'autorité politique ou judiciaire prescrite par les circonstances ou le bon ordre public. Ces émigrés paient l'impôt à leur chau d'origine. Aussi le Laos est-il sillonné de kha louong, fonctionnaires en voyage pour service public, littéralement « serviteurs du roi » allant réclamer souvent au loin l'impôt de ces contribuables que l'on appelle *kœui sou*.

Même le Dèchou, gouverneur de Kompong Soai, dans le Cambodge, profite de cet usage pour envoyer percevoir l'impôt des Khmèrs émigrés ou réfugiés politiques dans les provinces de Tonlé Ropou, Ielou Préy, ailleurs même s'il y en avait. Les gens du Laos trouvent cela tout naturel.

Souvent des mœuongs en sous-ordre portent directement leur impôt à Bangkok.

LXVIII

LE CHAU.

En principe, la dignité est héréditaire dans une famille, et généralement tous les fonctionnaires réunis choisissent et proposent pour nouveau chau l'un des membres de cette famille, quelquefois ce sera un enfant, un mineur.

A Tonlé Ropou, province cambodgienne il est vrai, mais suivant en général les usages laociens, le balat faisant fonctions de gouverneur mourut dans le courant de l'année 1883. Les kromokar réunis, écartèrent le yokebat Mau, premier neveu du défunt, mais homme d'un caractère peu estimable, et choisirent pour gouverneur provisoire le balat Phoun, autre neveu, mais marchant après le précédent qui fut proposé pour balat. Ils prévinrent de ces choix, par lettre, le chau de Bassak, lui demandant de les confirmer provisoirement et d'en référer à Bangkok.

Tout nouveau chau allant recevoir ses insignes à Bangkok emporte de sa part, et de celle des gens de son mœuong, de nombreux présents en argent, ivoire, laque, cire, etc., selon les usages ou selon les productions de la province.

Il y a des présents pour le roi, pour les dignitaires et fonctionnaires du krom Maha Thai, c'est-à-dire du ministère du nord, Samdach chaufa maha malla, Phya maha amat, Phra si sena, Louong si ni pitheak, Smien tra, Nai phuon, Nai khem, etc.

Melou Préy, par exemple, offrira au roi de Siam un bel éléphant, cinq esclaves sauvages, cinq piculs de cire, cinq livres de cardamone sur un plateau, cinq livres de cardamone bâtard sur un autre plateau.

La cérémonie d'investiture d'un nouveau chau a toujours lieu un jeudi. Le récipiendaire est conduit à l'audience royale avec « l'arec de la bénédiction », des fleurs d'aréquier groupées sur une paire de plateaux d'argent, ou à défaut de ces fleurs, d'autres fleurs blanches arrangées avec des feuilles de bétel et des feuilles de bananier. De gros flambeaux de cire, longs d'une coudée, sont fixés à ces plateaux; sur d'autres plateaux sont des gâteaux, confitures, sucreries, etc., offrandes du récipiendaire au Prah Chau « seigneur sacré », désignation habituellement employée pour le roi de Siam.

A la salle du trône, les serviteurs royaux ont étendu les tapis. Le Prah Chau paraît, le nouveau dignitaire se prosterne, reçoit des mains du roi ses titres écrits sur une feuille ou sur parchemin. Le roi le bénit et lui ordonne d'agir en fidèle et loyal vassal. En se retirant, le récipiendaire donne deux ticaux de bonne main aux serviteurs qui ont étendu les tapis. Il recevra ses insignes du krom maha thaï plus ou moins promptement selon le degré de sa générosité qui doit varier entre un et deux catis. Dès qu'il est de retour à la frontière de sa province, il fait aviser les fonctionnaires de venir le recevoir en grand cortége avec une escorte armée, à quelque distance du chef-lieu. C'est la cérémonie du *Samphout* « prise de possession solennelle » qui a lieu avec prières et bénédition des bonzes.

Ainsi à Melou Préy, le chau, avec tous ses insignes, est monté sur un éléphant. Ses kromokar, tous vêtus et montés de même, le flanquent à droite et à gauche. En tête du cortége est un orchestre d'instruments siamois, puis un orchestre cambodgien.

Trois cavaliers suivent la musique. Les hommes du peuple, en armes, marchent ensuite sur deux files. Puis viennent les dignitaires et fonctionnaires sur leurs éléphants. Ensuite marchent les femmes. Enfin les charrettes à bœufs, à buffles ferment la marche. Le cortége s'arrête au tuol Aban, tertre situé au nord du mœuong Melou Préy. On y plante un figuier. Cinq bonzes récitent des prières, aspergent d'eau lustrale le nouveau dignitaire et les hommes font feu de leurs armes. Le cortége se remet en marche pour se rendre à la maison du chau où a lieu le *chang day* « le lien du poignet » du sceau. Dès la veille au soir les bonzes ont récité des prières dans cette maison.

Le nouveau chau s'assied au milieu du cercle formé par les assistants, ayant à côté de lui ses insignes, son sceau, les titres qu'il a reçus des mains royales. Un *achar*, ou docte laïque, fait la lecture de ce *chayabat*. Les kromokar, les vieillards et notables, assis en cercle, font circuler sept fois le disque de cuivre, appelé *popél* sur lequel est fixée une bougie allumée.

On noue aux poignets du chau, et aux filets de son sceau, des fils de coton trempés dans l'huile et enduits de farine. Souvent les kromokar s'en nouent aussi entre eux. Ils bénissent en même temps le nouveau chau, lui souhaite bonheur et longévité : « Que le pays soit prospère sous votre gouvernement ! » Le chau leur rend leurs souhaits en ajoutant : « Servez avec zèle ! » Ensuite a lieu un festin général, et de même qu'en toute circonstance de ce genre, les convives font à leur amphitryon des cadeaux d'argent proportionnés à leur rang et à leurs moyens, depuis un tical, deux ticaux, jusqu'à une barre d'argent. Avant de se retirer, ils écoutent la lecture de l'ordre royal de nomination. Pendant sept jours consécutifs, cinq bonzes viennent réciter des prières chez le nouveau promu.

Les insignes qui, en principe, sont en or pour les phya, en argent pour les phra ou prah, comprennent essentiellement les objets suivants : 1º Un plateau à pied en forme de calice très évasé; 2º Une boîte à couvercle contenant une petite boîte pour le tabac, un étui évasé et aplati pour les cigarettes et un autre étui pour les feuilles à bétel; 3º Une aiguière à bec et à anse appelée *tikor*; 4º Une sorte d'urne appelée *kanthor* ou *kanthou*, ayant le col et le fond moins larges que le ventre. On s'en servait jadis pour y mettre en voyage le riz cuit ou pour faire aux bonzes des aumônes de riz.

Les mêmes mots, *kanthor* ou *kanthou* désignent aussi les crachoirs, mais ces derniers instruments, qui n'ont rien de noble, quoique indispensables dans ces pays-ci, ont une forme différente, et la bouche plus évasée que celle de l'urne.

A ces insignes il faut ajouter un parasol, généralement en drap rouge. L'usage de ces instruments comme insignes remonte à une grande antiquité. Ce sont aussi les objets de viatique de tout Indo-Chinois, la boîte à bétel surtout.

D'autres insignes des chau, mais d'un caractère moins général, sont : un habit de gala en satin ou brocard, un beau langouti de cérémonie, des sabres, des fusils, des lances. Quelquefois, une chaine d'or, un couteau à bétel en ivoire et garni d'or, une écharpe de soie crépée, une verge en fils de fer doré.

Les dignitaires en sous-ordre, les chau des mœuongs-districts ont, selon le cas, des insignes en argent doré, en argent, en cuivre, en bois travaillé, qu'ils ne reçoivent généralement pas de Bangkok mais du chau leur supérieur.

Le chau de Bassak a une boîte et un plateau en or, une aiguière et une urne en métal doré, un parasol rouge, un parasol jaune et un habit de cérémonie de brocart.

Tous les chau des mœuongs laociens sont tenus de faire boire l'eau du serment aux dignitaires et fonctionnaires sous leurs ordres, deux fois l'an, en avril et en octobre. La cérémonie a lieu à la principale pagode du mœuong. Les bonzes y assistent, psalmodient des prières, bénissent l'eau. Un achar récite le livre du serment que tous les assistants répètent phrase par phrase. L'eau lustrale, dans des vases, est brassée avec les armes du chau. Les assistants boivent selon leur rang, se prosternent devant le Bouddha et se retirent.

A la mort du chau d'un mœuong qui relève directement de Bangkok, les insignes sont envoyés à la cour où le successeur ira les recevoir, contre cadeaux, avec sa nomination. En ce qui concerne les mœuongs peu importants on écrit à Bangkok et on attend la réponse, la nomination du successeur proposé pour lui remettre ces insignes.

Le feu pour la crémation des chau est demandé à Bangkok. Ces dignitaires ne pouvant être brûlés qu'avec le feu donné par le roi de Siam ; il faut offrir de huit damling à deux cattis pour l'obtenir promptement des préposés. Les mœuongs de l'est donnent un esclave sauvage, ou le prix équivalent.

Le *feu* comprend un briquet, un morceau de silex, un morceau d'amadou, le tout renfermé dans un tube avec lettre royale d'envoi. Le *feu* placé sur un plateau à pied, abrité sous un parasol est porté en cérémonie au lieu du bûcher. Il n'a vertu que pour sa destination spéciale, après ce n'est qu'un briquet commun.

LXIX

LES PROCÈS.

La loi officielle est la loi siamoise plus ou moins consultée lorsque les *tamniem* « les coutumes » ne sont pas en jeu. Je n'ai pas entendu parler de lois laociennes écrites. La procédure doit varier un peu selon les pays, mais en général le demandeur remet sa plainte écrite aux juges qui demandent au défendeur sa réplique également écrite.

Le procès est discuté sur les pièces écrites. Dans le cas où la plainte est verbale, le juge fait citer le défendeur, et fait écrire les dires des deux parties par un greffier qui recevra deux sling de chacun. Les juges reçoivent un tical de chaque partie pour frais préliminaires de justice. Si les parties invoquent des témoignages, au préalable les juges demandent aux témoins s'il leur convient de déposer. Cette formalité remplie, les témoins prêtent serment, leurs dépositions sont écrites et décident du gain de la cause selon leur concordance avec le dire de l'une des parties.

Procès criminels, aussi bien que procès civils, tout se traduit par des condamnations pécuniaires. Le perdant paie l'amende, les dommages-intérêts, selon la gravité de la cause et ne sera mis à la chaîne que s'il ne peut fournir ni argent ni caution. L'appel de tous procès peut être fait à Bangkok.

En 1883, deux individus de Lokhon se prirent de querelle avec un autre de Kalasin. Quand les Laociens sont ivres, ce qui était le cas de ces trois hommes, ils en viennent facilement aux voies de fait. les gens de Lokhon tuèrent l'autre dont le chef ou patron vint porter plainte au chau de Lokhon qui prétendit, après examen qu'un seul accusé était coupable, avait porté des coups. Après bien des délais, des discussions, l'accusateur se retira disant que le chau de Lokhon était partial pour ses hommes, et se disposa à aller réclamer à Bangkok.

Il est bon d'ajouter que dans un meurtre à la suite de rixe, en tête à tête, l'amende est de trente damling (360 francs) tandis qu'elle s'élève à six cattis (400 francs) si les meurtriers sont deux ou plusieurs. Tuer un voleur pris en flagrant délit coûte six ticaux à donner aux autorités plus six ticaux à remettre à la veuve pour les frais de funérailles.

A Khémarat, les voleurs saisis sont conduits au chau qui les fait interroger par ses mœuongs ou juges. Si les voleurs avouent, ils reçoivent trente coups de verge à titre de correction, paient trois damling d'amende et rendent l'objet volé ou sa valeur. S'ils nient, ils reçoivent quatre-vingts coups en plusieurs fois, sont condamnés à payer cinq damling à titre de dommages-intérêts, pour le plaignant, et après paiement ils sont remis en liberté.

A Khong, l'interrogatoire de ceux qui nient comporte quatre-vingt-dix coups de verge à quinze coups par séance. De même, à Khon Khèn, les voleurs sont frappés de trente coups de verge et dès que la croûte de la cicatrice est formée, on les frappe derechef, jusqu'à trois reprises, au total quatre-vingt-dix coups. On ne laisse pas prêter serment aux voleurs. A Oubon, les assassins sont frappés comme les voleurs de trois fois trente coups de verge, promenés en cortège dans la ville, criant à haute voix : « N'imitez pas mon exemple », puis on les exécute au nord de la ville.

A Khen Thao, la tentative de viol d'une fille, qui n'est pas la maîtresse du coupable, lui vaudra 5 damling d'amende. Au mœuong Lœui, de l'époque des semailles à celle de la moisson, le propriétaire de la rizière où est trouvé le cadavre d'un homme assassiné doit payer la moitié de l'amende s'il ne parvient pas à découvrir les assassins. De la moisson aux semailles le propriétaire n'est plus responsable, les rizières n'étant pas surveillées.

Les petits chefs de territoire, ta sêng ou komnan, sont responsables en partie, et devront indemniser de la moitié de la valeur du vol commis sur leur territoire et dont les auteurs restent inconnus, à moins qu'ils ne prouvent, par l'examen des traces, que les voleurs. viennent d'un autre territoire, ou y ont passé après le vol, fait qui rend responsable le ta sêng voisin. La responsabilité n'existe plus dès qu'il est prouvé que les traces vont se perdre dans les bois.

Au mœuong Lœui, un voleur pris avoua qu'il avait reçu l'hospitalité chez le nai Si, la nang Sau. Ce couple dut entretenir le voleur en prison et payer l'amende de 5 damling et 2 ticaux. Les femmes et les enfants des voleurs sont mis en prison, si le coupable est en fuite, et vendus à sa place s'il ne reparait pas. Quiconque aura acheté des bestiaux volés et reconnus plus tard par leur propriétaire sera condamné comme voleur s'il ne peut indiquer son vendeur.

Les vagabonds sans papiers, qui ne peuvent se réclamer d'un chef ou de parents connus, sont considérés comme voleurs et condamnés à 12 damling d'amende (à Nhassonthon).

Dans beaucoup de mœuongs, il est défendu de sortir la nuit sans torche, sans fanal, après le coup de huit heures, par exemple. Surpris la nuit dans l'enclos d'autrui, on peut être fusillé sans autre forme de procès. A Oubon, ceux qui rôdent sans lumière la nuit, dans les rues, sont condamnés à trois mois de prison. A Oubon, le chau actuel a institué une police des mœurs pour renforcer la règle bouddhique à l'instar de Siam et du Cambodge. Ceux qui prennent femme près de la pagode où ils ont été bonzes, payent une amende, ainsi que ceux qui épousent leur nièce, leur cousine germaine.

Les corvéables, requis pour un service ordinaire, qui s'esquivent sont condamnés à cinq ticaux d'amende et frappés de quinze coups. S'ils avaient été levés pour la guerre, ils paieront trois damling et seront frappés de quatre-vingt-dix coups (à Outèn).

Je n'ai cité ici que quelques cas particuliers, ignorant même si leur caractère peut être toujours généralisé. Les prescriptions de police sont probablement d'introduction moderne, créées à l'instar des Siamois.

LXX

NOTIONS DIVERSES.

Sous ce titre un peu vague, nous classerons diverses appréciations qui ne peuvent trouver leur place dans les autres paragraphes.

Les villages de l'intérieur des terres au Laos, surtout les villages importants, les mœuongs sont autant que possible dans le bassin du Moun du moins, établis sur des tertres sablonneux. Ils présentent généralement à l'œil du voyageur le bouquet épais des bambous, manguiers, tamariniers, dominé par les tiges élancées des cocotiers, et moins souvent par celles des aréquiers, des palmiers à sucre.

Les villages qui ont fui les plaines basses, les forêts sans eau, sans sol arable sont souvent très écartés les uns des autres, à une grande journée de marche. Très fréquemment aussi, les rizières sont éloignées des villages, et alors tant que le riz est sur pied, les cultivateurs se gîtent dans des huttes près des rizières. La récolte transportée au village, le reste de l'année est consacré aux jeux, aux plaisirs de la société. En somme, les habitations sont plus groupées, et les villages plus écartés les uns des autres qu'au Cambodge.

Près des cases, le tabac doit être arrosé quotidiennement, deux fois par jour même. L'aréquier est arrosé tous les deux ou trois jours. Le cocotier n'est pas arrosé.

Les cases sont sur pilotis, de même que celles de toutes les races autochtones ou à civilisation indienne, dans l'Indo-Chine. En général, les cases laociennes sont composées de deux toits accolés ou séparés par une plate-forme. L'un des bâtiments sert de salon, quelquefois de cuisine, dans l'autre sont les nattes à coucher. Les pauvres gens s'abriteront sous un seul toit.

Les riches, les chau, auront trois ou quatre bâtiments accolés, en équerre, ou disposés rectangulairement et entourés de jardins, d'un enclos de palissades. Le bâtiment qui sert de salle de réception est appelé *hornang*.

Les Laociens sont assez sales dans leurs habitudes et dans leur nourriture. Tous mangent du riz gluant, qu'ils trempent dans l'eau une heure ou deux et qu'ils font ensuite cuire à la vapeur dans un panier tronconique, engagé jusqu'à mi-hauteur dans l'intérieur de la marmite où il remplace le couvercle pour ainsi dire. La marmite ne contient que l'eau bouillante.

Le riz étant cuit, pour le porter au dehors ou pour le garder quelque temps, ils le placent dans les *khang khao,* sorte de petits paniers tressés avec ouverture plus petite que le ventre et à couvercle. Le *khang khao* repose sur deux planchettes en croix qui forment pied. Ils ont des bols pour les sauces.

Bols et *khang khao* sont placés sur le pha khao ou plateau national en rotin tressé. Ce plateau, qui repose sur cinq petits pieds, sert de table à tous les Laociens qui s'asseyent autour sur le sol ou sur des nattes, et mangent avec les doigts pour tout instrument. Ils mangent beaucoup de porc, du poisson frais, de la volaille, des légumes et du *padêk,* préparation analogue au *prâhok,* et aussi répugnante que ce poisson pourri du Cambodge.

Les Laociens portent les ongles assez longs. Ils se baignent nus et sont presque tous tatoués quoique « ventres blancs ».

Ils portent le pagne de forme siamoise, fait dans le pays, en soie, ou coton mêlée de soie, ou bien venant d'Europe, de Suisse en général, c'est alors le *Kien,* ou venant de Chantabaur où il est tissé avec des fils de coton d'importation anglaise.

Les Laociens dressent des chiens pour chasser le lièvre, le cerf. Ils prennent au filet des perdrix, des tourterelles, des coqs sauvages. Pour mieux les apprivoiser, ils suspendent au bord du toit, à l'entrée de la case, les oiseaux destinés à servir d'appeau ; une tourterelle appeau vaudra de 2 à 5 sling, et une perdrix de 3 à 5 ticaux. Ils font quelquefois battre les coqs, mais ce divertissement est moins commun chez eux qu'à Siam. Ils se divertissent aux courses de chevaux et surtout aux joutes de pirogues lors des hautes eaux.

Comme tous les Indo-Chinois, les Laociens sont grands fumeurs de tabac. Ils mâchent l'arec et le bétel enduit de chaux. Le gambier est remplacé dans cette mastication par l'écorce rouge et charnue de l'arbre appelé sisiet, objet d'un assez grand commerce avons-nous vu, et qui paraît remplir toutes les conditions désirables pour aider à lancer des flots d'une salivation aussi abondante que sanguinolente.

Les Laociens fument beaucoup le kanchha ou chanvre indien qu'ils cultivent eux-mêmes. Ayant haché ses feuilles et ses petits rameaux, ils le mélangent au tabac ordinaire et fument ce mélange dans des tubes de bambou à moitié remplis d'eau pour laver la fumée au passage. Une noix d'arec creusée sert de fourneau. Trois ou quatre pipes excitent l'appétit, et quinze ou vingt pipes causent une ivresse gaie et timide. L'habitude est à peu près aussi désastreuse que celle de l'opium.

Dans le Laos, on n'aperçoit pas de fumeurs d'opium. On commence à en rencontrer à Oubon, plus encore à Siphoum, et beaucoup à Korat. Au nord, la progression augmente, de même à Sayabouri, à Nong Khai et Khèn Thao.

Quant à l'alcool ou eau-de-vie de riz, il est d'un usage général. Les Laociens ne comprendraient pas la vie sans cela et les Laociennes ne le leur cèdent que de très peu. J'ai déjà dit que les jeunes filles de Dhatou Penom, allaient à peu près à l'ivrognerie. La distillation de l'alcool, entièrement libre dans tous les mœuongs vraiment laociens, a lieu généralement en famille. Cette eau-de-vie m'a paru avoir meilleur goût que celle du Cambodge et de la Cochinchine.

Au mœuong Kao Kok de Bassak, en face de l'embouchure du Sé Daun, je me promenais un jour après déjeuner. Une jeune femme m'invita, avec toute la bonhomie de la race, à monter me reposer chez elle où immédiatement deux vieilles voisines vinrent activer la conversation autant que le permettaient mes connaissances très rudimentaires en langue laocienne. La jeune mère avait deux enfants, une fillette de cinq à six ans et un marmot qui certainement devait encore téter. Sur le feu une marmite hermétiquement fermée par un bourrelet de résidu de riz distillé était surveillée de temps à autre par la ménagère qui, à un moment donné, défit un peu le bourrelet pour soulever le couvercle et prendre un bol de cuivre posé sur le riz en distillation au fond de la marmite, L'acool suintait du haut du couvercle et tombait dans le bol que l'on vidait ainsi de temps en temps.

Dès que l'enfant, qui parlait à peine, vit sa mère soulever le couvercle, il cessa tout à coup de jouer avec les bagues de fausse cornaline dont j'avais gratifié sa sœur, et porta toute son attention à l'opération, réclamant impérieusement du *lao* « eau-de-vie ». Sa mère lui en servit la valeur de trois ou quatre grandes cuillerées à bouche qu'il se mit à déguster avec les marques de satisfaction les moins dissimulées. « Vous me scandalisez, dis-je à mon hôtesse, moitié plaisantant, moitié sérieusement, de l'eau-de-vie à cet âge? » — « Oui, je comprends que cela vous étonne, mais nous autres, Laos! »

En effet, cette parole « mais nous autres Laos » est une réplique à sous-entendus pour bien des objections, bien des étonnements.

Les barques laociennes sont souvent faites de plusieurs pièces réunies simplement par des liens de rotin et les jointures bouchées avec des feuilles. La toiture, bien primitive, est formée de feuilles d'arbres, maintenus entre deux treillis. On place ces treillis bout à bout, en nombre suffisant. On ne trouve pas de charrettes dans les villages des bords du Grand-Fleuve. Tout au plus en quelques endroits des *lás* pour transporter le riz de l'intérieur. Ce sont de petites charrettes basses, attelées d'un buffle, marchant sur de petites roues à rayons, souvent même sur des roues formées d'une seule pièce de bois taillée.

De même qu'au Cambodge, la castration a lieu par section ou simplement en écrasant les conduits au marteau. Les bœufs sont d'une grande sobriété, surtout dans le bassin du Moun. A la fin de la saison sèche les pauvres bêtes n'ont à tondre pour la dixième fois peut-être, que les misérables tiges du chaume des rizières. Ces bœufs m'ont paru plus doux mais moins agiles que ceux du Cambodge.

Pour traverser, pendant la saison sèche, les longues plaines sans eau du bassin du Moun ou bien de la route de Korat à Nong Khai, les voyageurs portent ou suspendent aux voitures des tubes de bambous plein d'eau. L'intervalle entre deux nœuds forme récipient, le nœud supérieur est percé d'un trou bouché avec une poignée de feuilles, et au delà, le bambou taillé en bec de flûte, d'une longueur de main, forme une sorte de goulot.

Les mœurs laociennes tendent vite à s'altérer dans les grands centres ou au contact des étrangers. Le vol était inconnu chez nous, disent-ils, il y a quelques générations. Aujourd'hui, je les crois fort voleurs en général. Ils sont tous flatteurs, quémandeurs, hommes et femmes. Ils sont mous et paresseux. Le choléra de 1882, que j'avais rencontré sept ou huit fois dans mes voyages précédents à travers le Cambodge, où il faisait fuir des villages entiers, alors que d'autres se cantonnaient chez eux, barrant la route avec un écriteau pour avertir l'étranger, lui défendre l'entrée du village, ce choléra, dis-je, avait dévasté le Laos, remontant, en 1883, tous les cours d'eau avec une grande rapidité. Je ne devais plus le rencontrer nulle part au Laos, mais le trouver plus tard dans le n⸗ ⸗ de Siam, région de Phitsanulok, Sang Kalok, où il restait sur place à l'état endémique combattu seulement par les monticules de sable élevés de tous côtés, œuvre pie dans laquelle les populations siamoises avaient la plus grande foi.

Quand Vien Chan florissait, c'était le bon temps, disent les Laociens. A cette époque, peu de corvées royales. L'unique impôt, par inscrit, était un paquet d'écorce d'ortie de Chine, paquet de la longueur de la plante et de la grosseur du poignet.

Dans les grands centres, les Laociens font apprendre à leurs enfants l'écriture siamoise et l'écriture laocienne.

L'adoption des jeunes étrangers par une famille qui les prend en affection est pratiquée comme au Cambodge avec échange de cadeaux.

L'amitié solennelle semblable à une fraternité d'armes, moins la guerre, est aussi pratiquée au Laos. Les Cambodgiens appellent *kelœ* ces amis.

Au Laos, on prépare cinq bougies, cinq baguettes odoriférantes et un bol d'eau. Les anciens du voisinage sont invités à venir assister à la cérémonie. Les divinités sont invoquées avec serment : « Que les divinités noient dans l'eau, brûlent dans le feu celui qui sera traître à la foi jurée. » Les deux conjurés boivent l'eau du bol dans laquelle ils ont jeté un peu de piment et qu'ils ont brassée avec leurs armes : couteaux, sabres, etc. Suit un festin général avec eau-de-vie, poules, canards, etc.

LXXI

LES LAOCIENNES.

Il n'y a pas au Laos de cérémonie de coupe des cheveux. Seuls, quelques mandarins laociens font observer cette coutume siamoise et cambodgienne.

Les Laociennes portent en général les cheveux longs, tordus en chignon droit sur la tête. Ce chignon est entouré d'un petit mouchoir jaune roulé en couronne. Mais dans beaucoup d'endroits les femmes suivent les modes siamoises et coupent les cheveux, portent même l'affreux toupet en brosse, en tête d'écouvillon, mode qui vient de Bangkok où actuellement tout le monde l'a abandonnée.

Elles sont plus fidèles à la jupe laocienne, sarong ou large fourreau, les deux bouts de la pièce d'étoffe étant cousus ensemble. Cette jupe est généralement rayée rouge et noir, en travers de l'étoffe, c'est-à-dire dans le sens de la longueur du corps. En haut, est cousu une sorte de bord de couleur différente. Peu de Laociennes ont adopté le langouti ou pagne siamois, simple pièce d'étoffe qui se noue sur le devant et dont les bouts sont roulés, ramenés entre les jambes et engagés derrière la ceinture.

Presque toutes les Laociennes portent des écharpes jaunes, de toutes les nuances du jaune, qu'elles obtiennent avec le *dak kam*, littéralement « fleur rouge », plante tinctoriale cultivée avec le coton et l'indigo sur le bord du fleuve. Et presque partout, elles demandent à l'étranger s'il a du dak kam à vendre. En Siamois, l'expression dak kam désigne communément le rocou. Je ne pourrais pas affirmer pourtant qu'il s'agisse effectivement ici du rocou.

L'écharpe des Laociennes est moins un vêtement qu'un ornement qui laisse souvent les seins à découvert. Les femmes de la campagne, travaillant aux champs, portent un petit habit à manches courtes. Mais les citadines, les femmes et filles des mœuongs, des grands centres, avec leur chignon, leur absence de voile sur le buste et leur jupe tombante rappellent d'une manière frappante les innombrables nymphes sculptées sur les murs et sur les piliers du temple d'Angkor Vat.

Les Laociennes se baignent nues en plein jour, et même plusieurs fois par jour, dans les grands centres fluviaux. La pudeur laocienne consiste alors à entrer dans l'eau, à sortir en s'accroupissant de manière à rendre inutile la classique feuille de vigne. En sortant du bain, elles s'oignent le corps avec du romiet ou curcuma écrasé sur une pierre et mêlé de jus de citron.

Non contentes de chiquer le bétel, elles fument souvent le tabac comme leurs seigneurs et maîtres. J'en ai suffisamment dit sur l'usage de l'eau-de-vie.

Les Laociennes sont très inférieures aux Cambodgiennes dans l'art de tisser la soie. Leur navette à tisser est creusée en forme de berceau au lieu d'être tubulaire comme celle des femmes du Cambodge. Les femmes laociennes ne portent pas sur la tête comme les Cambodgiennes, mais en balance sur l'épaule comme les femmes annamites.

Au Cambodge, un mari voyageant avec sa femme portera de préférence la charge et sa femme marchera devant lui. Au Laos, c'est le contraire, la femme suit avec la charge. Si le mari porte quelque chose ce sera une arme, comme s'il voulait excuser sa paresse sous le prétexte de mieux défendre sa femme. C'est du moins la singulière raison que me donna un jour, de cet usage, un grand dadais qui se pavanait de la sorte.

Dans les occupations journalières, le Cambodgien ne laissera guère à sa femme que les travaux d'intérieur. Au Laos, la femme fait tout. En dehors des grands travaux des champs et des corvées publiques, les hommes ne songent qu'à prendre aux filets, perdrix, tourterelles, poules sauvages.

Encore faut-il rectifier au sujet des corvées publiques. Un kha luong ou un voyageur de distinction, considéré comme tel, qui passera de village en village avec peu de bagages, aura souvent, comme un jour M. Francis Garnier, pour porter ses bagages, les jeunes filles du village, presque toujours sous la conduite d'une matrone ou d'un garçon.

Pareille escorte folâtre n'engendre nullement la mélancolie ; le moindre incident est un sujet de rires sans fin. Il ne faut pas que le voyageur soit pressé, ou ses bagages fragiles ; à chaque buisson en fleur, les fardeaux sont plutôt jetés que posés à terre et c'est une course au clocher pour dévaliser le buisson, s'orner les oreilles ou la chevelure. Puis les haltes à l'ombre quand la chaleur est forte, les bains à l'état de nature à chaque mare ou ruisseau de la route. Bref, le voyageur n'a qu'à se résigner à tous les caprices de ces donzelles, résignation que lui rendra toujours douce le spectacle de leur franche gaieté, de cet enjouement que la moindre inconvenance ferait disparaitre sans retour, dois-je ajouter.

Les mères laociennes enseignent à leurs filles les travaux de la maison, cuisine et tissage. Elles leur recommandent d'être douces, d'éviter de se fâcher des plaisanteries innocentes. Il y a le *péng hœuon* pour les plaisanteries inconvenantes. Elles doivent être aimables, chercher à plaire aux bons partis et savoir, en ce cas, offrir gentiment une chique de bétel.

Il n'y a pas en général au Laos la retraite de la jeune fille entrant dans sa nubilité que les Khmèrs appellent *chaul melöp*. A Sting Trèng, toutefois, grâce probablement au voisinage de Cambodgiens, on prépare en famille cinq noix d'arec, cinq feuilles de bétel, cinq bougies, trois ticaux, on adore les mânes, les divinités en les prévenant de l'événement. La fille reste trois mois en retraite, et à la sortie, a lieu le cérémonial.

J'ai aussi entendu dire qu'à Sayabouri, bien au nord, la jeune fille subissait trois jours de retraite et d'abstinence, ne mangeant que du riz, des pois, des légumes, s'abstenant de chair et de poisson. Si pendant ces trois jours la fille était aperçue par un homme étranger, les mânes seraient offensées ; la mère, sur qui retombe la faute, devrait implorer pardon en offrant deux poulets, une bouteille d'alcool, cinq fleurs, cinq bougies, cinq baguettes odoriférantes. Au bout des trois jours les parents nouent des fils de coton aux poignets de la jeune fille qui peut dès lors sortir et reprendre son train de vie.

Les filles du Laos se marient très jeunes ; vers quatorze, quinze ou seize ans, la plupart sont établies. Craintives vis-à-vis de l'étranger, la nouvelle du passage d'une troupe siamoise, ou de l'arrivée d'un grand mandarin siamois avec son escorte, les fait fuir se cacher dans les bois, ou bien elles passent en mases sous le joug du mariage, disant adieu aux douces privautés réservées aux filles. Crainte à part, elles sont quémandeuses et flattent l'étranger.

La nuit, les jeunes gens leur donnent des sérénades, et quand ils savent plaire il appartient aux filles de le leur prouver en leur adressant des paroles aimables. Lorsqu'il y a fête quelque part, les jeunes gens accourent de tous les environs faire leur cour aux filles qui, après avoir entendu le prêche, la lecture faite par les bonzes, s'asseyent en ligne pour recevoir les hommages, riposter aux plaisanteries, quelquefois très crues ; mais pas de jeux de mains, ceci se paie, nous le verrons.

En beaucoup de mœuongs, les jeunes célibataires quoique ayant dépassé l'âge de vingt ans sont exempts de tout impôt, de toute corvée publique. C'est aux belles à marier qu'ils doivent réserver leurs services, dit-on sans ambages.

LXXII

LE PÊNG HŒUON.

Sans nul doute, le côté le plus frappant des mœurs laociennes, surtout pour quiconque a longtemps habité le Cambodge, c'est la condition morale des jeunes filles.

Quelle différence, en effet, avec la brune et farouche fille des campagnes cambodgiennes, avec la fière fille de cette race noble encore malgré tout, et noble entre toutes les races de l'Indo-Chine ? A trois lieues de Phnom Penh, la jeune Cambodgienne regardera les *demoiselles* de la ville comme autant de prostituées ; elle-même s'enorgueillira presque de pouvoir être violée impunément si elle commettait l'inconvenance de sortir seule aux trois moments de l'aube, du midi et du crépuscule. Elle ira prendre son bain, tout habillée, à la brune, alors qu'on ne peut plus distinguer ses traits, se faisant accompagner par son père ou par un frère, devoir sacré que ceux-ci ne peuvent négliger !

En grande majorité, elle apportera un corps et un cœur vierges au fiancé qu'elle aura choisi ou agréé ! Et quand le jeune homme vient faire sa cour, son service chez les beaux-parents, la jeune fille refusera quelquefois nettement d'obéir à sa mère, lui ordonnant de servir son repas au fiancé, et cela autant par fierté que par pudeur, parce que ce fiancé n'est pas encore le *phdey* « le mari » ou, selon la forme sanscrite du mot, le *pâti* « le maître ».

Certes, ce n'est pas la jeune Laocienne qui fera tant de façons ! A l'eau jusqu'à quatre, cinq fois par jour, dans les centres fluviaux, et généralement à l'état de nature, ces blanches et grassouillettes filles ne s'inquiètent guère, je soupçonne, d'apporter leur virginité au futur mari, qu'elles ne prendront souvent qu'après avoir goûté plusieurs années de la douce liberté, de tous les priviléges que leur octroient les coutumes les plus ancrées et les plus générales de leur race.

Dans tout le Laos, chaque soir, principalement à la belle saison, toute case de jeune fille devient une cour d'amour où se réunissent les jeunes gens, les uns causant, plaisantant, d'autres allant de maison en maison donner des sérénades aux belles qui leur plaisent. Les parents n'ont rien à redire, les vrais Laociens même se retirent discrètement : « Il faut que jeunesse se passe ; de notre temps c'était ainsi. » Puis ils espèrent qu'un amant sera pris aux filets matrimoniaux ; et, si c'est un bon parti, à leur fille de bien manœuvrer. A défaut de mariage le *pêng hœuon* sauvera tout.

Pêng, en laocien signifie « vente et condamnation », *hœuon* (en siamois *rœuon*), c'est la « maison, la case, le foyer ». Le *pêng hœuon* est donc la vente ou la condamnation — on sait que le même mot exprime les deux idées inséparables chez les Indo-Chinois de civilisation indienne — au profit de la maison pour apaiser les mânes du foyer, des ancêtres offensés, on ne peut pas dire de la conduite de la jeune fille qui paraît entièrement irresponsable, mais des privautés des jeunes gens, des étrangers.

Tant que l'intrigue plaît à la jeune fille, ou n'est pas connue, fort bien ! mais l'amant encourt-il son dépit, son courroux ? Elle le dénoncera. Ou bien arrive-t-il une maladie, un accident fâcheux dans la famille ? Les parents, alors, confessent leurs filles qui doivent avouer les moindres privautés qu'un tel a pu prendre avec elles. Les parents font appeler le coupable et lui demandent quelles sont ses intentions, Aime-t-il sérieusement, épouse-t-il, ou bien l'amourette n'est-elle pour lui qu'un passe-temps et alors paiera t-il l'amende?

Tout est tarifé, nous le verrons : tant pour la prise de la main ou du bras, tant pour la prise de la taille et des seins, et tant pour..... les dernières faveurs. On ne connaît que ces trois degrés, et on ne paraît pas même distinguer entre le viol et la séduction ; qu'importe aux mânes?

Si le jeune homme s'exécute, paye l'amende ou épouse — il a généralement le choix, sauf quand sa belle est d'une situation sociale supérieure à la sienne — alors tout est pour le mieux, les mânes sont apaisés, et l'honneur de la jeune Laocienne est réparé. Mais refuse-t-il d'épouser, et répond-il qu'il ne peut pas payer, demande-t-il des délais? car il n'est pas admis qu'il nie, ça ne se voit pas au Laos paraît-il, les filles ne dénonçant jamais à faux sur un si grave sujet, ce serait un sacrilège vis-à-vis des mânes. Si donc il prétend ne pouvoir payer, manquer d'argent pour les frais de noces, immédiatement, plainte des parents au chau qui le fait appeler, et, pour la forme seulement, lui posera deux questions : « As-tu été heureux? Épouses-tu ou paies-tu? » Allons! à la chaîne jusqu'à complet paiement. Pas de discussion, pas de procès possible !

Mais les garçons ne demandent qu'à payer, quand ils sont ainsi mis au pied du mur, et tout le monde est satisfait, même les *phi*, « les mânes, les ancêtres ».

À Sting Trèng, la possession d'une fille est tarifée à cinq ticaux, cinq fleurs, cinq bougies offertes chez elle aux mânes. Ensuite le garçon peut la laisser ou l'épouser à son gré. S'il épouse, il fournira entre autres choses, un porc, ou un bœuf, ou un buffle pour le festin, selon les usages de la famille. En général, dans tout le Laos, selon les traditions de chaque famille, les mânes préfèrent ou exigent la chair de l'un de ces trois animaux.

Au ban Don Khon, dans la province de Khong, l'amende sera de quatre ticaux et une livre de cire, si les parents de la fille sont peu aisés, ou lorsque l'amant épouse il fournit sept ticaux et deux sling, plus deux livres de cire. Tout cela pour la dot, les frais de noces, l'éclairage. Si les parents de la fille sont à l'aise, le tarif est plus élevé; l'amende sera de six ticaux et deux livres de cire, ou il faudra une barre d'argent, un buffle et deux livres de cire pour les noces.

Au mœuong Khong, prendre le bras, la main d'une fille, coût : un tical et deux pains de cire; lui prendre la taille, les seins, coût : deux ticaux et deux pains de cire; la possession de la fille, coût : quatre et trois pains de cire. Ensuite mariage ou non — dans le cas de la grosse amende — au gré du garçon qui fournira pour le festin de noces un porc ou un bœuf ou un buffle. Le tarif des filles de mandarin est plus élevé, la grosse amende s'élèvera jusqu'à trois damling, soit douze ticaux (trente-six francs).

Au mœuong Bassak, le bras vaut un tical, la taille, deux ticaux, le reste, cinq ticaux, quand il s'agit d'une fille du peuple. Et s'il y a noces, la dépense montera de cinq ticaux à une barre d'argent, plus le buffle. Quant aux filles de mandarins, il y aura un tical d'amende de plus à payer, pour chacun des degrés honorifiques du père.

Sur l'article des simples plaisanteries, les données sont fort variables. En beaucoup d'endroits, les morts ne sont pas offensés par de simples plaisanteries verbales. A Bassak, les parents craignent qu'il n'y ait offense, et en tous cas, font un simulacre de sacrifice. Le jeune homme qui a plaisanté trop vivement doit leur apporter cinq fleurs, cinq bougies et cinq ticaux qu'ils lui rendent après avoir adoré les mânes, invoqué leur pardon.

A Phimoun, quand il s'agit des filles du peuple, on paye deux ticaux pour le bras ou la taille, et cinq ticaux pour la possession, ou huit ticaux en cas de noces. En ce qui concerne les filles de mandarin, l'amende monte d'un tical par degré, et les noces coûteront une barre d'argent soit vingt-cinq ticaux.

A Oubon, la main ou le bras d'une fille sont tarifés à un tical, la taille à dix sling. A ban Srâng, province d'Oubon, la main ou la taille valent dix sling d'amende, la possession, cinq ticaux.

Il y a aussi le cas de grossesse; alors le coupable, s'il n'épouse pas, donnera aux parents quatre poulets, une tortue de l'espèce que les Cambodgiens appellent *sangkéal*, cinq ticaux et quatre lat. Les parents se chargent d'apaiser les mânes. En outre, le garçon payera quatre damling d'amende aux autorités; mais ceci doit être dû aux idées siamoises; en général, les autorités laociennes ne perçoivent pas de frais dans le *péng hœuon*, loi domestique avant tout. Si le garçon épouse, il donnera seulement deux ticaux aux autorités, et aux parents comme précédemment, plus les frais de la noce.

A Ratanabouri, district laocien au nord de Sourén, les jeunes gens ont à payer un tical et une paire de bougies pour avoir le bras, la main d'une fille; deux ticaux et une paire de bougies pour la taille, les seins; et enfin quatre ticaux et toujours la paire de bougies, quand ils ont obtenu ses dernières faveurs. Si, au lieu de payer l'amende, ils préfèrent épouser, ils ajouteront aux quatre ticaux précités, six sling, une bouteille d'eau-de-vie et ils iront demander la fille, ou bien ils offriront dix ticaux ou un buffle.

A Suvanna Phoum, à Phyaka Phoumvisaï, les privautés avec les filles du peuple ou des petits fonctionnaires sont ainsi tarifées: un tical le bras ou la main, deux ticaux les seins, la taille, et quatre ticaux ou quatre ticaux deux sling le reste.

On voit que un, deux et quatre ticaux sont les prix les plus communs pour les filles du peuple. Les filles des dignitaires coûtent plus cher, selon le rang.

A Suvanna Phoum, un garçon qui aurait des relations avec une veuve devrait payer deux ticaux d'amende. Puis il pourra l'épouser. Ici donc la veuve est au rabais. Il en est de même pour la fille esclave, la prise de ses bras ou de ses seins coûtera un tical, et ses dernières faveurs coûteront deux ticaux.

Au mœuong Roï Et, les relations avec une fille pauvre coûtent six ticaux d'amende et le jeune homme peut épouser à son gré en fournissant au festin de noces. La fille qui s'est livrée à lui n'a pas le droit de le refuser. Mais le poids et la mesure seront autres si les parents de la fille sont dans l'aisance, l'amant payera douze ticaux et n'épousera que si on veut bien l'agréer. Dans ce cas, il ajoutera seulement à l'amende, des gâteaux et des confitures.

A ce même mœuong Roï Et, les relations avec une femme

veuve coûtent une amende de quatre ticaux au profit de la femme.

Aü mœuong Khêmarat, les parents exigent cinq ticaux d'amende, ou en cas de mariage, douze ticaux et un buffle. A Dhatou Penom, les parents demandent cinq ticaux, ou, si le jeune homme épouse, vingt ticaux et un buffle.

Au mœuong Nong Han, les jeunes filles se réunissent le soir à la veillée, dans la cour des maisons, sur des estrades de bambou, hautes d'une coudée, larges de cinq à six mètres. Elles entretiennent du feu sur un foyer de feuilles vertes de bananiers, au milieu de l'estrade, et, groupées autour, elles se livrent aux divers travaux de dévidage, de couture, attendant les jeunes gens qui passent par troupes jouant de leurs instruments de musique, s'arrêtant où bon leur semble, et contant leurs fleurettes peu platoniques, mais excessivement voilées d'images poétiques; les Laociennes ont horreur des mots crus et se prennent facilement aux fictions poétiques. Si la fille reste insensible, pas de jeux de mains, cela se paie cinq bougies, cinq fleurs et cinq ticaux, mais la jeune Laocienne laisse-t-elle voir que son cœur est touché, on s'entend vite et l'intrigue peut durer ainsi tant que les parents n'en savent rien. La liaison connue, l'amant payera dix ticaux d'amende ou épousera, en ajoutant le bœuf, le buffle ou le porc du festin.

Les filles Nhà ou Phou Thài ont des mânes qui exigent des amendes plus élevées, paraît-il, que celles des Laociennes proprement dites.

Chez les Phou Thài du mœuong Koutsin, les relations avec une fille coûtent un buffle et trois ticaux d'amende ou un buffle et douze ticaux en cas de mariage.

De même, chez les Nhà d'Outén, les parents font condamner l'amant de leur fille à un buffle et trois ticaux d'amende. En cas de grossesse, s'il n'épouse pas, il payera trois ou quatre damling d'amende en sus du buffle. S'il épouse la fille, il fournira le buffle, vingt-six ticaux et les vivres de la noce.

Décidément, les Nhà et les Phou Thài ont des mânes qui préfèrent le buffle dans les festins. A ce point de vue comme à plusieurs autres, ces Nhà et ces Phou Thài sont plus en connexité avec les grandes tribus sauvages de l'est que la généralité des autres Laociens.

On conçoit qu'avec de pareilles mœurs les parents Laociens, peu fortunés, envisagent sans trop de déplaisir la perspective de faire de leurs filles une source de petits revenus.

Hélas ! tout s'altère ; le Laos même n'est pas à l'abri des idées novatrices. De plus en plus, les parents aisés, les mandarins imbus d'idées siamoises recommandent à leur fille de garder son *capital* intact pour son futur mari, la menacent même du fouet si elle n'est pas sage, allant jusqu'à prétendre que son inconduite serait une honte pour la famille. Mais le diable n'y perd pas grand'chose ; la fille cachera davantage ses amourettes, sondera les jeunes gens qui lui plaisent, plantant là net ceux qui sont assez nigauds pour répondre que leurs intentions sont sérieuses et honnêtes, et s'entendant vite avec ceux qui, mieux avisés, lui diront : « Liaison, secret, rupture, en tout tu seras la maîtresse absolue. » Et finalement, les parents n'auront d'autre parti à prendre que d'en revenir aux vieilles traditions, de faire payer l'amende à l'amoureux, sauf à le chasser ensuite s'il n'est pas de condition sortable.

LXXIII

LE MARIAGE.

Nous avons vu les dots exigées lors du mariage à la suite des relations anticipées. Les dots exigées lors des francs mariages diffèrent un peu. A Sting Trèng, les mandarins exigeront pour les noces de leur fille un picul de porc, dix poules, dix canards, un picul d'alcool et trois barres d'argent qui seront la dot de la fille. Les gens du peuple demanderont cinquante livres de porc, trente livres d'alcool, cinq poules, cinq canards et une barre d'argent.

A Oubon, pour épouser une fille de sang royal, il faudra fournir un catti d'argent, un tical d'or, un buffle, une gourde, un crachoir, un plateau de cuivre et quatre bols ou assiettes de faïence. Les filles des mandarins d'Oubon exigeront huit damling d'argent, le buffle et les ustensiles énumérés ci-dessus. Les filles du peuple prendront trois damling et le reste. En outre, il y a à fournir la victuaille pour le festin : porc, poules, canards, alcool.

Au mœuong Kalasaï, les gens du peuple exigent trois ou quatre damling de dot; ils gardent la moitié de cette somme et donnent l'autre moitié à leur fille ou plutôt au jeune ménage, sauf, en cas de divorce, à exiger du gendre cet argent.

A Khèn Thao, la fille d'un chau se donnera contre une dot d'un éléphant, d'un couple d'esclaves, d'une paire de buffles et d'un catti d'argent. La fille de l'un des trois autres dignitaires contre une paire d'esclaves et dix damling. Quant aux filles du peuple, la dot est de trois à quatre damling.

A Nong Khai, la dot exigée pour épouser une fille de chau est un catti d'argent, deux esclaves et un éléphant. Les filles des autres dignitaires se marieront pour un catti d'argent, les filles des simples fonctionnaires pour huit damling; les filles du peuple pour six à huit ticaux. En outre, les fournitures du festin selon le rang.

Chez les Nhà d'Outèn, un homme du pays épousera une fille de chau en fournissant douze damling et un buffle. Un étranger devra donner quatre cattis et le buffle. Cette somme, relativement forte, est une sorte de caution. Il est à craindre que l'étranger ne quitte le pays abandonnant sa femme. Après quelques années, ayant des enfants, le ménage pourra redemander cet argent aux parents. Mais le mari partant après l'avoir récupéré, devra le restituer et donner encore un buffle pour apaiser les mânes.

Les filles des autres dignitaires Nhà seront épousées pour six damling par les gens du pays et pour deux cattis par les étrangers. Quant aux filles de simples fonctionnaires, la dot sera de neuf ticaux pour les gens du pays et d'un catti pour les étrangers. Enfin, un étranger donnera dix damling de dot pour épouser une fille du peuple, alors qu'un naturel ne donnera que cinq à six ticaux. La conclusion pourrait bien être que les Nhà ne donnent pas volontiers leurs filles aux autres Laociens.

En général, les Laociens se marient jeunes. La jeunesse mâle reste moins longtemps à la pagode que les Cambodgiens. Les vieilles font la demande préalable officieuse; l'accord étant conclu, les parents du jeune homme préparent des noix d'arec dans quatre feuilles de bananiers, à huit chiques par paquet. On y joint du sisiet en proportion. Tout cela est placé dans un bol de métal, recouvert d'un mouchoir rouge carré et porté chez les parents de la fille pour la demande officielle qui a lieu devant tous les parents convoqués pour la circonstance. Agréant la demande, les parents de la fille prennent deux des quatre paquets et mâchent en chœur le contenu. Les parents du garçon en font autant avec les deux autres paquets.

Ceci est la « petite mastication du bétel », la petite cérémonie, bientôt suivie de la grande où les paquets de chiques sont au nombre de huit, mâchés par moitié de chaque côté comme précédemment. En outre, les parents du garçon offrent un tical d'argent à ceux de la fille.

Au jour propice fixé a lieu le mariage ; les parents de la fille reçoivent l'argent de la dot, le buffle, etc. De chaque côté on fait faire séparément liesse à ses invités. Au soir, le marié est conduit en cérémonie chez la fille avec accompagnement de flûtes, d'orchestre, et de chants. Il s'assied près d'elle pour la cérémonie, qui consiste à bénir le couple en lui nouant des fils de coton aux poignets. Et c'est tout. Il n'y a pas de préparation de couche nuptiale comme au Cambodge.

En d'autres endroits, à Nong Khai par exemple, le marié est conduit en cortège après le repas du matin pour cette cérémonie des fils de coton. Puis il est ramené chez lui, et le soir, vers cinq heures, il est conduit de nouveau avec musique et chants pour être remis aux parents de sa femme.

Au Laos, de même qu'au Cambodge, les nouveaux couples sont en général sous la tutelle des parents de la fille et demeurent avec eux. Le mari ne peut emmener sa femme sans leur autorisation. Et souvent il y a, paraît-il, de nombreuses amendes infligées aux gendres pour violation des rites domestiques, offenses aux ancêtres.

Si sa femme est indocile, négligente, que le nouveau marié ne la frappe pas, mais qu'il la fasse corriger une fois, deux fois, trois fois par ses beaux-parents qui, après troisième faute, devront lui donner licence de la corriger lui-même. Mais si, paresseux ou mal vu dans la maison, il s'avisait de la châtier d'emblée, il aurait donné un bon prétexte, bien vite saisi, pour se faire honteusement chasser avec une amende d'un buffle et de six ticaux.

Au mœuong Ratanabouri, le mari qui lance aux beaux parents l'insulte grossière, commune à tous les peuples de l'Indo-Chine, devra payer, après trois vaines remontrances, quatre ticaux et un buffle d'amende.

LXXIV

L'ADULTÈRE. — LE DIVORCE.

En beaucoup d'endroits, à Yassonthon par exemple, quand un mari, sans avoir de preuves, soupçonne sa femme d'infidélité, il place des fleurs sur l'oreiller nuptial. Si la femme aime encore son mari, elle laissera en place ces fleurs, trois jours consécutifs, si elle ne veut plus de son époux, elles les jette immédiatement au dehors; alors les époux divorcent.

Ou encore, le mari ayant placé sur l'oreiller nuptial les fleurs du soupçon sort et vaque à ses occupations. A son retour, le soir, si sa femme le voyant venir, n'accourt pas à sa rencontre, il poussera jusque chez ses propres parents. Si sa femme est fidèle, s'il n'y a eu qu'un malentendu, un oubli, elle prendra cinq fleurs, cinq bougies, et elle ira le prier de revenir en se prosternant devant les beaux-parents. Si elle dédaigne de faire cette démarche, le divorce est accompli deux ou trois jours après la retraite du mari. Les biens acquis sont alors partagés également.

A Oubon, le mari qui veut divorcer se retire chez ses parents. Si sa femme lui est fidèle, elle ira jusqu'à trois reprises le prier de revenir; après quoi elle pourra prendre un autre mari. Autrefois, à Oubon, une femme non infidèle, mais lasse de son mari, divorçait en rendant la dot plus dix sling.

Dans certains mœuongs, la femme, dit-on, ne peut se remarier qu'après trois ans, en cas d'absence de son mari. Si, avant l'expiration des trois ans, il envoie à sa femme de l'argent, des vêtements, etc., elle devra encore attendre trois autres années. Si elle n'observait pas ces délais, en cas de retour du mari, elle devrait lui payer six damling d'amende et son second mari payerait neuf damling mais il garderait la femme; l'ancien aurait l'argent.

A Khong, le mari, en s'absentant, fixe lui-même un délai à son absence, un an, dix huit mois, par exemple, et s'il dépasse ce délai, sa femme peut se remarier à son gré. En cas d'infidélité avant que le délai soit expiré, le mari, à son retour, la ferait condamner à un catti et deux damling d'amende; selon d'autres, à douze damling plus une somme équivalente aux frais du mariage. Le complice devrait payer pareille somme de son côté. Ayant payé, les coupables pourront s'épouser à leur gré; les coutumes laociennes ne contrariant pas, en général, les inclinations naturelles.

A Lokhon, après sept ou huit mois d'absence du mari, la femme est libre de ne plus attendre. Il est alors considéré que pareille absence se prolonge au delà de toutes les convenances qu'un bon mari doit à sa femme. Il est vrai qu'au retour du mari, les deux époux se réuniront de nouveau, si tel est leur bon plaisir; ou, si la femme préfère, elle restera avec son nouveau mari. Mais si le mari est un étranger qui a un motif plausible pour s'absenter longtemps, sa femme devra l'attendre trois ans sous peine d'amende pour elle et pour son complice. Après trois ans, elle se remariera à son gré, ou bien son amant, si elle en a un, n'est passible que du pêng hœuon, comme pour une veuve ou jeune fille.

A Khong, le mari n'étant pas absent, l'adultère fait condamner la femme à un catti et quatre damling d'amende et son complice à un catti et cinq damling d'amende. Selon d'autres, les deux coupables paieront quatre barres d'argent au total, dont trois pour le mari et une pour les juges.

A Outén, on prétend que l'adultère n'est puni que de la minime amende de huit damling et deux ticaux (102 francs).

A Oubon, si un mari accuse sa femme d'adultère, mais sans preuves, c'est-à-dire sans flagrant délit, le complice accusé sera frappé du maximum de verges. quatre-vingt-dix coups, à seule fin de voir s'il persiste à nier, auquel cas le mari accusateur sera tenu de payer trois barres et six ticaux, dont deux barres et trois ticaux pour le fouetté, et une barre trois ticaux pour les mandarins. Si par crainte des coups le complice avoue, il ne recevra que quinze coups à titre de châtiment, et il payera seize damling d'amende.

Le mari a le droit de reprendre ou de répudier sa femme; s'il la reprend, elle paiera sept damling d'amende, et quatorze damling dans le cas de répudiation.

En d'autres endroits, la femme convaincue d'infidélité paie une amende égale au double des frais du mariage, son complice est frappé à trois reprises de trente coups de verges. La femme reçoit quinze coups. Puis ils peuvent se marier, si toutefois le mari refuse de reprendre sa femme. Mais s'il adopte ce dernier parti, il doit racheter la punition corporelle de sa volage moitié en payant trois ticaux et trois sling; en outre, lui-même ne recevra que le montant d'une amende égale aux frais du mariage et non le double.

A Siphoum, l'adultère coûte quinze damling à la femme et douze à son complice. A Yassonthon, la femme saisie en flagrant délit paiera dix-huit damling d'amende si son mari la répudie, et seulement huit damling et deux ticaux s'il la garde.

A Dhatou Penom, l'amende sera de six barres d'argent pour une femme épousée en noces complètes, et d'une barre pour une autre femme. Si l'accusation n'est pas prouvée, le mari accusateur paiera une barre et cinq dénh.

Au mœuong Lœuï, pour la femme d'un homme du peuple l'amant paiera 6 damling, sa complice trois damling. Si le mari reprend sa femme, il donnera trois damling aux juges, sinon l'amant l'épousera en donnant cette même somme aux magistrats. Pour les femmes des mandarins du mœuong Lœuï, l'amende s'élève proportionnellement aux dignités, à un damling par degré.

En d'autres endroits, la femme est condamnée à six damling et son complice à neuf damling. A Sting Trèng, la femme adultère est condamnée à trois barres et trois dénh d'amende. La femme qui divorce à Sting Trèng, rend les frais de la noce, la dot, plus huit ticaux.

A Ratanabouri, la femme qui divorce rend les frais et la moitié en plus. Si le divorce est demandé par le mari, il perd les frais, la dot. A Kalasaï, en cas de divorce, les jeunes enfants restent avec la mère, les grands vont *ad libitum*. Les acquêts sont partagés en trois parts : aux enfants, au père, et à la mère. S'il n'y a que des dettes, le père prend deux parts et la mère une.

La femme qui se remarie avant la crémation du défunt mari paiera six damling d'amende et son nouveau mari paiera six damling six sling.

A Khong, pour noter ici un trait que j'ai oublié d'insérer plus haut, toute femme ou fille qui passe à portée du bras d'un homme ivre sera déboutée de la plainte portée contre l'ivrogne qui lui aurait pris la taille. Mais si la femme s'était écartée hors de la portée du bras, l'ivrogne sera condamné comme un autre à deux ticaux d'amende et à se prosterner devant les parents ou le mari pour implorer son pardon.

LXXV

LES COUCHES.

On appelle la sage-femme dès les premières douleurs. Après l'accouchement, on dispose un foyer près de la malade, avec offrande de riz blanc, de riz rouge, quatre bougies, quatre baguettes odoriférantes allumées aux quatre coins du foyer, où l'on entretient du feu pendant sept ou neuf jours après avoir enterré le placenta dans les cendres. Pas de médecine, pas d'autre breuvage que de l'eau chaude, dans tout le Laos je crois, de Sieng Khan à Bassak.

Une enceinte de fils de coton blanc, tendus tout autour de la femme, écarte les mauvais esprits.

Aux relevailles, c'est-à-dire à l'extinction du foyer qui a lieu avec une nouvelle offrande à l'esprit de ce foyer, l'accouchée va saluer la sage-femme et lui porte un tical, un langouti, des gâteaux, des sucreries. A ce moment, les parents se réunissent pour festoyer, manger des poulets, des canards.

La mère allaite le nourrisson, et pendant près d'un mois, toute la nuit, elle applique sur le ventre de l'enfant ses mains chauffées à la torche. Au bout d'un mois, elle commence une

pratique fort en usage au Laos, qui consiste à mâcher du riz
et à fourrer cette pâtée dans la bouche de l'enfant.

LXXVI

LES FUNÉRAILLES.

Les morts sont généralement brûlés, quelquefois enterrés.
Le cadavre, mis en bière, est gardé plus ou moins longtemps
dans la maison. Il est alors veillé par les jeunes gens et par les
jeunes filles dont la gaieté, les jeux et la licence sont poussés
plus loin qu'en toute autre circonstance. Les plaisanteries équi-
voques et salées alternent avec les chants, la musique et avec
les prières que les bonzes viennent réciter la nuit.

Les cadavres des mandarins sont conservés assez longtemps
dans la maison ou à côté, sous un hangar, ceux des chau surtout,
puisqu'il faut attendre *le feu* envoyé de Bangkok. Alors un tube
de bambou adopté au cercueil forme cheminée et donne issue
aux gaz.

Il est de bon ton pour la veuve de se lamenter sept à huit
jours durant. Dès le dixième jour après la crémation, elle peut
se remarier.

A Oubon où, lors de mon passage, une femme venait de
mourir, le cercueil, très haut, de 1 mèt. 20 à 1 mèt. 40 cent.,
était recouvert de papier rouge. Une cinquantaine de bonzes
venaient réciter quelques prières, mâcher une chique de bétel,
et se retiraient sans qu'aucune aumône leur fût faite. Au Cambodge, il est alors d'usage de leur donner des objets, de l'argent.

Le veuf était vêtu de blanc. Les parents entretenaient, près
du cercueil, des bougies, des baguettes odoriférantes. Les voisins, très nombreux, venaient chiquer le bétel, écouter un flûtiste
et deux ou trois laides chanteuses. La gaieté est la note dominante des funérailles au Laos. Cette femme était morte depuis
cinq jours, et on se disposait à l'emporter dans les bois du
voisinage, où a lieu la crémation, accompagnée des prières de
quatre bonzes.

La crémation achevée, on éteint le feu en y jetant de l'eau,
puis on rentre chez soi, et le lendemain matin, les restes

d'ossements sont placés dans une marmite que l'on enterre au lieu même du bûcher, à une profondeur d'une coudée. La famille fait ensuite quelques aumônes aux bonzes qui sont venus réciter des prières.

Le deuil en blanc n'est gardé que quelques jours; et peut-être même cet usage n'est-il pas général chez les Laociens. Ils ne se cachent pas la tête en signe de deuil.

LXXVII

LES FÊTES.

Au troisième mois siamois, le méakh thom des Cambodgiens, vers février, la population endimanchée vient écouter les lectures religieuses qui durent du matin au soir. Le prêche continue la nuit suivante.

Alors les jeunes filles se placent en ligne dans la sala des pagodes, préparant des cigarettes et des chiques de bétel pour les jeunes gens. Ceux-ci, à moitié ivres, font de la musique, chantent, dansent, demandent aux filles le don d'une chique, d'une cigarette et aussi de leur cœur. Ils lancent les plaisanteries les plus grivoises, disent tout ce qui leur passe par la tête, mais pas de jeux de mains, ça se paie !

Au matin du jour suivant, a lieu le bon khao chi, la fête des gâteaux, offerts aux bonzes et préparés dans toutes les cases. Ce sont des boulettes de riz gluant avec du sucre à l'intérieur, enduites à l'extérieur avec des blancs et des jaunes d'œufs, puis enfilées et roussies sur des braises ardentes.

Le jour de la grande fête du nouvel an varie selon les habitudes du lieu. C'est généralement en avril. Des fusées, pétards, feux d'artifice sont fabriqués par les bonzes dans le pays. Il en est de même à Siam et au Cambodge. Au Laos, la poudre pour ces fêtes est composée de dix parties de salpêtre, trois parties et demie de soufre. Les fusées préparées sont portées en grand cortége en décrivant trois fois le tour du temple.

Les jeunes gens, groupés en corps de musique, donnent des sérénades ambulantes, entrent boire de l'eau-de-vie partout où il leur plaît. Chaque case est prête à leur en offrir. Le dernier soir ont lieu les illuminations.

En septembre ou octobre a lieu une autre fête avec joutes de pirogues et aumônes aux bonzes.

Dans les montagnes, au mœuong Lœuï, par exemple, où les joutes nautiques ne sont pas possibles, elles sont remplacées par la boxe. Si le vainqueur empoche huit ticaux, le vaincu en touche quatre. Cet argent est fourni par les cotisations des spectateurs.

LXXVIII

LES BONZES.

Le bouddhisme de Ceylan est la religion des Laociens.

Les temples, toujours face à l'est au Cambodge, sont au Laos, tournés vers une direction quelconque.

Au Cambodge, les bonzes enseignent aussi bien aux enfants en habit séculier qu'aux *nên* ou novices en habit jaune. Au Laos, tous leurs élèves endossent cet habit.

Le matin, avant de sortir pour la quête, un des bonzes laociens frappe sur le gong et sur le *poung*, sorte de cloche, afin de prévenir les gens du village.

A Oubon, on ne fait pas l'aumône aux bonzes avec une grande cuiller comme au Cambodge. On jette dans leur bol — bien improprement appelé marmite puisqu'il ne sert jamais à la cuisson et qu'il est quelquefois en bois — des boulettes de riz gluant, des bananes, des paquets de viande de porc hachée et enveloppée dans des feuilles de bananier.

Les bonzes du Laos sont accoutrés comme ceux du Cambodge. Leur règle est plus relâchée. Ils reçoivent l'aumône directement de la main des filles, montent à cheval, même sur des juments ; ils luttent dans les joutes nautiques, ils montent sur les arbres pour cueillir de l'eau de palme, ils peuvent faire du commerce ; leurs *nên* ou novices mangent avec les *phîk* ou prêtres. Il y avait là, au Laos, tout autant de sujets continuels d'étonnement, je dirai presque de scandale pour mes Cambodgiens, fils d'une race chez qui la rigidité générale des mœurs renforce la sévérité des règles religieuses.

A Koral, pays de races mêlées, où les bonzes ont des mœurs plus relâchées encore, un de mes hommes n'y tenant plus, épia deux de ces religieux qui accompagnaient au bois deux filles allant faire des fagots. A son retour, il avoua d'ailleurs que le mal avait été moins grand qu'on n'aurait pu le craindre. Il est évident qu'au Laos, les accrocs à la morale du Bouddha doivent être bien plus nombreux qu'au Cambodge, où les relations criminelles de bonzes à femmes déshonorent une pagode, désertée dès lors par les bonzes et abandonnée par les laïques.

Au Laos, l'indulgence générale pour les péchés de la chair se retrouve encore ici. Ainsi au ban Don Khon, un bonze, pris en flagrant délit, fut conduit au chau de Khong qui infligea aux deux coupables une amende de quatre barres d'argent (320 francs), et après paiement, leur ordonna de se marier ensemble. Au ban Samlaung, dans le moeuong Chéam, district relevant d'Oubon, et habité par des Soué, un *nén* ou novice eut des relations criminelles avec une *méâk*, une de ces dévotes qui approvisionnent régulièrement une pagode. La dévote n'était plus très jeune; mariée, elle était mère de trois enfants. Le mari, prévenu, porta plainte au Saurinhah, titre du chef de ce village. Les coupables avouèrent. Le *nén* fut défroqué et condamné à un catti d'amende. Sa complice dut payer douze damling. Elle fut reprise par son mari, sinon on l'aurait mariée à l'ex-novice en faisant rembourser par celui-ci les frais de mariage du premier mari.

A Oubon, du temps des anciens chau, le coupable devait pétrir trois mille briques pour la pagode, et sa complice quinze cents. Ou bien se racheter de cette corvée en payant, l'un six ticaux et l'autre trois ticaux. Mais le chau actuel, qui a introduit des usages siamois ou l'application des lois siamoises, fait condamner l'homme à un catti et quatre damling d'amende, la femme à seize damling. Il n'y a plus de briques à pétrir. S'ils ne peuvent payer l'amende, ils sont esclaves royaux, décortiqueurs du riz public.

Et même avec les Siamois qui gouvernent en ce moment Oubon, un cas s'étant récemment présenté, la fille fut condamnée d'emblée à l'esclavage perpétuel, le bonze fut défroqué, livré au bras séculier, mis à la chaîne et devait être envoyé à Bangkok où l'attend l'esclavage ou la prison perpétuelle.

Autrefois, à Lokhon, le bonze coupable était défroqué et devait puiser cent seaux d'eau pour arroser les figuiers religieux, et apporter cent seaux de sable à répandre dans l'aire de la pagode. Sa complice devait apporter cinquante seaux d'eau et autant de sable. La corvée finie, ils étaient libres d'aller à leur guise, de se marier ensemble, si tel était leur bon plaisir. Aujourd'hui, le bonze est chassé de la pagode et doit payer neuf damling et deux ticaux d'amende, plus une livre de cire. Il payera seulement six damling et trois ticaux si sa complice refuse de l'épouser, ou si le mari la garde, dans le cas où elle serait déjà mariée. On dit que ces amendes sont faibles parce que le mari, à la maison, doit surveiller sa femme. Mais si le mari est absent de la maison pour gagner sa vie, l'amende sera de douze damling et même de quatorze s'il est en service public.

A Khên Thao, autrefois, les deux coupables, attachés ensemble par les bras, étaient promenés à trois reprises dans le village au son du gong. Ils recevaient chacun quinze coups de verge, et devaient apporter à la pagode cent seaux d'eau et cent seaux de sable chacun. Actuellement, la fille sera condamnée à un catti d'amende, et l'ex-bonze à trente damling. Après paiement, ils peuvent se marier ensemble si tel est leur plaisir.

LXXIX

RITES ET SUPERSTITIONS.

En bien des passages, nous avons déjà noté des pratiques superstitieuses, et nous ne grouperons ici que celles qui n'ont pas trouvé place ailleurs.

A Sisakêt, le laboureur avant de tracer son premier sillon, les buffles prêts, attelés à la charrue, place sur des feuilles d'arbre ou de bananiers, un œuf de poule, deux chiques d'arec, un peu de gâteaux ou de confitures, et fait une légère libation d'eau en reportant sa pensée vers les génies tutélaires de la rizière.

A l'époque du repiquage, le laboureur élève un petit tréteau sur lequel il place un poulet bouilli, quatre noix d'arec, un plateau de mets. Il repique sept tiges de riz près du tréteau et fait une libation d'eau-de-vie de riz, invoquant en ces termes les génies tutélaires : « Voici un jour propice pour le repiquage, donnez-nous une belle venue, de beaux champs aux tiges bien drues ! »

Dès que le riz est assez formé pour faire des grains grillés, on fait cuire quelques-uns de ces grains que l'on offre aux esprits sur le tréteau, en leur demandant de garder la moisson, d'en écarter les oiseaux et les rongeurs.

A la récolte, le riz est mis en gerbes, puis en meules ; au milieu de chaque meule est dressée une perche, et au sommet de cette perche quelques-unes des tiges plantées près du tréteau sont liées en forme de balai.

Avant de battre le riz, de séparer le grain de la paille, on renouvelle les offrandes aux esprits du riz avec libations d'eau-de-vie.

On renouvelle encore ces offrandes avant de mettre le riz au grenier, et cette dernière cérémonie a lieu avec le concours des parents ; un érudit récite quelques formules *ad hoc*. On lie des brins de coton aux poignets de tous les membres de la famille du propriétaire. Et cette cérémonie est toujours suivie d'un festin général.

Au Laos, ce serait offenser les mânes que d'accorder d'emblée l'hospitalité à un étranger ; le maître de la maison doit d'abord les adorer, en allumant des bougies, des baguettes odoriférantes. L'étranger attendra que la cérémonie soit faite. Autrement les maladies fondraient sur la maison. En cette circonstance, un maître de maison à l'aise offrira deux poulets, deux canards, une bouteille d'eau-de-vie, cinq bougies, cinq fleurs, cinq baguettes. Bien entendu, il ne faut pas oublier que les vivants mangent les mets auxquels ont dû goûter les morts.

Une femme dont le mari est absent ne doit en aucun cas donner l'hospitalité.

Les maisons laociennes ont généralement deux entrées, la principale sur le devant, et l'entrée de derrière ou de service. Tout étranger qui entre par celle-ci offense les mânes et doit la petite offrande pour apaiser ces mânes. Si c'est un étranger de distinction que l'on n'ose prévenir, le maître de la maison ira appeler un *gourou* pour allumer bougies et baguettes, et pour implorer le pardon des ancêtres.

Les portes sont quelquefois disposées de telle sorte qu'un Européen s'y trompera s'il n'est pas prévenu, ce qui m'est arrivé à Bassak en voisinant dans de petites cases près de mon logement.

En beaucoup d'endroits, les malades sont *kelam* « en état de retraite »; la maison est alors entourée d'une corde d'herbe à trois tresses, grosse comme l'orteil. Vers chaque angle de la maison est planté un pieu avec un petit treillis de bambou dressé comme une cible ronde. En outre, un petit revêtement de lamelles de bambou est installé au pied de chaque colonne du compartiment où est la couche du malade. L'étranger est donc dûment prévenu; s'il forçait l'entrée, il encourrait une amende de cinq ticaux; faute de payer cette amende, le malade mourrait.

Au ban Komphêng, province de Sisakèt, est une ruine khmèr importante. Tout mandarin passant en ce lieu doit offrir aux génies de la ruine un porc ou des poulets, sous peine de s'exposer aux maladies. Et les gens du ban Komphêng même, de crainte de mort, de maladies, ne coupent ni arbres, ni lianes dans ces ruines; et ils ne pêchent ni poissons ni tortues dans le grand bassin en avant vers l'est.

Nous avons vu précédemment la Nang Tim de Don Khon, et celle des salines de Suvanaphoum. Ces incarnations doivent être assez générales dans les villages laociens.

En octobre 1883, un mois avant mon passage, le louong Phaï San, du mœuong Dansaï, voyageant avec un éléphant femelle, s'arrêta de nuit à la pagode de ban That, à 25 kilomètres au sud-est de Bassak. Il s'endormit, laissant sa monture entravée mais non attachée. Pendant la nuit, l'animal se fit un jeu de renverser et de briser une superbe stèle, ruinant d'une manière piteuse une très-belle inscription.

Le pho Ban « père ou ancien du village », condamna le maître de l'éléphant à l'amende d'un porc au profit du village, et de quatre ticaux au profit de Nang Tim, et à offrir des fleurs de cire au bouddha.

Entre ce village de ban That et Bassak s'étend une plaine nue. Le piment qui traverse cette plaine perd tout son goût, tout son piment, croient les indigènes.

De même qu'au Cambodge, des tas de pierres ont été amoncelés près des sentiers, et le passant y déposera une pierre, une branche ou une feuille d'arbre, demandant bonheur et longévité au *phya kéo* « seigneur de diamant ».

Les Laociens ont grand'peur des revenants qui paraissent la nuit sous forme de tigres, de bœufs, de buffles, éléphants, etc. Le mortel qui alors, fuit, perd la tête, est un homme perdu; il faut leur tenir tête. Au Cambodge de même.

Les Laociens ont autant de croyance que les Khmêrs dans la vertu des philtres et onguents amoureux.

Ils croient de même aux sortes de loups-garous femelles, appelés smer par les Cambodgiens. Au mœuong Dansaï personne ne doute d'une aventure arrivée pendant sa jeunesse à une femme morte il y a quelques années.

Son mari, au retour d'un long voyage, avait rapporté un flacon d'huile et de farine pour sortilèges qu'il suspendit au toit, à un croc ou fléau, défendant expressément à sa femme d'y toucher. La jeune fille d'Eve n'eut rien de plus pressé que de s'enduire pendant l'absence de son mari. L'odeur était agréable. Bientôt elle se sentit le cœur en liesse avec une envie irrésistible de vagabonder, courir les bois. Le mari, en rentrant, devina ce qui était arrivé; il décrocha le fléau sur lequel il récita des formules *ad hoc*, et il se mit à la poursuite de sa femme qu'il aperçut courant à quatre pattes à la renverse, le nez en l'air. Trois tigres, par l'odeur alléchés, la suivaient, attendant la transformation en tigresse (au Cambodge la même croyance existe).

Le mari courut se poster sur un arbre au passage, lança son croc à la tête de sa femme qui se redressa; les tigres prirent la fuite. Le mari descendit et frappa encore trois fois sa femme à la tête pour lui faire reprendre ses esprits et la ramener à la maison, où on acheva de la remettre en l'arrosant d'eau lustrale avec accompagnement de prières de bonzes, pendant sept jours consécutifs.

Les philtres qui causent pareils accidents sont préparés pour fortifier dans les luttes, boxes, etc., et pour rendre invulnérable contre les armes à feu.

La croyance néfaste aux sorcières prétendues malfaisantes, que les Cambodgiens appellant *ap*, est aussi très répandue au Laos, et paraît bien générale en Indo-Chine. Si les sauvages massacrent impitoyablement ces malheureuses, leur sort n'est guère plus enviable chez les Laociens. De même qu'au Cambodge, ces sorcières sont de deux sortes, par naissance, à leur insu; ou bien après s'être livrées à l'étude des sciences occultes par ambition, mauvais instinct.

Les sorcières héréditaires, inconscientes, peuvent être traitées et guéries. On m'a cité près du mœuong, un petit village dont toutes les femmes étaient douées de cette triste *jettatura* et qui ont été guéries par les soins d'un *gourou*.

Les autres sorcières étudient les sciences occultes pour se faire aimer à leur gré des jeunes gens. Et, à la longue, elles deviennent goules. La moindre contrariété les met en fureur et l'esprit mauvais qui les domine ou qu'elles dominent va tourmenter les gens, sans que ces sorcières aient besoin d'user de pratiques extérieures, par le simple effet de leur volonté ou de leur mauvais œil. Il en résulte des maladies internes, ou bien le possédé rit, chante, danse, tout en se plaignant de ses souffrances.

Il ou elle, car ce sont le plus souvent des femmes qui sont sujettes à ces accès hystériques qui paraissent bien communs en Indo-Chine, le malade, dis-je, mourra si l'on ne fait pas appeler, à temps, un bon gourou.

Celui-ci prend sept fils de coton, fait des ligatures aux pouces et aux gros orteils de la personne malade, tout en récitant des formules *ad hoc*. Il presse de ses doigts successivement toutes les parties du corps pour chercher le point sensible où est le séjour de l'esprit de la sorcière. L'ayant trouvé, il appuie à faire crier, et il interroge cet esprit qui répond par la bouche de la malade, indiquant le nom de la sorcière qui le domine, le nom des autres habitants de la maison, le détail des objets, etc. Après avoir satisfait à toutes les questions, l'esprit s'envole.

Et alors, sa conviction bien établie, le gourou prévient les autorités qui expulsent du pays la prétendue sorcière. Si elle revient et qu'elle soit de nouveau dénoncée, on la chasse derechef. A la troisième fois on ne la chassera plus, la frayeur populaire ou les ordres des autorités la feront mettre à mort sans autre forme de procès.

Les Laociens croient aussi aux sorciers malfaisants mâles que les Khmèrs appellent *thmôp*. Ceux-ci ont besoin de pratiques extérieures. Ainsi, au Laos, ils prépareront une petite construction à sept étages, en lamelles de tronc de bananier, avec sept paquets de feuilles de jacquier, un œuf, et une peau de buffle. En récitant leurs formules magiques ils frappent de verges la peau de buffle pour la rétrécir jusqu'à la rendre imperceptible, et ils l'envoient dans le corps de leurs ennemis, où elle doit reprendre son développement.

Toutes ces pratiques sont analogues à celles des Cambodgiens.

SIXIÈME PARTIE

LES MŒUONGS KOUIS ET KHMÊRS

Sommaire

LXXX

KOUKHAN

Dans les provinces de Koukhan, Sangkeah et Sourèn, entre le Moun et les Dangrèk, le fond de la population est kouie, mêlée de Khmêrs et aussi de Laociens.

Koukhan est borné à l'ouest par Sangkeah, dont le chef-lieu est à deux journées à l'ouest-sud-ouest du mœuong Koukhan ; au nord par Sisakêt, dont le mœuong est aussi à deux journées de distance ; au nord-est par Oubon, dont le chef-lieu est à cinq jours ; à l'est par le mœuong Dêt, dont le chef-lieu est à quatre jours. Au sud, à trois jours de distance, la ligne des Dangrèk sépare Koukhan de Kompong Soai et de Melou Préy. Cette dernière province relève politiquement de Koukhan, mais ce n'est pas un district proprement dit.

Deux petits mœuongs peuvent être considérés comme des districts de Koukhan, le mœuong Uttompor au sud, le mœuong Prakhantararak à un jour à l'est de Koukhan.

On trouve dans Koukhan les Koui mahai, Koui antor, Koui nhœu et Koui melo, des Khmêrs et des Laos. Selon certains renseignements, il y aurait 11,000 inscrits dans la province, chiffre qui me paraît exagéré.

L'impôt de capitation serait de 2 ticaux par inscrit ; les jeunes célibataires ne payant pas ; et le tribut porté à Bangkok serait de 98 cattis, 16 damling et 2 ticaux, chiffre qui correspondrait à 4,000 ou 5,000 mille inscrits au plus.

Le chau a pour titres : Phya koukhan phakedey si nakhon, romduon phou samrach rachkan mœuong Koukhan.

Le chef-lieu est une agglomération de hameaux sur des tertres sablonneux, dans des haies de bambous et de romchék, avec de bonnes rizières dans le voisinage, surtout vers l'est. Il est traversé par le petit sting Koukhan qui vient des phnom Vêng ou Dangrêk. Il y avait 1,000 cases il y a quelques années, mais la population est diminuée. Ce sont des Kouis parlant tous le khmèr, mais beaucoup apprennent à écrire le siamois. Ils se baignent nus.

Le lat est de dix au sling à Koukhan.

Le Phùm Bêng Melou, ou mœuong Ottompor est un petit district au sud, en allant vers les Dangrêk. Les gens de ce village ont beaucoup de cocotiers, d'aréquiers, et très peu de rizières. Ils troquent une noix de coco contre un petit panier de sel avec les gens de Chéam, village à l'ouest. Ils font aussi des sacs en slek rit, la feuille qui sert à faire les manuscrits indo-chinois.

Le palmier qui la donne, appelé par les Cambodgiens *khchêng* ou *treang*, selon les pays, pousse en quantité au phnom Slek « mont des feuilles » sur la ligne des Dangrêk, à l'ouest du monument de Prah Vihĕar. Ils vendent ces sacs 2 lat pièce, ou les échangent contre du paddy, six sacs vides contre le contenu d'un sac.

Avec les feuilles de ce palmier on tresse aussi des nattes. Pour les nattes et les sacs, il faut prendre les jeunes feuilles, mais pour les *salras* ou manuscrits, on se sert des vieilles dont la tige a été attaquée par les vers ; ces feuilles sont alors plus dures.

Vers le sud de Koukhan, on fait aussi des nattes avec le jonc que les Khmèrs appellent *run*, qui croît sur les Dangrêk. Ces nattes sont vendues 2 lat la pièce.

Les habitants du Srok Chraung, au sud de Koukhan, cultivent beaucoup de piment vendu 1 tical les dix livres.

Phnom Krebas « le mont du coton », à une journée vers l'est du chef-lieu, est une montagne de 50 à 60 mètres de hauteur, par rapport à la plaine environnante. Ce monticule est allongé du nord-ouest au sud-est. On fait beaucoup de coton et de laque dans le voisinage.

On forge du fer au Phum Koki, village d'une cinquantaine de cases. On obtient le minerai sous forme de gravier, en creusant un peu la terre. Les opérations sont semblables à celles que nous avons vues à Kètaravisaï. Ici, à Koukhan, avec ce fer on forge des couperets vendus de 1 à 4 ticaux selon la grosseur.

Entre Sisakèt et Koukhan on voyage toute une journée dans une forêt claire de grands arbres : phdiek, téal, trach, popél, sral ou pins, le terrain est sablonneux, la route est bonne. Un faisceau gros comme le poing, fait avec des baguettes de bois de pin grosses comme le doigt, sert souvent de torche aux gens de Koukhan.

Dans cette province on fait du sucre de canne vendu au mœuong 3 lat le paquet de dix petits disques, et 2 lat dans les villages de production. La culture dominante est celle du riz ; Koukhan peut exporter du riz. On y élève des bœufs, des buffles, des porcs, des chevaux. Un cheval ordinaire vaut une barre d'argent.

En somme la province de Koukhan est riche. De même que celle de Korat, elle est bien arrosée, ayant l'avantage d'être située dans l'intérieur de la courbe que décrivent les longues montagnes lors de leur changement de direction. Mais le grand article d'exportation de Koukhan c'est la laque, qui est cueillie dans presque tous les villages au sud et à l'est du mœuong jusque vers Phnom Krebas.

Les habitants attachent l'insecte aux arbres *krenhung*, *snuol*, mais surtout aux arbres *sangkê*. Le sangkê, très estimé pour cet usage, est planté continuellement, on le trouve partout sur les talus des rizières, et les habitants feraient payer des dommages-intérêts à l'étranger qui couperait un de ces arbres si utiles.

En janvier, la laque où sont les insectes destinés à propager la graine est enveloppée de chaume et attachée aux branches du sangkê. Les insectes s'étendent, se multiplient sur les branches et les rameaux de l'arbre. En juin, les rameaux sont cassés par groupes de cinquante insectes environ et propagés sur d'autres sangkô, sur des snuol, des krenhung. La cueillette a lieu en octobre, la laque est alors séchée au soleil.

Cette laque est vendue de 7, 8 à 10 ticaux le picul dans les centres de production, de 10 à 12 ticaux au mœuong ; on l'exporte partie à Bassak, partie à Sisakèt et Oubon, mais la plus grande partie va directement à Korat.

Nous avons vu à Koukhan, en janvier 1884, un convoi de cinquante-sept voitures de la province de Sourén, louées par un Chinois de Korat pour emporter de la laque. Selon le louong Oudâm, petit mandarin de Sourén et chef du convoi, le prix du transport de Sourén à Korat était fixé à 3 damling et 2 sling par voiture. Les voitures font le trajet en douze ou quatorze jours. Les passages de Dan Ta Pouï et de Prah Chréy améliorés, Kompong Thom sur le sting Sèn serait plus près de Koukhan que Korat !

L'ancien chef-lieu de la province de Koukhan était jadis, dit-on, au Ban Romduol, actuellement dans le territoire de Sisakèt. Toujours est-il que l'un des titres officiels du gouverneur de Koukhan est emprunté au nom de ce village. Ces titres sont : Phya koukhan si nakhon Romduol chau mœuong Koukhan (Si nakhon = çri nagara). Le mœuong laocien de Sisakèt a été distrait de Koukhan, dont il faisait partie autrefois.

Il y avait relativement peu de brigandage dans la province de Koukhan et dans les passages des Dangrèk au sud, du temps de l'ancien Phya Koukhan qui est mort en juin 1883. En janvier 1884, son cercueil était encore dans son ancien logement, entouré de rideaux, gardé par sa veuve vêtue de blanc et tête rasée. En attendant le feu de Bangkok pour la crémation, les bonzes venaient tous les jours réciter des prières.

Le bonhomme, cambodgien de vieille roche, quoique peut-être métissé de Koui, était justicier sévère, impitoyable pour l'adultère plus que pour toute autre faute. Il envoyait les deux coupables à la plaine où l'on coupe les têtes.

Il avait installé à Dan Ta Pouï et à Bèng Melon des postes de surveillance. Les vagabonds, les gens sans papiers réguliers étaient arrêtés, ramenés au mœuong. S'ils pouvaient se réclamer de leur famille, d'un homme connu, ils payaient 3 ou 4 ticaux pour frais, amendes, délivrance de passeport en règle. Si personne ne les réclamait, ils étaient frappés de soixante coups de verges.

Depuis la mort de ce chau, les choses prennent très rapidement une autre tournure dont se plaignent déjà vivement les populations. L'aîné de ses fils a été écarté sous le prétexte que sa tête est faible; en réalité, il est surtout pauvre. Les deux jeunes fils de la veuve qui a mis la main sur tout l'héritage, aidés par un métis chinois, beau-père de l'un d'eux, forment avec lui un trio qui accapare les premières dignités. Par de très-grosses sommes ils ont payé, deniers comptants, la faveur d'être nommés intérimaires. Et ils se disposaient à en payer de plus fortes encore pour devenir titulaires.

Il faudra rentrer dans ces débours. On entend déjà parler d'actes d'arbitraires, jusqu'à fusiller des individus sans jugement. Le brigandage, le fléau de tous ces pays, commence à relever la tête.

LXXXI

SANGKEAH.

Cette province est bornée à l'est par Koukhan, dont le chef-lieu est à deux jours du mœuong Sangkeah; au nord-est par Sisakèt, à trois jours; à l'ouest et au nord-ouest par Sourén, dont le chef-lieu est à deux jours au nord-ouest; enfin au sud par les Dangrèk, à deux jours.

Au-déssous des Dangrèk, le mœuong Chongkal, relève de Sangkeah, est un district de cette province, mais nous ne nous en occuperons pas ici, parce qu'il appartient à un autre bassin géographique.

Il y aurait un millier d'inscrits valides dans la province de Sangkeah. Le tribut annuel serait de 25 cattis d'argent plus de la cire, du cardamome.

Le chef-lieu est à l'ouest du sting Srèl, affluent du Kaptéal. Les habitants boivent l'eau de ce torrent à la saison sèche. Le village compte une centaine de cases ombragées par beaucoup de cocotiers et d'aréquiers, sur un tertre élevé, entouré de forêts claires.

On n'y trouve ni fermes d'alcool, ni fermes d'opium. Il n'y a pas de marché, pas de commerçants étrangers, chinois ou siamois. Les Kouis assassinent les Chinois pour réprimer leur morgue, dit-on. Rectifions : il y a un Chinois, un seul et il s'enferme bien la nuit. En outre le pays passe pour être malsain aux étrangers, effet attribué à la vieille fée *Téy*, à l'est du mœuong, qui fait des étrangers ses maris dans le monde des esprits.

Il y a deux pagodes dans le mœuong Sangkeah.

La population exclusivement koui melo, noire, mal vêtue, n'est pas belle; son aspect est grossier et sauvage. Ces gens sont malpropres et curieux comme tous les Kouis. Les hommes suivent les modes siamoises en ce qui concerne la chevelure et les vêtements. Les femmes sont noires, ont les cheveux courts, portent une jupe semblable à la jupe laocienne; à la case, elles ont ordinairement le buste nu, et quand elles sortent elles jettent négligemment une écharpe sur leurs épaules. Toutes se baignent nues. Les filles portent des fleurs naturelles aux cheveux, aux oreilles.

Outre le Koui melo, toute cette population parle le khmêr. Aux pagodes on étudie l'écriture siamoise.

Le pays, pauvre, manque de poissons, de victuailles. Les gens ne mangent guère que du sel et du piment avec leur riz.

Le demi-picul de porc vaut 3 ticaux.

Le chau, dont la dignité est héréditaire dans une famille kouie, ne peut avoir, comme ceux de Sourén, de Koukhan, la prétention d'être de race khmère. Il a pour titres : Phya sangkeah bauri si nakhon achhah. Sur son sceau est l'empreinte d'un homme portant une arbalète. Au bout de cette arbalète sont attachés des rotins, des feuilles de l'arbre *barey* qui sert à rouler des cigarettes et qui, dans la langue khmère, a donné son nom aux cigarettes.

Outre Chong Kal, que nous laissons de côté, les districts de Sangkeah sont les mœuongs Kantararoum et Karaphoum.

Le mœuong Kantararoum, à une grande journée à l'est-nord est de Sangkeah, à une matinée à l'ouest du mœuong Koukhan, était jadis le srok Rompouk ou Lompouk, qui fut érigé en mœuong depuis une douzaine d'années. On y compte une pagode et une cinquantaine de cases dans le bois. La population est koui melo, le chau de même; il est d'ailleurs de la famille des chau de Sangkeah. Le titulaire actuel, au profit de qui a été créé ce petit mœuong, est un vieillard vif, puéril, bavard, curieux, indiscret, mais serviable, un vrai Koui, en un mot. Il a pour titres : Prah kantararoum anurak, chau mœuong Kantararoum.

Plusieurs villages, dont les habitants cultivent des rizières, relèvent de ce petit mœuong qui envoie à Sangkeah 1 catti et 5 damling pour sa part de tribut annuel.

Le mœuong Karaphoum ou Vikaraphoum est, au nord, séparé du territoire de Sourèn par un petit ruisseau sans eau. Le chef-lieu, sur un tertre élevé, c'est-à-dire dominant de 2 à 3 mètres la plaine d'alentour de sable noirâtre, compte environ 80 cases; à l'est est une grande mare, au nord et à l'ouest des plaines découvertes.

Selon les uns, le chau a pour titres : Prah vikaraphoum chau mœuong Karaphoum. Selon d'autres : Prah si khan phouma-nurak chau mœuong si Karaphoum Visaï.

Ce district n'a pas, d'ailleurs, de territoire distinct. Il n'a que le chau et les *bau:* « Le seigneur et les hommes du peuple. » Pour éviter les corvées, la population, qui se dit khmère, tend à émigrer au mœuong Sourèn où elle est inscrite en partie, alors que les mandarins sont de Sangkeah. Le chau de Kara-phoum est mort, et n'a pas encore été remplacé.

Mœun Srey et Samrong Téap sont deux gros villages de Sangkeah. Il n'y a pas de limites entre Koukhan, Sisakèt, Sangkeah, Sourèn; les gens paient l'impôt aux chefs du mœuong de leur choix.

On rencontre de gros villages kouis dans cette partie indivise, tels que mœuong Louong, qui a 300 cases; mœuong Chan, qui en compte 150.

Les *srâl* ou pins ne manquent pas dans cette région, ni les *krœul*, dont on recueille, de janvier à avril, le vernis noir appelé *merak*, employé ici à enduire des plateaux de rotin tressé vendus 1 tical pièce. Les gens de Sangkeah tressent des nattes de rotin coupés dans le lit du Kap Téal. Ces nattes sont vendues de 3 à 4 sling.

A l'est de Sangkeah ils tressent aussi des nattes de romchék. Ce sont les femmes qui vont couper ces feuilles aux bois pendant que les hommes gardent les enfants. Ces nattes sont échangées contre le riz des gens de Samrong kaun mean, gros village à l'ouest : une natte contre un kantang ou panier de riz.

Les fonctionnaires de Sangkeah boivent l'eau du serment en avril et octobre. Quatre bonzes récitent des prières dans le temple où a lieu la cérémonie. L'eau, placée dans l'urne d'argent du chau, est agitée avec le sabre à fourreau d'or de ce dignitaire et étendue d'eau ordinaire pour fournir à la boisson de tout le monde.

Le dernier chau était mort en novembre 1883. Les fonctionnaires avaient prévenu à Bangkok, demandant le feu pour la crémation, et attendaient aussi la nomination du successeur.

En décembre 1883 et janvier 1884 ce n'étaient que pleurs et gémissements dans le chef-lieu de Sangkeah. Deux épidémies successives de petite vérole avait déjà enlevé près de 200 enfants, et 6 à 8 par jour mouraient en décembre. Le corps devenait noir, violacé, pris de démangeaisons générales, et la mort suivait à bref délai. La science de tous les gourous du pays était entièrement en défaut. Ordinairement, la nature aidant, ils guérissent un certain nombre de cas. Cette fois-ci pas un seul malade n'en revenait. Par crainte de l'épidémie, les bonzes n'osaient pas se raser la tête.

LXXXII

PROVINCE DE SOURÈN.

La province de Sourèn est limitée à l'ouest et un peu vers le sud par Phakonchhai ou Teloung, district de Korat; à l'ouest, un peu au nord, par Bouri Ram, autre district de Korat. Les deux chefs-lieux de ces districts sont à deux jours de marche du mœuong Sourèn.

Droit au nord Sourèn serait limité par le Moun, mais la « province s'avance maintenant au delà de la rivière, ainsi que nous le verrons au district de Chomphon. Au nord-nord-est Sourèn est limité par Ratanabouri; au nord-est par Sisakèt; au sud-est par Sangkeah, dont le chef-lieu est à deux jours de marche, et au sud par les Dangrèk, à trois jours de Sourèn. La province de Sourèn mesure quatre journées de marche dans la direction est-ouest et cinq du nord au sud.

Le sol de ce plateau, entre les Dangrèk et le Moun, est sablonneux, couvert de forêts claires. La population de la province est kouie melo, khmère et laocienne; mais les khmèrs sont ici beaucoup plus nombreux que dans les provinces de Koukhan et de Sangkeah. On parle plus généralement le khmèr que les dialectes kouis.

Il y a quelques Siamois et quelques Chinois à Sourèn. Les cornacs d'éléphants sont tous kouis.

Il y aurait 3,000 inscrits valides à Sourèn, et 10,000 (?) en comptant les jeunes gens, les étrangers, toute la population mâle et valide.

L'impôt de capitation est de 2 ticaux par tête. Le tribut porté à Bangkok serait de 62 cattis. En outre la population est assujettie aux levées et aux réquisitions en temps de guerre. Le lat, menue monnaie, est de dix au sling.

Outre la province de Sourèn proprement dite deux petits mœuongs obéissent au chau de Sourèn : ceux de Sauraphim au sud, et de Chomphon vers le nord.

Le chef-lieu de Sauraphim est au nord-ouest de Sangkeah, à 32 kilomètres au sud-est de Sourèn. C'est l'ancien srok Romduol.

Les inscrits du district sont fixés au chiffre de 300 par le chau de Sourèn.

Le district est séparé du territoire de Sangkeah par le aur Komphauk, affluent du Kap Téal.

Le chef-lieu, Romduol, est sur un ancien emplacement de 600 mètres nord-sud et de 400 mètres est-ouest, entouré de deux levées de terre sur les trois faces, est, nord et sud, avec un fossé entre les deux levées. A l'ouest la levée est simple.

L'intérieur de l'enceinte est sur un tertre sablonneux assez ombragé par des cocotiers, des bananiers qui abritent une centaine de cases et trois pagodes. Les habitants sont khmèrs en majorité, avec quelques Kouis. Ils boivent l'eau du fossé d'enceinte.

Il en est de même à Sourèn, à Prah Srok, entre Chong Kal, Battambang et Siem réap. Ces trois emplacements, Sourèn, Sauraphim et Prah Srok sont entourés d'un large fossé à eau claire et potable, creusé à l'époque de la puissance khmère.

Tout autour de Romduol ou Sauraphim, la plaine nue est dégagée, comme pour mieux faire ressortir le bouquet de verdure du village.

Ce srok Romduol est érigé en mœuong depuis une dizaine d'années. Le défunt chau portait les titres de Prah suraphim thon ra nirah manurak, chau mœuong sat Nikom.

Le district est dans le territoire de Sourèn, mais beaucoup d'hommes relèvent de Sangkeah, de Karaphoum.

Le mœuong Chomphon ou Chomphonbouri est situé à 2 kilomètres au nord du Moun, à un jour et une matinée de distance au sud-ouest du mœuong Kétaravisaï; à deux bonnes journées de marche au sud-est du mœuong Phya Kaphoumvisaï; à deux journées de marche au nord-est du mœuong Bouri Ram, qui est au delà du Moun; à trois bonnes journées de marche au nord-ouest de Sourèn, qui est également au delà du Moun.

Les gens de Chomphon, khmèrs en partie, représentent encore cette race au nord du Moun. Le chef-lieu, sur un tertre couvert de bambous, ne compte encore que 15 cases nouvellement installées, celle du chau comprise.

Yavœut est un gros village de ce district, sur un tertre entouré de plaines inondées aux crues. Les gens vont alors en pirogue. Ils achètent leur riz au nord, chez les Laociens, ou au sud, vers les Dangrèk.

On fait du sel dans le district de Chomphon, principalement à Bo Kan Thao, près du Moun. Les procédés sont ceux que nous avons déjà décrits. La terre salée est lavée avec l'eau du Moun. Au début de l'exploitation ce sel est vendu 1 sling le pot; plus tard, en mars-avril, la production étant plus abondante, le prix descend à 1 tical les dix pots. On expédie ce sel dans les districts environnants.

Les gens de Chomphon se livrent à la pêche et font du sucre de canne vendu 1 fœuong le srak ou paquet de dix disques. Le territoire de Chomphon, au nord du Moun, fait partie de la province de Suvanaphoum. Le phya de Sourèn écrivit, il y a quelque temps, à Siphoum pour demander ce territoire et y installer un mœuong nouveau. Le chau de Suvanaphoum refusa, mais les gens de Sourèn passèrent outre, prétendant avoir un ordre royal.

En février 1884 on racontait que, de leur côté, les Laociens se disposaient à se lever pour chasser les intrus. Aussi les gens de Chomphon se gardaient jour et nuit, afin de faire une bonne réception aux Laociens. Même les gens des environs avaient été levés pour cette expectative et aussi pour débroussailler le nouveau mœuong.

Le chau de Chomphon réside encore à son ancienne maison, au village de Thmong, à une journée de là. Il vient de recevoir les titres de Phra ruthivong nayut chau mœuong Chomphon bouri.

Son supérieur, le phya de Sourèn devait se rendre à Chomphon, en février ou mars, pour procéder à l'inauguration du nouveau mœuong.

Dans la province de Sourèn proprement dite on distingue entre autres le srok Yéang, gros village d'une centaine de cases sur un tertre couvert de bambous, de cocotiers, à l'ouest de Kap Téal. La population est khmère.

Il y a une petite montagne isolée au sud-ouest du mœuong Sourèn; c'est Phnom Soai Na Héo, qui domine la plaine de 40 à 50 mètres.

Outre l'impôt de capitation, il y a aussi à Sourèn un léger impôt sur le riz, perçu de la manière suivante :

Les envoyés du chau vont dans chaque village, font jurer les komnan et chefs de villages en leur faisant boire l'eau du serment. Ceux-ci doivent indiquer les noms de tous les propriétaires et la quotité de charretées de riz par case. Il y a 2 *tau* à percevoir par charretée qui est ici de 36 *tau* ou paniers.

Ce riz est transporté au mœuong par les contribuables et gardé en réserve pour les services publics, tels que l'entretien des kha luong ou envoyés royaux, l'entretien des troupes levées, etc.

LXXXIII

CHEF-LIEU DE SOURÈN.

Selon toute apparence, le mœuong Sourèn était un centre important à l'époque des anciens Cambodgiens. Son emplacement occupe un carré entouré de deux levées concentriques de terre.

La levée extérieure est rectangulaire parce qu'elle entoure, outre la levée intérieure, à l'est deux grands bassins secs et à l'ouest une esplanade sur laquelle a été élevé un monticule. Cette levée extérieure mesure à peu près 3 kilomètres de longueur.

La levée intérieure, carré de 1,600 mètres de côté environ, est entourée elle-même d'un fossé plein d'eau bue en toute saison par les habitants de Sourèn.

A l'intérieur, le mœuong, sur un tertre sablonneux, est marqué au centre géométrique par un poteau appelé *lak mœuong*, que l'on renouvelle à l'avénement de chaque chau.

On compte à Sourèn huit pagodes, dont les salas et les temples sont recouverts de planchettes.

La plaine de rizières tout autour de Sourèn est assez dégagée pour mieux faire ressortir le massif d'arbres de plantation du mœuong que les filles du pays arrosent soir et matin.

Les habitants de Sourèn sont des Khmèrs mélés de Kouis; on y trouve quelques Siamois. Les hommes suivent les modes siamoises et portent plutôt des écharpes que des vestes. Ils sont très joueurs. Les filles ont les cheveux courts, les oreilles per-cées, mais généralement sans ornements; elles sont vêtues de la jupe laocienne, et pour sortir elles se jettent une écharpe sur la poitrine. Blanches et grassouillettes comme des Lao-ciennes, elles ont adopté les costumes de ces dernières, offrant ainsi le phénomène de filles de mœurs très relâchées en général, et parlant la langue khmère.

Les porcs, les poulets, les canards sont à vil prix à Sourèn, la consommation étant relativement faible et l'exportation difficile. Dès les semailles on doit enfermer ces animaux, tout propriétaire ayant le droit de les tuer sur son champ et de les manger.

Le chau, dont la famille occupe le poste de temps immémorial, a pour titres : Phya surinthon phakedey si nokhon putéai Seman. Les deux derniers mots sont la corruption en siamois des mots khmêrs *Bantéai Chhmar*, nom d'une ruine très importante au sud des Dangrêk, dans la province de Battambang, qui présente la curieuse particularité d'orner les titres du chau de Sourèn.

Les insignes de ce dignitaire sont partie en or, partie en argent. Le titulaire actuel est un bonhomme de 70 ans, replet, vigoureux encore.

Il a six prah sous ses ordres : le prah Balat, le prah Phon, le prah Mœuong, le prah Mahathai, le prah Sassedi et le prah Veang. Suivent plusieurs louong qui, avec les précédents, forment l'ensemble des *kromokar* ou fonctionnaires.

La nomination des prah est confirmée par la cour de Bangkok, celle des louong dépend simplement du chau.

Le louong tim charat maha thai réquisitionne et surveille les hommes de garde dans le mœuong, et délivre les passeports ou permis de circulation, moyennant un droit de 6 sling. Dans ces pièces sont énumérés les hommes, les femmes, les voitures du convoi.

Tous ces fonctionnaires de Sourèn sont aussi cultivateurs. Leurs rizières, dans les environs du mœuong, leur rapportent sept, huit, dix charretées par tête.

Il y a au chef-lieu de Sourèn autant d'amphœu, sorte de maire, que de pagodes ; huit subdivisions par conséquent ; chacun de ces amphœu est chargé de réquisitionner dans son petit arrondissement.

Le phya de Sourèn a un *achar* ou savant laïque qui dresse le *sangkran* ou calendrier. En outre, plus ou moins tard, on reçoit le calendrier envoyé de Bangkok, et les deux concordent ensemble, dit-on.

Le troisième jour des deux mois de chêt et d'asoch, soit à peu près avril et octobre, a lieu la cérémonie de l'eau du serment. Le chau envoie au temple de la Vat Boun, à l'est de son habitation, ses insignes : l'urne, la boîte, son fusil à monture d'argent, son sabre à poignée d'or, et il se rend lui-même au temple, escorté de tous ses fonctionnaires.

Quatre bonzes récitent des prières ; l'eau est versée de l'urne dans quatre bols ou jarres de bonze, étendue, et brassée avec les armes. Le livre du serment est récité phrase par phrase, répété par tous les assistants, qui boivent l'eau en proférant des malédictions sur les traîtres.

Un délai de trois jours est accordé aux fonctionnaires empêchés pour motifs valables. Les négligents ont à payer une amende de 6 ticaux. Le chau rend compte de la cérémonie à Bangkok.

LXXXIV

PROCÈS, BRIGANDAGE.

Au mœuong Sourèn, la procédure a lieu de la manière suivante :

Les juges font écrire la plainte par leurs scribes sur un de ces livres noirs de feutre qui se replient en forme d'accordéon et qui, ici, coûtent 10 lat et viennent de Bangkok. La réplique du défendeur est écrite à la suite sur le même livre. Les scribes prennent de chaque plaideur 1 fœuong (40 centimes) pour leur peine.

Lecture à haute voix est faite des deux pièces pour les confirmer. Suit la discussion. Si le procès n'est pas terminé avant la levée de la séance le livre est ficelé et scellé sur nœuds avec de la terre glaise. En guise de sceaux les juges font prendre l'empreinte de l'ongle du pouce droit du demandeur et du pouce gauche du défendeur. A la séance ultérieure, le livre est descellé en présence des parties.

La sentence est écrite à la suite des deux pièces primitives ; on en délivre toujours, moyennant rémunération, copie certifiée aux parties qui la demandent. Le livre qui contient ainsi toutes les pièces du procès est de nouveau ficelé, et on le conserve aux archives, de crainte d'appel ou de contestation sur le même sujet.

Les archives sont conservées pendant la durée du gouvernement du chau, et lors de l'avénement d'un nouveau chau, toutes les écritures sont effacées, et les livres peuvent servir de nouveau.

Il faut convenir que cette procédure, aussi simple qu'ingénieuse, serait excellente pour des tribunaux indigènes de première instance.

Le serment en justice est prêté au temple en présence des juges. A côté d'un bol d'eau on allume des bougies, on place des fleurs ; lecture est faite du livre du serment en siamois ; la partie qui jure répète phrase par phrase. On trempe une statuette du Bouddha dans l'eau que boit cette partie.

Si un voleur dénoncé par ses complices prend la fuite, on saisira son père, donnant à celui-ci un jour, puis trois jours, puis cinq jours pour faire ramener le fugitif, sinon le père sera condamné avec les autres voleurs au lieu et place de son fils.

L'amende pour un buffle mâle volé est le double du prix ; c'est le triple pour une buffflesse.

Un beau-père qui s'était associé avec son gendre alla acheter du riz chez les Laociens et, à son retour, vendit le riz sans rien remettre au gendre qui le conduisit au tribunal de Sourèn, où une plainte, malgré de telles relations de famille, paraissait naturelle. Au Cambodge il n'est guère admis qu'un gendre réclame de l'argent à son beau-père, lui intente un procès civil. Tout au moins, en pareil cas, il doit lui faire remettre, au préalable 10 ou 15 ligatures par l'intermédiaire des juges.

Le brigandage infeste la province de Sourèn. On s'aperçoit que nous approchons de Siam où nous verrons cet état de choses aller *crescendo* jusqu'à Bangkok.

Les enlèvements de bestiaux, les assassinats sont presque quotidiens. Dans le sud de la province de Sourèn les buffles sont conduits au pâturage par des gens armés qui se mettent sur la défensive en apercevant tout étranger.

Au moins le phya de Sourèn montre-t-il beaucoup de bonne volonté à réprimer ce fâcheux état de choses. Tout au plus pourrait-on discuter l'efficacité de la plupart des moyens préventifs qu'il emploie

Il a placé des postes de surveillance vers les principaux passages des Dangrêk. Il a donné l'ordre d'interroger les étrangers qui s'arrêtent près des villages, de s'emparer d'eux si leurs papiers ne sont pas en règle, et s'ils résistent, se défendent, de courir sus à leurs risques et périls.

Depuis trois ou quatre ans il a défendu de tuer des porcs ou de distiller de l'eau-de-vie dans toute l'étendue de la province, sauf au chef-lieu, où il a institué une ferme. L'ivresse occasionnait des rixes, des meurtres, ou bien les têtes se montaient, s'échauffaient trop facilement pour comploter un mauvais coup.

En cas de motifs valables tels que mariages ou autres cérémonies, il se réserve le droit d'accorder une autorisation spéciale temporaire, et encore moyennant une redevance de 6 ticaux.

Les Khmèrs et les Kouis de la province boivent l'eau-de-vie autant que les Laociens, si ce n'est plus. Et on s'aperçoit combien la privation est grande lors des cérémonies de possession dites *lieng arak*, quand il faut consulter les esprits pour la guérison d'un malade par exemple.

Les possédés, *rûp arak*, n'acceptaient autrefois que de l'eau-de-vie s'enflammant rapidement, et ils s'en assuraient au préalable. Hélas ! aujourd'hui on ne leur présente que de l'eau qu'aucune allumette ne fera flamber. Ils la refusent. Mais les assistants qui l'offrent ne peuvent que leur dire : « Seigneur esprit, il n'y a pas de notre faute ; notre chau, maître de la terre et de l'eau, a défendu de distiller de l'alcool. Vous ne pouvez boire que ce que nous vous offrons. » L'arak boit, mais avec une grimace très accentuée.

Enfin, tout récemment, exaspéré de voir que le brigandage, loin de cesser, devenait général, le chau de Sourèn tint conseil avec ses kromokar, et il fut décidé que tous les hommes valides, village par village, seraient successivement amenés au moeuong sous la conduite des chefs de village, et là, à la principale pagode, en présence des fonctionnaires, ils jureraient en buvant l'eau du serment, devant la statue du Bouddha, de ne jamais voler ou pirater. Ceux qui éluderaient le serment seraient tenus pour voleurs et condamnés à la prison perpétuelle.

En février 1884, des escouades de quinze à vingt villageois venaient jurer et se partager un grand bol d'eau. On leur impose l'achat d'un livre de dix lat pour confirmer par écrit le serment.

Les livres scellés et conservés par les juges apporteront aux futurs criminels la circonstance très aggravante du parjure.

Il y a trois ans, des Kling ou Malabares sujets anglais vinrent à Sourèn par Battambang, dont le phya leur remit une lettre pour son collègue de Sourèn, avertissant celui-ci que ces hommes étaient sous le drapeau anglais.

Ces Malabares avaient pour se rendre à Sourèn deux voitures à buffles louées à Battambang. Pendant le trajet ils eurent des difficultés avec leurs voituriers; des menaces de mort furent réciproquement échangées. Les Kling, à Sourèn, portèrent plainte, et leurs voituriers, condamnés à des dommages-intérêts, vendirent buffles et voitures pour payer, et s'en retournèrent dans leur pays.

Après un mois ou deux mois de séjour à Sourèn, les Kling cherchèrent des voitures pour se rendre à Oubon, en trouvèrent par l'intermédiaire des autorités, mais à l'extrémité nord de la province, à Ban Toum, près du Moun, les voituriers, instruits peut-être par l'exemple de ceux de Battambang, refusèrent d'aller plus loin. Les Kling exigeaient le voyage jusqu'à Oubon. Se voyant abandonnés par leurs voituriers, ils abandonnent à leur tour toutes leurs marchandises et reviennent se plaindre au chau de Sourèn. Ils ne veulent entendre parler d'aucun accommodement; leurs marchandises sont de valeur, disent-ils.

Déjà les gens du pays songeaient à les assassiner. Ils s'enfuirent en toute hâte vers Battambang, se plaignirent à Bangkok, d'où ordre au phya de Battambang de juger l'affaire. Celui-ci ordonna de leur rendre toutes leurs marchandises, que le phya de Sourèn fit porter à Battambang.

Les Kling refusèrent de reprendre ces objets, alléguant leurs frais, de grandes pertes, ne voulant accepter qu'une indemnité pécuniaire. Pour les satisfaire, le phya de Sourèn imposa 1 tical d'argent à chaque inscrit de sa province. Et actuellement les gens de Sourèn répètent de tous côtés : « Si les Klings reviennent par ici nous les tuons tous, sauf à payer ensuite autant de piculs d'argent que l'on voudra ! »

Avant mon départ de Korat pour Sarabouri, sachant que le phya de Sourèn désirait beaucoup avoir des détails sur l'éruption du Krakatoa du mois d'août 1883, entendue dans tout le Laos jusqu'à Nongkhai, Siengkhan, je lui envoyai la traduction des récits dramatiques apportés par des journaux reçus à Korat avec mon courrier. En même temps je lui envoyai des cadeaux pour lui et pour ses femmes. J'avais oublié de mentionner ces cadeaux dans ma lettre, et pour cela on faillit les refuser, tellement l'aventure des Klings rendait méfiants les fonctionnaires de Sourèn. Après de longues hésitations et plusieurs conférences il fut enfin résolu qu'on pouvait accepter ces cadeaux et avoir confiance dans la parole de mon envoyé, assurant que mon intention était bien de les offrir.

LXXXV

INDUSTRIE, COMMERCE.

La province de Sourèn est loin d'être pauvre, quoique n'ayant aucun produit de valeur à exporter. La principale culture est celle du riz. Les habitants du village de Bak Day, par exemple, près des monts Dangrèk, près de la route, au-dessus du passage Chup Smach, plantent du tabac qu'ils vendent aux voyageurs 1 tical les quatre cents tablettes. Ce tabac est planté dans les anciens parcs à bœufs, à buffles, ce qui le rend plus fort.

Les habitants du srok Daung, également au sud, sur un tertre de cocotiers, de manguiers, d'aréquiers, plantent aussi du tabac qu'ils vont vendre au plateau du Grand-Lac, trente tablettes pour cinq petits sous de Siam. Les gens du pied des Dangrèk, Khmèrs *chong* « de la fin », mêlés de Kouis, plantent du coton qu'ils vendent à Sourèn 1 tical les treize livres. Une famille peut se faire une dizaine de ticaux par an.

On sait que le coton ne vient que sur les rives des grands fleuves ou dans les montagnes ; il ne réussit pas dans les plaines, les terres à rizière. Ces gens exploitent aussi l'arbre de teinture appelé *khlé*. On enlève l'écorce et on emporte le cœur qui sert à teindre les vêtements en jaune. Un picul de ce bois vaut 6 sling.

L'écorce de l'arbre *prahut* est aussi exploitée dans la même but ; quarante à cinquante tablettes transportées à Sourèn valent 1 tical.

On recueille du vernis noir appelé *merak* au srok Pring, par exemple, au sud de Sourèn. Le mode est le même qu'au Cambodge. On fait un petit échafaudage autour de l'arbre *krœul*; on entaille l'arbre en ovale pointu vers le bas où un tube en bambou reçoit le suc. Au bout de quatre à cinq jours le tube, suffisamment plein, peut être enlevé. S'il est gros on le vend 1 tical à Sourèn.

Les gens du sud font encore des torches vendues 1 tical le cent. Au village de Smàn, à l'ouest, du côté de Pha Konchhai on fabrique de bonnes marmites achetées par les pays voisins : Bouriram, Phakonchhai, Sourèn. Elles sont cuites au feu de paille dans des fours creusés en terre. On les vend selon leur grosseur de 1 à 4 lat la pièce, soit dix à quarante marmites au tical.

Les gens de Sourèn descendent par le passage Chup Smach acheter du poisson à Siem Réap, Angkor Baurey, Battambang, munis du passeport de Sourèn qui leur coûte 6 sling, d'armes, d'amulettes contre les brigands et les accidents du voyage; ils vont par convois de nombreuses voitures. En neuf jours ils atteignent soit Angkor Baurey, soit Siem Réap, où ils achètent le poisson sec au prix de 3 ou 4 ticaux le picul, pour le revendre au pays avec 2 ou 3 ticaux de bénéfice.

Les marchandises européennes vendues à Sourèn sont apportées de Korat par des Chinois ou des Siamois.

LXXXVI

RATANABOURI.

Ratanabouri est un ancien district du territoire de Sourèn, dont il fait partie au point de vue géographique. Ce mœuong qui s'est détaché de Sourèn et qui relève actuellement de Korat est borné au sud-est par le houé Ching qui le sépare de villages relevant de Sangkeah. Ce ruisseau, le houé Ching, est à un jour de distance du mœuong Ratanabouri. Au sud, en une matinée, on atteint le houé Poun au Kout Saniet qui le sépare de Sourèn. Le district de Chomphon, qui relève de Sourèn, limite Ratanabouri à l'ouest. Au nord, en une matinée, on atteint le Moun, qui sépare Ratanabouri du territoire de Suvanaphoum. A l'est, le houé Thap Than, à un jour de distance, sépare Ratanabouri du territoire de Sisakèt.

De Ratanabouri à Sisakèt il y a deux grandes ou trois petites journées de marche. De Ratanabouri à Sangkéah il y a trois journées de marche ; deux journées et demie de Ratanabouri à Sourèn.

La population du district de Ratanabouri est mélée de Laociens et de Kouis *laocisants*, ayant perdu l'usage de leurs propres dialectes. On y compte au moins 500 inscrits qui paient un tribut de 1,000 ticaux à 2 ticaux par tête, les jeunes célibataires étant exempts.

Le district paie en outre 8 cattis d'argent, soit 640 ticaux, pour l'impôt du riz ; chaque rizière d'un sèn carré, c'est-à-dire d'un carré de 40 mètres de côté, paie 1 sling et 1 fœuong. Ceci est l'impôt des rizières dans les pays d'administration siamoise que nous allons rencontrer désormais.

Le chau a pour titres : Phra si nakhon chhai chau mœuong Ratanabouri (Brah çri nagara jaya... ratna pûri). L'ancien avait des insignes d'argent et un parasol rouge. Le titulaire actuel n'a que les titres et le sceau. Les insignes n'ont pas été renvoyés de Bangkok.

La famille des chau de Ratanabouri est de race kouie métissée de laociens.

Le lat est de huit au sling dans ce mœuong.

Le chef-lieu est sur un tertre, ou plutôt à l'extrémité nord d'une forêt au sol de sable mêlé d'argile, près du petit houé Si Konthao qui vient des forêts marécageuses du sud, à une demi-journée de distance, et qui se perd dans les plaines basses du nord avant d'atteindre le Moun. A l'époque où il serait assez enflé pour se joindre au Moun, celui-ci a débordé et couvre les plaines.

Les cases du mœuong Ratanabouri sont au nombre de 150 environ, du moins avant les derniers troubles. Elles sont écartées, séparées par d'épaisses haies vives, disséminées sur un espace de 200 mètres est-ouest et 1,000 mètres nord-sud. Les bambous, cocotiers, aréquiers sont abondants ; les routes dans le village sont encaissées. De trois côtés le mœuong est entouré de plaines aux fertiles rizières. Il est divisé naturellement en trois quartiers groupés autour de trois pagodes.

Les femmes, peu timides, coupent toutes les cheveux à la siamoise : les modes laociennes vont en s'affaiblissant beaucoup à l'ouest d'Oubon et de Sisakèt.

Les habitants de ce district cultivent des rizières et tressent des nattes de rotin, vendue 3 sling pièce quand elles ont quatre condées de longueur sur deux de largeur. Le poisson est plutôt rare dans le district. Pour 1 tical on achète six à huit mœun de riz.

Les habitants recueillent de la résine liquide. En plusieurs endroits ils font du sel, toujours d'après les procédés que nous connaissons, l'eau salée étant simplement recueillie dans une jarre.

Ils font aussi de la chaux de coquillages pour bétel. Les coquillages de toute espèce sont ramassés aux mares, aux cours d'eau, au Moun, partout enfin. La chair mangée, les coquilles sont séchées au soleil, et ensuite cuites avec du bois mort, ou de la balle de riz ou avec la fiente sèche de bœuf, de buffle. Le combustible est placé par couches alternées avec les couches de coquillage et le feu est activé au moyen de soufflets de forge.

La cuisson achevée, le feu éteint et refroidi, les coquilles calcinées sont placées dans des bols, des marmites, et arrosées d'eau pour éteindre la chaux, et la rendre propre à l'usage de la mastication.

Le mœuong Ratanabouri est en proie à la discorde. Il a quitté Sourén pour relever de Korat, et actuellement, un parti puissant, à la tête duquel est le phou Chhouï voudrait retourner à Sourén. Le phou Chhouï est le fils de l'ancien chau, mort il y a sept ou huit ans, et l'oncle du chau actuel, en fonctions depuis quatre ans. Il lui déplaît d'obéir à son neveu; il aurait voulu être chau lui-même. La plupart des anciens fonctionnaires sont de son côté, tandis que le chau est soutenu par ses deux frères, le balat et le yokebat.

En novembre 1883, la querelle s'aggravant, le chau fit saisir le phou Chhouï sous prétexte de désobéissance, et le fit garder dans sa propre maison. La femme du phou Chhouï et les anciens kromokar vinrent demander son élargissement. Ayant essuyé un refus, ils lèvent leurs gens, leurs clients, et viennent assaillir la maison du chau, enlever le phou Chhouï. Le chau crie au pillage ; on fait feu sur les assaillants qui emmenaient les prisonniers et on en tue deux. Furieux, les gens du parti soulevé reviennent plus tard en force, bien armés et résolus à tuer le chau qui fila rapidement vers la frontière la plus rapprochée et la plus sûre, celle de Suvanaphoum. De là il se rendit à Korat porter plainte pour attaque à main armée, piraterie.

Les adversaires émigrèrent à Sourèn avec leurs familles, au nombre de six à sept cents individus. De là ils envoyèrent demander à Bangkok un ordre leur permettant de résider où bon leur semblerait. Cet ordre leur fut accordé. Mais de son côté le chau ne manquait pas d'arguments sonnants à faire valoir à Bangkok, où il obtint un ordre prescrivant de faire juger l'affaire par le phya de Korat. Celui-ci réclame à Sourèn les fugitifs dont la moitié est rentrée, l'autre partie, plus compromise sans doute, refuse de revenir, et probablement Sourèn ne le presse que très modérément de retourner. Le phya de Korat a condamné, paraît-il, le phou Chhouï à 20 cattis d'amende.

L'affaire en est là. Le chau est toujours à Korat dont le gouverneur a envoyé un de ses mandarins, le louong In Sêna, pour administrer Ratanabouri. La population de ce district a été assez réduite par suite de ces troubles et de ces émigrations.

LXXXVII

MŒURS ET COUTUMES DES KOUIS.

Les Kouis comprennent une foule de tribus répandues dans les provinces de Kompong Soai (Cambodge), de Melou Préy, Tonlé Ropou, de Bassak (sud), de Koukhan, de Sourèn, de Sangkeah, et, sous le nom de Soué, dans les provinces de Bassak, d'Oubon, et plus au nord encore. Il paraît même qu'il y a des Kouis parmi les tribus qui habitent les montagnes à l'est de la Cochinchine française.

Je n'ai guère de notions sur les Soué ou Kouis *laocisants*.

Quant aux Kouis *khmérisants*, ils ont, paraît-il, pour signe commun ce mot de *koui*, signifiant « homme » dans tous leurs dialectes. Et les diverses peuplades kouïes qui parlent des dialectes assez différents pour ne pas se comprendre de peuplade à peuplade sont distinguées par le mot qui, dans leur dialecte particulier, signifie : « Oui, vraiment, ainsi, c'est cela. »

Dans les provinces de Tonlé Ropou, Melou Préy, Koukhan, Sisakêt, Sourên et Sangkeah, nous rencontrons, par exemple, les Kouis antor, melo, âk, mahaï, nhœu, melouo, lema, anchrou, et peut-être d'autres encore qui m'auraient échappé.

Leurs dialectes, que nous ne connaissons pas d'ailleurs, paraissent apparentés aux dialectes de la généralité des tribus sauvages du sud de l'Indo-Chine, tribus appelées en terme générique *moï* par les Annamites, *penong* par les Khmêrs et *khu* par les Laociens et les Siamois.

Tous ces dialectes, apparentés probablement au khmêr primitif, c'est-à-dire dégagé des mots sanscrits et palis introduits par une culture séculaire, forment, selon toute vraisemblance, un groupe continental de langues agglutinantes, ayant beaucoup d'affinités avec les dialectes de l'archipel Malais et Javanais.

Ce groupe continental pourrait être appelé *le groupe khmêr,* du nom de la race la plus importante et la plus célèbre.

Nous avons déjà vu plusieurs des coutumes des Kouis de Tonlé Ropou, Melou Préy. Nous étudierons ici plus spécialement les coutumes des Kouis *khmêrisants* du plateau laocien. Mais il faudra tenir compte de la cohabition des Khmêrs ou des Laos qui ont pu influer sur ces coutumes, dénaturer plus ou moins leur caractère spécial et primitif.

A défaut d'une étude approfondie, qui exigerait un long séjour parmi ces peuplades, on doit toujours craindre de trop généraliser en pareille matière.

Les gens de Sourên mangent les rats qu'ils prennent avec des pièges tendus dans les champs. Ils mangent le *chéas,* un lézard sans crête, qui creuse son trou en terre. Ils le déterrent avec un bâton pointu, lui brisent la mâchoire inférieure pour le mettre hors d'état de mordre, le tuent au dernier moment pour le faire griller ou cuire avec des pousses tendres comme assaisonnement. Ils estiment beaucoup cette chair.

Les gens de Koukhan font leur eau-de-vie de la manière suivante, qui doit être à peu près la même chez les Laociens :

Pour le ferment ils prennent : 1º de la racine du chhœu êm ou réglisse ; 2º des racines d'une sorte d'aubergine appelée *trâp kha* ; 3º des racines de *dœm tuk doh*, ou arbre à lait ; 4º un nid de tourterelles après la ponte ou après l'abandon par les petits. Sans ce dernier article l'eau-de-vie ne serait pas limpide, disent-ils.

Le tout est haché, pilé et mélangé avec de la farine de riz gluant, et le mélange est pétri en petits disques semblables, pour la forme et pour la grosseur, aux fruits secs et plats qui viennent de Chine. Ces disques, séchés au soleil, forment le *dambé* ou ferment.

Le riz gluant, après cuisson, est pétri avec ce ferment en boules de la grosseur du poing. On laisse six de ces boules pendant cinq jours dans une marmite bien couverte. Ensuite a lieu la distillation dans une marmite hermétiquement close avec un bourrelet de résidu de distillation ; un tube en bambou, adopté au récipient supérieur de la marmite, conduit l'eau-de-vie au dehors. Six boules de riz donnent une bouteille d'eau-de-vie.

Un autre procédé a lieu de la manière suivante :

Le ferment est fait avec : 1º du bois de réglisse ; 2º du fruit de deypley, plante cultivée au fruit très piquant ; 3º du poivre ; 4º de l'ail ; 5º du kouchhai, tubercule cultivé ; 6º du cardamome ; 7º du cardamome bâtard ; 8º du romdéng, et 9º du piment ; toutes substances très aromatiques auxquelles on ajoute de l'alcool mousseux au début de la distillation.

Tout cela est pilé, mélangé, roulé en boulettes de la grosseur du pouce et exposé deux ou trois jours au soleil. On en saupoudre ensuite le riz gluant et la distillation a lieu après deux jours de fermentation.

Souvent dans les cases il n'y a pas de marmite à double récipient avec tube pour conduire l'alcool au dehors, les gouttelettes tombent du profond du couvercle dans un bol de cuivre placé sur le riz au fond de la marmite, et quand la ménagère juge que le bol doit être vidé, elle défait un peu de bourrelet de résidu de distillation qui donne la fermeture hermétique entre le couvercle et le corps de la marmite ; elle soulève ce couvercle et vide le bol d'eau-de-vie.

Une autre boisson simplement fermentée est bue à Sourén, à Sangkeah par exemple. On prend trois bols de riz cuit et refroidi pour une boule de ferment ; on étend, on pétrit ensemble les deux matières ; on les laisse fermenter pendant trois jours dans une jarre close ; on y verse de l'eau, et douze heures après on peut boire au tube cette boisson aigre-douce dont l'aspect blanchâtre soulève le cœur d'un étranger. Les Kouis, peu dégoûtés, trouvent là à boire et à manger.

Dans les provinces de Melou Préy et de Tonlé Ropou il n'y a pas de bonzes kouis, sauf au mœuong Melou Préy même, et encore une partie de la population de ce chef-lieu est khmère.

Les bonzes kouis sont plus communs sur le plateau laocien, dans les provinces de Koukhan, Sangkeah, Sisakèt, Sourén. Leurs manuscrits sont écrits en laocien. Quand un Koui du pays d'en haut quitte les ordres, la famille se rassemble, lui noue des fils de coton aux poignets et fait un grand festin comme pour un mariage.

Un bonze koui convaincu de relations criminelles avec une femme sera défroqué, expulsé du pays et non réduit à l'esclavage perpétuel comme cela a lieu au Cambodge. La pagode du coupable n'est pas déshonorée, abandonnée.

Ces bonzes kouis ne paraissent pas suivre des règles très rigoureuses. Ils aiment à se divertir et à plaisanter avec les filles. Ainsi, à Samrong, dans la province de Sangkeah, ils jouent des instruments de musique. Ils retirent le matin, et le soir lancent au souffle de la brise des cerfs-volants de papier qui leur permettent de reposer toute la nuit au son de la mélodie lointaine. Il en est de même au mœuong Ti, gros village de Sourén, peuplé de Kouis laocisants.

Ces cerfs-volants valent 30 lat. Il n'est pas sans intérêt de donner ici quelques détails sur leur fabrication. La corde est en écorce de *préal* roulée. Le papier est fait avec l'écorce de *snaï* cuite à l'eau, réduite en pâte que l'on verse et que l'on étend sur une étoffe mince, tendue dans l'eau, où on la laisse toute la nuit. Puis on fait sécher au soleil. Quand la pâte est sèche elle forme feutre, et on peut détacher l'écorce. La carcasse du cerf-volant est en bambou. Son appareil musical peut être fait avec un rotin et un fil de soie. Mais on préfère à la soie, les nerfs de queue de singe ou de pieds d'animaux qui offrent une grande résistance.

Le *préal* est un arbuste de la grosseur du pouce. Le *snaï* est un grand arbre dont le fruit, petit, amer, peut être mangé. Sa feuille est donnée en nourriture aux bestiaux quand l'herbe manque. Sa résine sert aux enfants à faire de la glu pour prendre les moineaux.

LXXXVIII

COUPE DES CHEVEUX.

Dans les grands centres de ces provinces au sud du Moun, les cheveux sont coupés aux filles à onze ou à treize ans et aux garçons avant quinze ans. Mais cet usage doit être imité des Siamois et des Khmèrs. Toujours est-il qu'au moeuong Sourén il présente des différences notables avec les cérémonies analogues usitées au Cambodge.

Les pauvres gens qui ne peuvent fournir aux dépenses de la fête ont simplifié la cérémonie d'une manière fort originale : ils font passer trois fois leur fille sous l'échelle de la case ; ils lui rompent quelques cheveux sur un billot à coups de tranchant de pelle, et ils la rasent en famille, sans bonzes, sans invités.

Les riches, les fonctionnaires, après avoir cherché un jour propice, dressent un tréteau orné de feuilles de bananiers découpées en guirlandes à trois étages, et abrité par un dais d'étoffe blanche, ombragé par un parasol étagé. Les parents ont été invités.

La veille au soir quatre bonzes viennent réciter des prières ; le héros de la fête se prosterne devant les religieux et tient à la main une feuille de palmier *tenot ;* sur cette feuille appelée « massue d'or » sont écrits quelques mots palis ; le bout de la feuille est noué. Après les prières, l'orchestre joue jusqu'au matin.

Quatre bonzes viennent derechef apportant leur bol. Un achar ou maître laïque des cérémonies dispose sur un plateau placé sur le tréteau un couteau à manche de cristal, un couteau à manche d'or, un couteau à manche d'argent ; un phtel ou bol en métal *samrit*, une coquille marine et des ciseaux. Si besoin est, ces objets sont empruntés. Ils sont d'ailleurs rarement au complet.

Les jeunes sujets conduits par l'achar font le salut solennel du triple tour du tréteau, et ils montent y rejoindre les bonzes, dont les bols pleins d'eau ont été disposés aux quatre points cardinaux de l'estrade. Les bonzes coupent ou rasent quelques touffes du toupet des enfants que l'achar achève de raser. De l'eau est puisée dans les bols des bonzes avec la conque marine pour arroser un peu la tête des nouveaux rasés. Le phtel est ensuite employé pour les laver à grande eau.

Les enfants sont conduits sous le hangar élevé près du tréteau; ils s'asseyent vers le milieu, près d'une petite pyramide de feuilles de bananiers et d'étoffes blanches. L'achar récite des formules de bénédiction pour leurs esprits vitaux. L'assistance, assise en cercle autour, fait circuler le disque de métal appelé popél. On noue aux poignets des enfants des fils de coton enduits de *romiet* ou curcuma, en les bénissant, en leur souhaitant bonheur et longévité. Les invités du festin font à la famille des cadeaux d'argent souvent fort considérables. La famille, de son côté, fait un petit cadeau d'arec et de bétel aux invités de distinction, et de gâteau aux autres invités, même au peuple. Et elle prend soigneusement note de tous les cadeaux d'argent, afin de donner la même somme aux donateurs en pareille circonstance.

LXXXIX

LES FILLES KOUIES.

Blanches et assez jolies en quelques endroits, plus souvent noires et laides, les filles Kouies du plateau supérieur portent généralement des bracelets d'argent.

Dans Koukhan, avec trois ticaux elles font faire deux bracelets, et elles donnent trois sling pour la façon aux orfèvres du Srok Trom, par exemple.

Elles aiment beaucoup à se parer de fleurs aux cheveux, aux oreilles. La chevelure est indifféremment longue ou courte. Elles s'enduisent au bain d'huile et de curcuma. L'huile est faite avec de la graine de ricin grillée, écrasée, puis cuite dans une chaudière où l'on écrème l'huile que l'on parfume avec des fleurs et certaines feuilles.

Le *romiet* ou curcuma est cultivé dans la plupart des centres. Le tubercule est pilé, exposé au soleil, et pilé derechef en farine. Après le bain, les femmes mêlent à cette farine de l'eau et du jus de citron, ou à défaut du jus de tamarin pour s'oindre le corps. Cet usage est assez général chez les Siamoises, les Laociennes et les Cambodgiennes.

Les femmes kouies du plateau supérieur sont plus propres, plus jolies en général et ont l'air moins sauvages que celles de Melou Préy et de Tonlé Ropou.

Avec quelques nuances particulières, les peuplades kouies ont généralement les coutumes que nous avons vues chez les Laociennes à l'article *péng honon*. La cour aux filles est appelée *kouong*. Je crois que le mot est laocien d'ailleurs.

Dans certains villages de Tonlé Ropou les offenses aux mânes de la fille, c'est-à-dire les relations avec cette fille, coûtent dix poulets, un panier de riz décortiqué, un collier de verroterie, une paire de bracelets de laiton et une bouteille d'eau-de-vie.

Le jeune homme peut ensuite épouser la fille à son gré.

Dans d'autres villages, dès que les parents savent que leur fille a un amant ils réclament de celui-ci un bœuf et 5 damling d'argent, ou bien une tortue et 5 damling d'argent, puis on marie les jeunes gens s'ils le désirent. De même que partout ailleurs le nouveau couple vit avec les parents de la fille jusqu'à ce que ceux-ci lui donnent l'autorisation d'aller demeurer ailleurs.

Chez les Kouis mahai du district de Sukhuma, dans le sud de Bassak, arrive-t-il un accident, une maladie dans une case où est une jeune fille, les parents la confessent et si un jeune homme s'est permis de lui prendre les mains, les bras, la taille, les seins, il devra fournir deux ticaux, une tortue de l'espèce dite *sangkeal* en cambodgien, une paire de bougies et cent ou deux cents *truoï* feuilles de bananier découpées en forme d'étui à cigarette, ou de tronc de cône aplati.

Si les relations ont été intimes, l'amant devra donner cinq ticaux au lieu de deux, et les autres objets comme il a été dit ci-dessus.

Chez les Kouis ầk de Melou Préy, deux jeunes gens qui se sont entendus à la veillée, passent la nuit ensemble, les parents, par principe, devant avoir en pareil cas les yeux et les oreilles fermés. Le jeune homme laissera à sa belle un souvenir, couteau, mouchoir, etc., et dès le matin, cette preuve en main, les parents de la fille envoient un intermédiaire appelé *muha* réclamer les vivres des mânes, des ancêtres : bœuf, buffle, porc, tortue ou poulets, selon les usages de la famille. Ayant apaisé les mânes, le garçon est libre de refuser le mariage, mais la fille ne peut refuser.

Chez la plus grande partie des Kouis de Melou Préy, lorsque la fille avoue ou dénonce ses relations, la famille s'en prend à trois hommes du village, spécialement appelés *oknha khmoch* « seigneurs mânes ou seigneurs des mânes », responsables pour ainsi dire des infractions à la morale, et cependant n'ayant ni le droit, ni le pouvoir d'empêcher ces infractions.

Pressés par la famille, ces trois hommes réclament satisfaction de l'heureux mortel qui doit faire des cadeaux déterminés au père, à la mère et au gourou de la famille de la fille. Il donne même de la monnaie, de la cotonnade blanche, des bougies et des poulets à la mère, de l'argent et de l'eau-de-vie au gourou ; au père, ce sera seulement une tortue, de l'espèce dite *sangkeal*, qui a décidément un grand succès pour toutes les expiations de ce genre. A défaut de tortue ce sera un porc, une vache.

S'il y a des atermoiements, un premier délai de sept jours est accordé, puis un second de trois jours. Ce temps passé, la somme d'argent réclamée est légèrement augmentée tout en accordant sept autres jours de délai. Enfin le dix-huitième jour, si satisfaction n'est pas faite, les parents de la fille saisissent et mettent aux ceps les trois *oknha khmoch* jusqu'à complet paiement.

Si le coupable était un étranger ayant déjà quitté le pays ou un jeune homme en fuite, les *oknha khmoch*, toujours responsables, auraient alors recours contre ceux qui ont donné l'hospitalité à l'étranger ou contre les parents du fugitif.

Chez les Kouis ầk de Melou Préy, en cas de flagrant délit d'adultère, la femme et son complice, conduits au chau, sont condamnés solidairement à 30 damling d'amende en principe, car il est fait réduction immédiate de 5 damling, *prix du lait de la mère.* Les 25 damling d'amende sont partagés entre les juges et le plaignant qui est libre de répudier ou de garder sa femme. Mais s'il la garde il doit payer 5 damling d'amende.

Au mœuong Sourèn, où tout le monde parle khmêr, la cour aux filles, le *kouong* traditionnel des Kouis et des Laociens, est désigné par une expression khmère fort expressive et très originale: *komrak khmoch* « ébranler les morts, les mânes ».

Les jeunes gens vont deçà delà, à la veillée, chantent, donnent des sérénades, ou bien font des plaisanteries d'un goût douteux, celle-ci par exemple: Ayant enduit le bout de leur couteau d'une préparation spéciale, ils prennent un peu de feu à une torche et, au nez des filles, ils allument leurs cigarettes au couteau qui parait flamber.

Les saillies brutales ou le silence bête de ces jeunes Kouis travestis en khmêrs donnent aux Cambodgiens venus du pays d'en bas, une médiocre idée de leurs procédés galants. Quant aux parents, ils dorment sur leurs deux oreilles. Tout ceci est l'affaire de leur fille qui fera payer les privautés défendues que se permettra quiconque ne lui plaira pas.

Ainsi la prise des bras, de la taille coûtera un porc ou trois ou quatre poulets, selon la famille. L'amant, à l'occasion, devra fournir, pour apaiser les mânes *ébranlées,* un porc, un tical, deux bougies et quatre fleurs d'arec. Il pourra épouser; mais n'épousant pas, il paiera, en cas de récidive, 6 damling d'amende; ou bien s'il épouse après récidive il devra fournir, pour les frais de noce, un picul de porc, une grande jarre d'eau-de-vie et dix poulets.

A Sourèn, l'homme libre qui a eu des relations avec une fille esclave, enceinte de ses œuvres et morte à la suite de grossesse, de couches, doit payer 2 cattis au maître de l'esclave ou aller la remplacer.

Peu importe que le prix de la femme ait été moins élevé. On escompte l'éventualité des enfants qu'elle pouvait engendrer au profit du maître. Nous avons déjà vu un principe analogue à propos des buflesses volées.

Si l'amant est aussi un esclave, son maître devra payer à celui de la morte une somme égale à la moitié du montant de la dette de ce garçon.

A Sourèn, les mariages ont généralement lieu au mois de phalkun (février-mars). Si, par accident, la pluie tombe au jour fixé, le mariage serait funeste et il est rompu net, sauf aux jeunes fiancés à tout recommencer si cela leur plaît.

Chez les Kouis, de même que chez les Laociens, le mari fera réprimander sa jeune femme en faute par les parents de celle-ci. A la troisième faute, si elle est incorrigible, les parents autorisent le gendre à la frapper. Mais s'il frappait d'emblée, sans agir de la sorte, ce serait une insulte aux beaux-parents, une offense aux mânes qu'il devrait apaiser par une amende de 6 ticaux et par le sacrifice d'un bœuf ou d'un buffle qui serait mangé en festins. Faute de ce faire, de graves accidents, la mort même frapperait la case. Quant aux 6 ticaux, les beaux-parents kouis ou laociens, les empochent sans hésitation.

XC

SUPERSTITIONS DES KOUIS.

A Sourèn, il est néfaste pour un petit village d'être placé dans le prolongement des diagonales des grandes rizières.

Les notables de Sourèn n'entreprennent un voyage qu'à certains jours, certains moments. Chacun d'eux possède un petit tableau semblable à une table de Pythagore. Sur la colonne verticale sont indiqués les sept jours de la semaine et sur l'horizontale les moments de la journée; les cases d'intersection sont remplies de signes fastes ou néfastes.

Si le propriétaire doit partir un matin et que le moment ne soit pas propice, tandis que celui de la veille au soir est favorable, il sortira de sa maison la veille au soir et ira camper hors du village; le voyage est ainsi commencé sous d'heureux auspices.

La majorité des fonctionnaires de Sourèn était ainsi un jour campée aux portes de la ville, où ils pouvaient rentrer se divertir ou faire visite au chau pendant la nuit. L'essentiel était qu'ils ne retournassent pas dans leur case. Les Siamois et les Laociens de Korat ont également cet usage.

Si un cerf-volant s'abat sur une case, le propriétaire de ce cerf-volant doit inviter les bonzes à venir réciter des prières dans la case pour conjurer les accidents, maladies, morts, sinon les gens de la maison exigeraient des dommages-intérêts.

Les gens de Sourèn, de Phum Prasat, par exemple, font carboniser avec toutes leurs plumes les tourterelles tuées à la chasse. Ce charbon pilé et mélangé avec de l'eau de coco est bon pour toute espèce de maladie.

A Sourèn, quand un homme est possédé par les mauvais esprits, on le conduit à une bifurcation de route ; là on l'entoure d'une étroite palissade de pieux plantés en terre, d'autres pieux forment le toit d'une véritable cage. L'homme est assis là dedans sur un petit tréteau et sous ce tréteau est placé une jarre contenant du tabac, des piments secs. A côté de la cage on élève une petite pyramide de lamelles de tronc de bananier à trente étages.

Tous ces préparatifs achevés on jette des braises dans la jarre pour bien enfumer le possédé et expulser les *préai* ou mauvais esprits. Bientôt suffoqué, asphyxié cet homme aura des crises, des accès de fureur, hurlant ces mots : « Mais je ne suis qu'un homme ! » Les gourous le laisseront crier et geindre jusqu'à extinction de combustible, et ils diront que ces ruses des malins esprits voulant ainsi simuler l'homme sont par trop grossières.

Ces Kouis, ceux de Sangkeah surtout, passent pour fort habiles dans la fabrication des poisons. Selon l'un d'eux qui s'est laissé corrompre pour nous-livrer les recettes secrètes, ils mélangent neuf sortes d'ingrédients dont je me dispense de donner ici la nomenclature et en font une pâte qui est mélangée aux aliments de la victime.

Ainsi la grosseur de deux grains de riz cachée sous l'ongle, et pendant un festin amical en apparence, adroitement mise dans un bol de sauce suffit pour tuer un homme, disent-ils, si dès les premiers symptômes, qui se traduisent par de légères nausées, suivies de contractions spasmodiques, on ne lui administre pas le contre-poison, une sorte de *prateal* ou de tubercule à chair bleue, que l'on pile et que l'on fait ingurgiter au malade. Quelquefois, il faut entr'ouvrir à l'aide d'un couteau ses mâchoires déjà contractées.

Ces Kouis du haut prisent aussi beaucoup, mais à un autre point vue, l'emploi du *pratéal anchot* « tubercule à secousses ». Si le place sur les plantations, tout maraudeur qui y portera main, se secouera sur place comme chien trempé sans pouvoir se dévaler de là. On raconte qu'à Sangkeah, un pêcheur qui trouvait toujours sa nasse vide y plaça un *pratéal anchot*. A peine le voleur pût-il monter sur la rive où il resta frissonnant, grelottant, la nasse serrée contre sa poitrine. Deux jours après, le propriétaire faisant sa tournée le trouva dans cette position, le poisson pourri dans la nasse. Il le délivra en le frappant d'un autre pratéal *ad hoc*.

On ne s'étonnera donc pas qu'avec pareil tubercule miraculeux, la chronique scandaleuse de Sangkeah prétende que les maris trop jaloux en saupoudrent le dos de leur volage moitié, précaution non préventive, il est vrai, mais plus efficace, paraît-il, que celle de certaine ceinture fameuse de notre musée de Cluny; le galant et sa complice restant pris au piège jusqu'à ce que le mari vienne les délivrer à grandes taloches de pratéal.

Chez les Kouis, la croyance aux revenants, aux sorciers malfaisants *thmôp*, aux goules néfastes *ap*, existe comme chez les Khmers, les Laos, et, je crois bien, chez toutes les peuplades du sud de l'Indo-Chine.

Les gens de Sangkeah prétendent que si leur pays est très malsain pour les étrangers, c'est que les fées du voisinage et, en particulier, la Daûn Téy, les prennent pour maris.

Les gens de Koukhan allant dans les bois ou bien conduisant un étranger au monument de Prah Vihéar, adorent les esprits dès le soir avant de se coucher. Ils lient des feuilles d'arbres en touffes, près du campement, allument une bougie et le plus vieux, le plus expérimenté fera à haute voix une invocation à laquelle s'associent tous les autres.

« Divinités protectrices de ces lieux sachez que, conduisant un seigneur étranger au Prah Vihéar, nous reposons ici cette nuit. Daignez nous protéger, nous accorder une nuit tranquille, écartez de nous les tigres et les éléphants sauvages. »

Les Kouis du Phum krepœu sâ, dans le district de Chomphon, province de Sourén, se réunissent tous aux guérites des *nak ta* ou esprits tutélaires, le sixième jour de la lune croissante de méakh (janvier-février). Ils offrent aux *nak ta ansa srok* ou *nak ta prah srok* toutes sortes de victuailles, et leur demandent la permission de défricher les forêts pour y planter le riz. Au mois de Pésak (mai) ils font une nouvelle offrande demandant la permission de semer ces rizières.

S'ils négligeaient ces devoirs, la disette, les maladies, les épidémies s'abattraient sur le pays.

De même que les Khmèrs, les Kouis ont les *arak* mâles et les *mémot* femelles ; ces dernières inspirant les femmes qui soulagent les malades sans formules secrètes.

La fête annuelle de ces *mémot* a lieu au mois de phalkun. On les invoque aussi en cas de maladie.

On élève un hangar, et à côté un tréteau de bambou haut de deux mètres environ avec degrés d'accès, sorte d'autel primitif sur lequel on dispose des fleurs d'aréquier, des étoffes blanches ou jaunes.

Sous le hangar les femmes *mémot*, au nombre de deux ou trois, ayant aux doigts de faux ongles de cuivre très longs comme ceux des lokhon ou danseuses, ornées d'un turban rouge et d'une écharpe rouge, se trémoussent du soir au matin au son des instruments de l'orchestre. D'une main elles tiennent un éventail, de l'autre un bol de cuivre contenant un peu de riz et des feuilles de bétel, on y colle aussi une bougie allumée. Quand ces femmes sont possédées, elles s'éventent. Quatre *snâm* ou assistantes font les questions, demandent la guérison du malade. L'orchestre comprend trois tambours, un gong, un violon et une flûte. Le hangar est orné d'une étoffe blanche en guise de dais. Sur des plateaux sont des gâteaux, des langoutis pliés, des bols d'eau-de-vie, et des bougies sont allumées sur un smok ou imitation de cassette en feuilles de palmier à sucre.

SEPTIÈME PARTIE

KORAT

Sommaire.

XCI

LA PROVINCE DE KORAT.

Korat est la corruption, l'abréviation en siamois de l'expression khmère *Angkor réach séma*, qui n'est elle-même qu'une corruption du sanscrit *Nagara raja séma*. L'ancienne *ville des frontières royales* n'est pas d'ailleurs le Korat actuel, mais une ville abandonnée, à une grande journée de marche vers l'ouest.

La province de Korat, la plus grande et la plus importante du Laos, est bornée à l'est par Suvanaphoum et Sourén, au sud et à l'ouest, par les grandes montagnes : Phnom Vêng ou Khao Niai ; au nord, par la province de Chonobot.

De nombreux cours d'eau sillonnent le territoire de Korat, arrosant des plaines fertiles peuplées de villages importants, véritables oasis où poussent des cannes à sucre de belle venue, où le riz donne de belles moissons.

Ces oasis sont séparés par des tertres sablonneux appelés *kouk* par les Khmèrs et *khouk* par les Siamois, secs, arides à la saison sèche, et couverts de forêts de grands arbres : phchek sokkrâm, khlong, thbêng, reang des montagnes, et chlit. Ce dernier est un grand arbre à l'écorce blanche, rugueuse par plaques et dont le cœur rouge vaut presque le krenhung ou bois de fer.

L'un des plus grands et, à coup sûr, le plus redouté de ces tertres sans eau à la saison sèche est le *kouk* Louong « le principal », à deux jours au nord de Korat. Il s'allonge de l'ouest à l'est; et il faut une journée pour le traverser dans ses petites dimensions du nord au sud. Sa ligne de partage des eaux sert de limite entre les districts de Korat au sud et de Chettorach au nord. On s'exposerait à de dures souffrances en s'y aventurant pendant la saison sèche sans emporter de l'eau.

Si ces forêts sont impropres à la culture, elles fournissent beaucoup d'excellent bois. Le gibier y abonde. On chasse surtout au sud, vers les montagnes. Quant aux plaines cultivées, le riz y pousse dru, ai-je dit. Les ennemis de la moisson y sont moins à craindre que dans beaucoup de provinces du Cambodge, tels que le lièvre la nuit, le singe tout le jour, les moineaux, perroquets et tourterelles le matin et le soir. A Siem Reap et à Battambang, par exemple, on entend les gardiens pousser des cris toute la journée pour écarter ces fâcheux voisins. Ici il n'en est rien, et les dommages ne sont pas considérables.

La population de la province de Korat est siamoise, laocienne, khmère et chinoise.

Outre Ratanabouri que nous avons déjà vu, et le district de Korat proprement dit, le plus grand de tous, la province comprend onze districts :

1° Le mœuong Phou Khiou, au nord-ouest;

2° Le mœuong Bamnèt Darong, au nord-ouest;

3° Le mœuong Chettorach, au nord;

4° Le mœuong Chaya Phoum au nord;

5° Le mœuong Poulaisong, à l'est;

6° Le mœuong Phimaïe, à l'est.

7° Le mœuong Bouriram, au sud-est;

8° Le mœuong Phaktong Chhai, au sud-est;

9° Le mœuong Nang Rong, au sud-est;

10° Le mœuong Pah Tong Chhaï, au sud;

11° Le mœuong Chau Tûk ou Tian Tœuk.

Ce onzième mœuong, à l'ouest-sud-ouest de Korat, dans les montagnes, à l'entrée du fameux passage appelé *Dong Phya yén*, est peuplé de Siamois et de Laociens. Son chef-lieu compte une trentaine de cases, à 4 kilomètres au sud-sud-est de la station d'étape qui porte son nom.

Le chau est appelé Phra nokhon Chau Tük ou Phra pama lokhon chau mœuong Chau Tük. Ses insignes sont d'argent. Nous verrons plus spécialement le pays en étudiant le Dong Phya Yén.

XCII

DISTRICTS DU NORD.

Le mœuong Phou Khiou « des montagnes bleues » est à l'extrémité nord-ouest de la province de Korat; sa population serait laocienne. Certains renseignements feraient de Phou Khiou une province séparée.

Le mœuong Bamnèt Darong, au sud du précédent, au nord de Tian Tœuk, à l'ouest de Chettorach, est peuplé de Siamois.

Le chau serait : Phra ritthi lœu chhaï chau mœuong Bamnèt Darong, avec des insignes d'argent.

Je n'ai pas de renseignements particuliers sur les deux mœuongs qui précédent.

Le district de Chettorach est borné à l'ouest par le mœuong Bamnèt Darong; la limite est au houé Saï, qui coule à une matinée de distance de Bamnèt Darong; Au nord-ouest, par le district de Phou Khiou, dont le chef-lieu serait à quatre jours; au nord et au nord-est, par le Lam Prah Chhi, qui coule à 25 ou 30 kilomètres de distance de Chettorach dont il sépare le territoire de celui de Chaya Phoum. Il y a deux jours de distance entre les deux chefs-lieux. Au sud et au sud-est, Chettorach est borné par le district de Korat. La limite est à un jour de Chettorach, sur la ligne de faîte du tertre appelé Kouk Louong, et il y a trois journées de marche de Chettorach à Korat.

La population du district de Chettorach (caturâja?) est laocienne et elle compterait 600 inscrits payant la capitation, et non compris parmi les gens de levée habituellement requis pour la guerre. Les inscrits tatoués paient 7 ticaux, les autres 4.

Le tatouage sur les poignets est fait d'une manière irrégulière dans les provinces d'administration siamoise du Laos, généralement par des envoyés spéciaux au début de chaque règne.

Nous verrons les règles à Siam, qui sont autres, quand nous nous occuperons de ce dernier pays.

Le mœuong Chettorach, sur un tertre, compte une centaine de cases, ombragées par des cocotiers, des aréquiers, occupant une longueur de 600 mètres environ. Il n'y a qu'une pagode, et les habitants boivent l'eau de son bassin.

C'était jadis le Ban Kok. L'ancien mœuong, à 2 kilomètres au nord, appelé actuellement le Ban Boua Phi Yuh, compte aussi une centaine de cases. On y fait du sel pour la consommation.

Les habitants de Chettorach, qui n'ont presque pas de voitures, élèvent des bœufs et des buffles pour la vente. Ces Laociens mangent du riz ordinaire aussi bien que du riz gluant. Les femmes coupent leur chevelure. Elles attachent leur jupe très bas, presque d'une manière indécente.

Autrefois Chettorach payait son tribut en or, à raison de deux sling d'or par tête d'inscrit. L'or provenait d'une mine appelée Bo Kolo, à deux jours au nord-ouest de Chettorach, dans les forêts au pied des montagnes bleues, entre les trois districts de Chettorach, Chaya Phoum et Phou Khiou. L'exploitation a cessé depuis longtemps et actuellement le tribut est payé en argent.

Le district de Chaya Phoum est borné à l'est et au nord-est par la province de Chonobot, dont le chef-lieu est à deux jours de distance; au nord-ouest, par le district de Phou Khiou, à deux jours; au sud-est, par Chettorach, à deux jours de distance, et au sud, par le district de Korat. Il y a quatre jours de marche de Chaya Phoum à la ville de Korat.

Il y aurait dans le district de 700 à 900 inscrits payant 7 ticaux de capitation, et le tribut du district serait d'un picul et demi d'argent porté à Korat.

Le chau a pour titres : Phra Phakedey samphon chau mœuong Chaya Phoum (Brah Bhakti Sambhara?... Jaya Bhumi).

Ce mœuong est créé depuis le règne du roi de Siam Prah Nang Klao.

La population est laocienne, mange du riz gluant, cultive des rizières, fait du sel pour sa consommation. Ce sel est vendu 1 tical le mœun de 10 livres siamoises ou 20 livres chinoises.

Il y a quelques monts isolés au nord, à une matinée du chef-lieu de Chaya Phoum. Le mœuong actuel de Chaya Phoum, jadis appelé Ban Boua est situé sur un tertre. Il y a une pagode.

L'ancien mœuong est à 400 mètres au sud-est. Les deux villages réunis comptent de 150 à 200 cases, dont les deux tiers à l'ancien mœuong, où sont plus de jardins, de bambous, de cocotiers. Les plaines d'alentour sont basses, cultivées en rizières, et même assez inondées aux grandes pluies pour exiger la circulation en pirogue.

XCIII

POUTAÏSONG.

Le district de Poutaïsong est au nord du Moun, entre Phya-kaphoum Visaï, district de Suvanaphoum à l'est, et Phimaïe à l'ouest.

Il y aurait dans le district plus de 300 inscrits payant 4 ticaux de capitation. Le tribut serait de 12 cattis et 10 damling. En outre il y a l'impôt sur les raï ou rizières qui paient 1 sling et 1 fœuong par carré de 40 mètres de côté.

Le mœuong, à quelques kilomètres au nord du Moun, est formé de deux gros villages séparés par 800 mètres de rizières. Ici, de même que dans toute la province de Korat, il y a des fermes d'alcool achetées par des Chinois au fermier général de Korat, qui, lui-même, achète à Bangkok. Le sous-fermier de Poutaïsong a payé 4 cattis et 10 damling la ferme du district, et il sous-loue un fourneau, un alambic pour 5 à 8 damling selon l'importance des villages.

Le district est boisé dans les environs du chef-lieu, mais vers l'ouest, en approchant de Phimaïe, ce ne sont que de grandes plaines nues.

Les habitants de Poutaïsong, tous Laociens, cultivent les rizières; en quelques endroits ils font des charrettes qui se vendent de 5 à 10 ticaux. Vers l'ouest ils font du sel.

Le chau a pour titres : Phra sena sangkréam chau mœuong Poutaïsong ou Phoutaïsong (Brah séna sangrâma).

Dans ce mœuong de Laociens relevant de Korat, province siamoise, on emploie pour les titres des fonctionnaires la double série des titres laociens et siamois que voici :

Titres siamois : Chau mœuong, Balat, lokebat, Phou chhuoï, Mahathâi, Louong phon, Sasedi, Louong veang, Louong klang, Louong na, Louong phèng, Louong mœuong, Louong nara, Louong tamruot, etc.

Titres laociens : Chau mœuong, Oppahat, Réachvong, Réachbot, Mœuong sèn, Mœuong chan, Mœuong kva (de droite), Mœuong saï (de gauche), Mœuong Pak (de bouche, de face), Mœuong kang (du centre) Mœuong phèn, Souphon, Mahasèna, Senon, Seniet, etc.

Dans le territoire du district on rencontre des amphœu, ou petites circonscriptions, qui tendent à se détacher du chef-lieu laocien pour relever directement des Siamois de Korat qui favorisent ce mouvement.

Ainsi, à une petite journée de marche au nord-ouest du mœuong Poutaïsong, l'amphœu du Ban Dèng, — dont le chef ou néai amphœu porte les titres de Luong piphak pholokan et a sous ses ordres un autre chef, le Luong tip, — comprend quatre villages distants de 4 à 12 kilomètres les uns des autres, comptant une vingtaine de cases chacun. Le chef de ce petit territoire a jugé bon de se détacher de Poutaïsong en gagnant les bonnes grâces de l'un des fils du Samdach Maha Malla qui envoya en conséquence un ordre au gouverneur de Korat. Celui-ci s'empressa d'accorder l'autorisation, et depuis lors le néai amphœu du Ban Dèng relève directement de Korat où il porte chaque année 16 damling et 1 tical d'impôt, à raison de 2 ticaux par inscrit marié.

XCIV

PHIMAÏE.

Le mœuong de Phimaïe (Bhimay? Vimay?) est situé à un kilomètre environ au sud du Moun, sur l'emplacement d'une ancienne ville khmère dont les ruines, très importantes, indiquent la principale ville de la région à l'époque de la puissance cambodgienne.

Des canaux naturels ou artificiels dérivés du Moun, font de Phimaïe une île. On y compte trois pagodes, toutes dans l'intérieur des vieilles ruines, et environ 250 cases ombragées par beaucoup de bambous, manguiers, cocotiers, aréquiers et palmiers à sucre.

Les inscrits paient 4 ticaux d'impôt de capitation annuelle.

La population est siamoise, au moins d'aspect, de mœurs, d'habitude et de langage. On ne mange plus le riz gluant, mais le riz ordinaire; les filles portent toutes les cheveux courts et le langouti retroussé. La négative *maï* remplace le mot *bo* le « non », des Laociens que l'on entend vers l'est.

Le chau a pour titres Prah phakedey khantha séma chau mœuong Phimaïe? Ses insignes sont dorés avec un parasol rouge.

A l'est de Phimaïe sont de grandes plaines nues.

On fait beaucoup de sel dans ce district. On y pêche dans le houé Sa Thép d'excellent poisson de l'espèce que les Khmèrs appellent *rás*. On l'écaille, on l'ouvre sans laver l'intérieur, on le sale et on le met dans une jarre où on le laisse entassé une demi-journée ; puis il est retiré, lavé et séché au soleil. On le vend 1 sling les trois ou quatre pièces.

Dans l'une des pagodes de Phimaïe un bonze fait du papier avec du bois de mûrier.

Phimaïe, qui jadis devait communiquer avec Angkor, la grande capitale cambodgienne, était bien située dans un pays fertile, au-dessous de la jonction de plusieurs rivières avec le Moun.

La ville de Korat, née de la domination siamoise et du commerce avec le bassin du Ménam a dû être placée plus à l'ouest à 48 kilomètres, à la jonction des diverses routes de Siam et du Laos.

XCV

BOURIRAM.

Le mœuong Bouriram, appelé aussi mœuong Peh, est situé à trois journées de marche au nord-est de Nang Rong, à trois journées de marche au nord-ouest de Phakonchhaï.

Le district, borné au nord-ouest par Poutaïsong, au nord-est par Phyakaphoum Visaï et à l'est par Sourén, est pauvre, boisé en forêts claires, le sol sablonneux. La population, khmère d'origine, n'est pas dense. Près du mœuong sont deux monticules appelés phnom Kedong, hauts de 80 à 100 mètres.

Dans le chef-lieu de Bouriram, ancien emplacement qui est entouré de deux levées concentriques de terre, avec un fossé entre ces deux levées, on compte deux pagodes et soixante à quatre-vingt cases. Les filles, quoique cambodgiennes, se baignent nues comme des laociennes.

Phra nakhon nagara chau mœuong Bouriram a des insignes d'argent, pas de parasol.

Beaucoup d'habitants sont inscrits à Korat, à Sourén. Le total serait de 200 environ. De ce chiffre, plus de la moitié habite le chef-lieu et, en défalquant les inscrits de Sourén et de Korat, il resterait 80 inscrits pour la part du district au chef-lieu.

Les inscrits de Bouriram sont réquisitionnables. Ils paient leur tribut en cire, dont l'exploitation est réservée : tout contrevenant s'exposant à une contravention de 5 cattis environ. La cueillette a lieu au mois de pisak, après entente avec les chefs, qui prélèvent pour le tribut la moitié de cette cueillette ; l'autre appartient aux habitants.

Le chau fait porter à Korat le tribut fixé à trois piculs. S'il y a déficit, il faut compléter en argent, au prix courant de la cire.

Les habitants de Bouriram cultivent aussi du tabac qui se vend un tical les cent tablettes.

Ils mangent, au village de Sangké Cheam par exemple, les lézards *chéas* et les grosses araignées à crochets venimeux appelées *roping*, qu'ils prennent en creusant la terre. Ils conservent ces araignées en salaisons pour remplacer le poisson qui leur manque.

XCVI

PHAK TONG CHHAI.

Phak Tong Chhai, en khmèr Peak Tong Chéy « couvrir du drapeau », est le nom officiel, souvent prononcé par corruption,

Pha Kon Chhai. L'ancien nom vulgaire est Teloung « la plaine découverte, spacieuse ».

L'emplacement de l'ancien mœuong est à deux lieues à l'ouest du mœuong actuel. Le district, entre Sourèn à l'est et Nang Rong à l'ouest, s'étend au sud jusqu'aux Dangrêk.

La population est khmère. Les filles ont le langouti relevé des Siamoises. Elles portent en balance sur l'épaule au lieu de porter sur la tête comme les Cambodgiennes du pays d'en bas. Tout en parlant la langue khmère, les habitants apprennent à lire et à écrire le siamois.

Le Phra surya dèt chau mœuong Phak Tong Chhaï a des insignes d'argent, et pas de parasol.

On rencontre à ce mœuong, parmi les fonctionnaires spécialement, des types frappants par leur ressemblance avec les seigneurs sculptés dans les bas-reliefs de la galerie historique d'Angkor-vat, grands, gros, encolure de taureau, le nez fort et droit, le front découvert.

En outre la voix est un peu sourde, voilée. Je dois ajouter que ce ne sont pas, moralement, les plus beaux spécimens de la race khmère. Quémandeurs sans vergogne, peut-être un peu pillards, ils sont loin de valoir le Khmèr, à type indien très reconnaissable, sec, élancé, ennemi des procès, consciencieux et habituellement réservé, mais plein d'expansion débordante dans les fêtes, les réunions, type assez commun dans les provinces de Bati, de Kandal Sting, par exemple.

Il n'y a pas de cours d'eau au chef-lieu de Pha Kon Chhai; les habitants boivent l'eau des puits, des bassins de pagode, qui leur fait un peu défaut à la fin de la saison sèche.

Les habitants de ce district ne paient pas de capitation. Ils sont réquisitionnés en temps de guerre, et alors qui ne marche pas doit payer une somme sur laquelle mes renseignements sont très variables, de 6 ticaux à 6 damling. Leurs attelages même sont requis.

Ils paient au chau de Korat un petit tribut en nature de 300 rotins et 600 torches. Ils paient l'impôt des rizières d'un sling et d'un fœuong par raï ou sèn carré, de 40 mètres de côté. La contenance des rizières est évaluée à l'estime par un kha

16.

luong « envoyé royal » venu de Korat. On ne mesure qu'en cas de contestation. Un chef de maison paiera de ce chef jusqu'à 10 ou 12 ticaux. Il n'y a pas d'impôt en nature sur le riz pour les magasins locaux, les besoins du service public. Le cas échéant on prélève deux ou trois mesures par village.

La ferme des alcools pour Pha Kon Chhaï est achetée à Korat au prix de 5 cattis d'argent, puis revendue en détail par villages. Il y a, paraît-il, un impôt affermé sur les cases, d'un sling par case. Un autre sur les peaux exportées, un tical par charretée de peaux (?)

Toutes les cultures sont imposées. La situation de tous ces Khmêrs de la province de Korat, réputés guerriers, taillables et corvéables à merci, est très dure, et ils sont très mécontents du régime qui pèse sur eux, et que l'on pourrait qualifier de servage.

Ils cultivent les rizières et construisent des voitures. Ils plantent du tabac dans les parcs à bœufs, à buffles, dont l'engrais donne à la feuille plus de force, plus d'arome, et permet aussi de mieux brûler. Ce tabac a, toutefois, moins de réputation que celui d'Angkor qui est partout fumé avec le guano des chauves-souris des ruines.

A Pha Kon Chhaï, le tabac du pays se vend un tical les trois cents tablettes, ou bien on l'échange à raison de cent tablettes contre un tau de riz.

En plusieurs villages, dans le sud, vers les Dangrêk, à Kruos par exemple, au nord du sentier Chamtup Pêch, on fait du sucre de canne. Les cannes sont écrasées avec un moulin formé de deux hélices verticales. Une de ces hélices reçoit le mouvement de rotation d'un buffle attelé qui tourne autour. Les dix disques se vendent un sling. Chaque case fait de quatre à cinq jarres de sucre. Dans ce district on fait aussi des torches, des nattes de *run*. Les habitants achètent des peaux au prix de 2 à 3 damling le picul, et ils les revendent à Korat au prix de 5 damling.

XCVII

NANG RONG.

Le district de Nang Rong, en khmêr Néang Roung, est borné au nord-est par Bouriram, dont le chef-lieu est à trois journées de marche; au nord-ouest, par Phimaïe, dont le chef-lieu est à quatre journées de marche; à l'ouest par le district de Korat (cette dernière ville est à quatre journées de marche); à l'est, par Pha Kon Chhaï, dont le chef-lieu est à une journée de marche; au sud, par les grandes montagnes, à trois jours de distance, qui séparent Nang Rong de la province de Sisaphon.

La population de Nang Rong est mêlée de Khmèrs et de Siamois. Sur 700 à 800 inscrits qui habitent ce district, 200 seulement lui appartiennent, les autres relèvent de Korat ou de Sourèn.

Le chef-lieu comprend plusieurs villages groupés sur des tertres sablonneux, avec des plantations de tabac, d'aréquiers, de cocotiers.

Un petit cours d'eau, le Thalao, qui conserve de l'eau par flaques à la saison sèche, traverse le groupe de Nang Rong et se jette dans le Plai Mat, un peu plus au nord.

On compte huit pagodes au mœuong et vingt-deux, au total, dans le district qui forme une oasis assez fertile que des forêts séparent du district de Korat. Il y a au chef-lieu six maisons de chinois vendant un peu de cotonnade au prix d'un tical les neuf ou dix coudées.

Dans le nord du district, les forêts d'arbres khlong sont abondantes, on en fait des planches.

A une journée au sud-est du mœuong Nang Rong, le Phnom Roung, petite montagne de grès, isolée, de 240 mètres de hauteur au-dessus de la plaine, est couronné par des ruines importantes.

Un des centres remarquables du district est le petit village de Phkeam, à 40 kilomètres environ au sud, un peu à l'ouest du chef-lieu, au débouché de la route du chhang Takor, c'est-à-dire du passage des Dangrèk, à deux petites journées au sud de Phkeam.

Autour de Phkeam le village est fertile en rizières. C'est la population qui manque. Il y a beaucoup de forêts de phchek dans les environs. Phkeam est sur le houé Plai Mat.

De ce point partent trois routes pour le voyageur qui a franchi le chhang Takor : l'une au nord-est passe par Samrong, Dréai,

Nang Prey et de là à Phakonchhaï, Sourén; la deuxième va au nord à Nang Rong, puis au nord-nord-ouest à Korat. C'est la plus directe pour se rendre dans cette dernière ville, mais l'eau est mauvaise ou bien elle fait défaut à la fin de la saison sèche. La troisième route, celle du pied des montagnes, va à l'ouest en suivant le Plai Mat, puis à Chhêp et de là au nord, vers Pah Tong Chhai et Korat. Elle est plus agréable que la précédente pour un Européen pendant la saison sèche. Elle longe, allant à l'ouest, le cours du Plai Mat et à partir de Chhêp, en se dirigeant vers le nord le pays est fertile. Les indigènes, je dois le dire, sont d'un avis diamétralement opposé, et ils préfèrent la route de Nang Rong.

Le Phra phakedey si narong narinthon chau mœuong Nang Rong a des insignes d'argent et un parasol rouge.

Le district de Nang Rong a cinq amphœu ou subdivisions territoriales.

Le Luong Phon est le chef ou néai amphœu du sud; le Luong Phiroum de l'est, le Sasedi du nord, le Maha thai de l'est. Le Luong klang « du centre » est le néai amphœu du mœuong ou chef-lieu.

Ces néai amphœu donnent des ordres aux komnan ou chefs de village, les conduisent au chau mœuong.

Le droit de faire fonctionner un alambic est acheté à Nang Rong 6 damling et 2 ticaux. Un fermier prélève un droit d'un dixième sur les torches, un autre prélève un tical d'argent par charretée de peaux exportées.

La principale culture du district est celle du riz. Au Ban Phkeam le riz coûte un tical les huit, dix, quinze kanchœu ou paniers. On plante aussi du tabac et de la canne à sucre, surtout vers le sud. Les habitants vendent des noix d'arec, des noix de cocos; 40 cocos valent 2 sling au chef-lieu.

Le coton des montagnes se vend un tical les dix livres aux gens du chef-lieu qui le tissent et l'échangent contre la matière première.

Les habitants de Nang Rong font des torches de bois pourri, pilé, pétri avec de la résine liquide de trach ou de téal. Cette pâte, roulée en bâtons longs d'une coudée, gros comme le poignet, est entourée de feuilles de tenot (palmier à sucre) ou d'un autre palmier nommé phaau.

Ces torches, liées par faisceaux de vingt, valent 1 sling les vingt à Korat, ou sur place trente pour 1 sling; ou encore dix torches sont échangées contre 1 *tau* ou *kanchœu* « panier » de paddy de la contenance de cinquante livres. Au Ban Phkeam cent torches sont vendues 1 sling et 1 fœuong.

On fait aussi des nattes de jonc *run* qui valent 1 fœuong pièce.

Le village de Chrăk Roka, au sud-est, fait des torches qui sont vendues aux Laociens ou échangées à raison de dix torches contre 1 tau de riz. Les gens de ce village n'ont guère que ce moyen d'existence. Leurs rizières ne peuvent être cultivées faute de buffles, que les voleurs enlèvent jour et nuit.

Les habitants de Nang Rong font aussi le commerce des peaux de bœufs qu'ils exportent à Korat.

XCVIII

PAH TONG CHHAI.

Pah Tong Chhaï, en Khmèr Boh Tong Chéy « planter le drapeau ». Souvent par corruption on dit Pak Tong Chhaï, et aussi par abréviation, le mœuong Pah.

Ce district est borné au sud, à l'est et au nord par celui de Korat; à l'ouest par celui de Tian Tœuk. Sa population comprend des Laociens, des Siamois et des Mon ou Pégouans.

Le chef-lieu, à 32 kilomètres au sud de Korat, groupé en cercle sur un tertre entouré de rizières, près d'un *koul* ou bassin naturel allongé comme un tronçon de cours d'eau, compte trois pagodes et environ cent cinquante cases habitées par des Laociens qui ont été enlevés de Vien Chan par le Bodin, selon les uns, qui ont habité là de tout temps selon les autres. Les deux versions peuvent être vraies en partie.

Le chau est Phra Vongsa Sanhkréam chau mœuong Pah Tong Chhaï (Brah vansa sangrama...), ses insignes sont d'argent.

Au nord du mœuong sont les villages peuplés de Pégouans à Srah Noï, Nang Ok par exemple.

Ce district envoie à Korat du sucre de canne par paquets de dix galettes ou disques empilés, liés avec des feuilles de cocotier. Les dix paquets valent, à Korat, 8 sling en gros et 10 sling au détail.

Du mœuong Pah à Korat la route la plus directe à travers les kouk ou forêts sablonneuses, manque d'eau à la saison sèche sur une longueur de 25 kilomètres.

XCIX

DISTRICT DE KORAT.

Ce district est très étendu. Au nord, il confine à celui de Chettorach à plus d'une grande journée de marche de Korat ; à l'est il est borné par celui de Phimaïe, à une petite journée de Korat ; à l'ouest, il s'étend à deux journées de marche sur la route du Dong Phya Yèn ; au sud, il va jusqu'aux montagnes à quatre grands jours de marche de Korat, entre Nang Rong à l'est et le mœuong Pah ou les Khao Niai à l'ouest.

La population est mêlée de Siamois, de Laociens, de Chinois. On remarque aussi les sauvages Chhao Bon dans les forêts du Sud.

Nous verrons les centres importants de l'ouest quand nous étudierons la route du Dong Phya Yèn.

On fait du sucre au Ban Chhêh, gros village à plus de deux journées, droit au sud de Korat, ce village fait partie de l'amphœu de Kathup, le plus méridional du district. Son sucre est vendu en jarres. On y fabrique aussi des torches à deux sling le cent.

Les environs du Ban Chhêh sont fertiles en riz qui vaut un tical les dix *sat* ou paniers hauts d'une coudée, larges d'une coudée au bord.

Le sucre est surtout fait à Phimoun sur les bords du Moun à quatre lieues au nord du Ban Chhêk. On écrase les cannes avec des moulins verticaux à trois arbres ou hélices ; celle du milieu reçoit le mouvement de rotation que lui imprime un buffle qui tourne autour. Le jus est reçu dans des récipients placés au-dessous, en creusant la terre. On le verse dans deux ou trois chaudières chauffées à un foyer commun sous terre.

Le sucre sirupeux est versé dans des jarres percées au fond, le trou étant bouché avec une poignée de paille pour faire filtre. Ces jarres sont posées, alignées sur un chevalet contre les parois du hangar. La mélasse tombe de ces filtres dans une cheminée en bambou qui la conduit à une autre jarre sur le sol. La cristallisation suffisamment avancée, on enlève le bouchon de paille pour mieux laisser égoutter le sucre. La mélasse sert à faire du rhum, à ce que m'ont dit les gens du pays.

En jarres, ce sucre se vend 2 sling à 1 tical et plus, selon la grosseur de la jarre. S'il est raffiné, en poudre, blanc-grisâtre au lieu d'être rouge-brun, il vaut 1 sling la livre du pays.

On fait aussi du sucre à Ban Toum, par exemple, à 16 kilomètres environ au sud-est de Korat, sur la route de Nang Rong. Les moulins sont formés de deux arbres verticaux ayant chacun quatre arêtes longitudinales. Le sucre s'y vend 1 fœuong les deux pots de deux livres et demie chaque, soit une valeur égale à 1 tién de sapèques annamites, la livre de sucre.

Pour ce Ban Toum et deux villages voisins, les diverses fermes sont louées quarante ticaux.

A une dizaine de lieues au sud-est de Korat, toujours sur la route de Nang Rong est le gros village appelé Ban Dong Nong Houa Rêt « village de la forêt de la mare de la tête du rhinocéros » qui compte une pagode, une centaine de cases près d'une prairie basse que les habitants ont percée d'une quantité de puits.

Les gens de ce village, qui n'ont presque pas de rizières, cultivent des concombres, des pastèques, du tabac et surtout du piment. En février-mars, ils abattent des carrés de forêt dans les environs ; en avril-mai, ils y transplantent les semis de piments pris dans les pépinières du village. Ce piment est vendu 1 tical les huit livres. Une famille, en recueillera, dans la saison, pour une valeur de 3 ou 4 damling.

Les pastèques valent 1 tical les deux cents fruits. Le tabac 1 tical les trois cents tablettes. Ils achètent le riz 1 tical les huit ou dix paniers de la contenance de vingt-cinq livres de riz décortiqué.

Le chef du village a le titre de Prah Phon.

Les gens du Ban Dong Nong Houa Rêt ne paient pas de capitation régulière. Ils sont corvéables et paient 4 ticaux s'ils ne sont pas requis dans le cours d'une année. Le genre de corvées n'est pas spécifié.

Leurs jardins de piments sont imposés à 1 fœuong par jardin.

Ils ont quelques maigres rizières à une demi-journée de marche, entre le village et la plaine dite *Tung Kathên*. Ces rizières paient l'impôt d'un sling et un fœuong par sên carré.

La distillation de l'eau-de-vie faite dans quatre cases du village est affermée 20 ticaux par an. Le petit bol d'eau-de-vie, vendu 1 fœuong est plus cher qu'à Korat, le riz étant plus cher.

Thung Kathên est une plaine marécageuse, découverte, située entre Ban Dong Nong Houa Rêt et Nang Rong, à une journée de marche de chacun de ces points. Pendant la saison sèche il reste au milieu de cette plaine une longue lagune boueuse de 20 à 25 mètres de largeur appelée Rahal Klang. On la barre de distance en distance pour épuiser l'eau des bassins avec des paniers enduits de résine et prendre le poisson.

Tous les villages des environs envoient leurs bestiaux à cette plaine pendant la saison sèche. Les gardiens se construisent de misérables abris de branchages et mangent le poisson du Rahal; ils s'en retournent en mai, alors que l'herbe pousse partout.

Le houé Chakarat sort de cette plaine.

Le pont de Tha Chhang, sur le Moun, où passe la route de Korat à Phimaïe, — à 12 kilomètres à l'est de Korat, à 16 kilomètres à l'ouest d'un autre pont de cette route sur le Chakarat et à 32 kilomètres à l'ouest de Phimaïe — est un pont en madriers mesurant deux mètres de largeur et une soixantaine de mètres de longueur. Ici le Moun a une trentaine de mètres de largeur, 8 mètres de profondeur et 15 mètres de largeur au fond.

Un peu au-dessous du Tha Chhang, le Moun reçoit à gauche plusieurs affluents dont l'un, le Takon Bariboun, passe près des ruines khmères de Nom Van, à une lieue au nord de Tha Chhang.

La terre est très salée à l'est et au nord-ouest de la ville de Korat; au Ban Phout par exemple, à quelques kilomètres à l'ouest de Tha Chhang, l'eau des puits n'est pas potable. Dans tous ces parages on fait du sel.

Ici on ne creuse même pas d'auge en bois. La terre est délayée et l'eau, filtrée à travers un lit de ces roseaux que les Khmêrs appellent *prey*, tombe dans les trous imperméables creusés en terre. L'évaporation a lieu sur de longs foyers souterrains, chauffant vingt-cinq à trente marmites, à deux chauffes par jour.

Pour 1 tical on a de vingt-cinq à trente marmites ou bols de sel. Il n'y a pas d'impôt sur cette industrie.

Les Laociens du Ban Pho Khvang Si Mum font des marmites, et sont aussi sauniers. Leurs marmites se vendent deux sling le cent. Ces gens ne vendent pas leur sel; ils le portent en tribut au sasedi de Korat, payant de cinquante à cent marmites de sel par inscrit marié.

D'autres villages au nord de Korat fabriquent des pots, des marmites valant, selon la grosseur, 1 sou, 2 sous, et vendues à Korat et ailleurs.

Tout près de Korat, au sud-est de la ville, on fait de la chaux. Le calcaire vient de Véal Tonlé « la plaine du bassin », plaine basse, inondée aux pluies jusqu'à la ceinture. Elle sert alors aux joutes nautiques.

A la saison sèche la terre, creusée à une coudée ou deux de profondeur, donne des graviers, des cailloux de calcaire blanc que l'on lave. Les fours sont des trous en terre d'une brasse de profondeur où l'on dispose des couches alternées de calcaire et de combustible : bambou sec, ou bien charbon de téal, de popél ou de phchek.

La chaux vive, placée dans un panier, arrosée d'eau, tombe délayée et filtrée dans une jarre; les cailloux mal cuits restent dans le panier. On décante l'eau de la jarre quand la chaux est déposée. Pour la mastication du bétel, cette chaux est généralement rougie avec du sbêng et du curcuma.

Ce curcuma a été cuit à l'eau, séché au soleil et pilé. Le bois de teinture sbêng est mis dans une grande marmite d'eau, et après une légère ébullition de quelques secondes, cette eau, mêlée au curcuma pilé, est mélangée avec la chaux à mastiquer. La chaux ainsi préparée est vendue par petits paquets au prix d'un sou siamois.

Les gens des environs de Korat gardent la paille du riz et la vendent, pour la nourriture des bestiaux, aux conducteurs des bœufs porteurs des nombreux attelages qui, de tout le Laos, affluent à Korat. L'herbe faisant défaut, cette paille est vendue 1 sling le picul ; elle descend à 1 fœuong quand les pluies commencent.

L'herbe qui sert de chaume pour la couverture des cases et que les Khmêrs appellent *sbau*, apportée à Korat, se vend 1 sling sang faï (soit 1 franc) les vingt-cinq gerbes.

On cultive beaucoup de khtim « oignon » du pays, dans les environs de Korat, surtout vers l'ouest. Pour un fœuong on a cinquante oignons blancs, soixante oignons rouges.

C

VILLE DE KORAT.

La ville de Korat comprend, pour ainsi dire, non seulement la citadelle mais encore le marché extérieur de Vat Chêng et une longue ligne de jardins et d'habitations de campagne allant droit à l'ouest et appelée Parou.

Ces trois groupes figurent, si je puis me permettre cette comparaison, une mire dont la planchette est représentée par la citadelle rectangulaire, avec cinq kilomètres de tour et le manche par le marché extérieur et le Parou, long de deux lieues environ.

Le Parou commence à la prise d'eau du Takong, dérivé à la saison sèche pour alimenter un petit canal qui arrose tous ces jardins et entre dans la citadelle par une petite brèche près de la porte de l'ouest. Son eau saumâtre n'est pas potable. Quant au cours même du Takong, il passe près de la face nord de la citadelle.

Cette citadelle rectangulaire mesure 1,000 mètres environ sur la face est, 1,640 mètres sur la face sud, 1,000 mètres sur la face ouest et 1,610 mètres sur la face nord, au total 5,250 mètres.

Le mur en briques, épais de 2 mètres, haut de 3 à 4 mètres, avec banquette, talus ou mur de soutènement et chemin de ronde à l'intérieur, fossé à l'extérieur, est couronné de créneaux en forme de bornes sacrées de pagodes. Ces créneaux ont une coudée de largeur, les vides de même.

Aux quatre angles sont des bastions arrondis; sur les faces sont d'autres bastions: deux à la face est, trois à la face sud, trois à l'ouest et quatre au nord, au total quinze bastions et environ cinq mille trois cents créneaux.

Du moins ce devait être ainsi lors de la construction. Actuellement le fossé, dont la largeur est de 10 mètres, n'a pas de profondeur et n'est pour ainsi dire qu'une terre à rizières; les miradors des portes sont démolis; les nombreuses brèches faites au mur par le temps occupent un bon tiers du pourtour.

Une porte est au milieu de chacune des quatre faces. Celle de l'est est appelée Patou Tvan Ok « porte du soleil levant »; celle du nord Patou Nam « porte de l'eau », à cause du voisinage du Takong, ou à cause de flaques d'eau constantes dans le fossé; celle de l'ouest est appelée Patou Chomphon, et celle du sud Patou Phi « la porte des morts ».

Les cadavres portés à la fosse ou au bûcher ne doivent sortir que par cette dernière porte, et quiconque violerait cet usage s'exposerait à trente coups de verges et trois ans de prison.

Des portes de la citadelle partent deux grandes rues larges de 5 à 6 mètres qui se croisent au centre à angle droit et divisent la ville en quatre quartiers. Une foule de ruelles la subdivisent en nombreux groupes de maisons.

L'habitation du chau, dans le quartier nord-ouest, fait face à l'est sur une place assez grande où sont des *salas* ou bâtiments publics. L'enceinte du chau mesure 120 mètres de largeur sur 200 mètres de profondeur.

La ville de Korat, assez élevée, n'est pas inondée. Le sol est de sable et d'argile. On y voit des cocotiers et des palmiers à sucre. On compte six à sept pagodes à l'intérieur de la citadelle et un millier de cases peuplées surtout de Siamois et de Chinois, avec quelques Laos, quelques Khmèrs.

Les maisons des mandarins ont un air d'aisance, le bois de construction abonde tellement dans le pays qu'il n'y a là rien d'étonnant.

Dans l'intérieur de la citadelle est un marché moins important que celui de Vat Chèng que nous verrons ci-après. Ce marché intérieur se tient des deux côtés de la rue qui conduit du carretour central à la porte de l'ouest. On y vend les divers articles d'importation, du poisson, des gâteaux.

Les rues de Korat, non pavées, non empierrées, sont très poudreuses à la saison sèche et doivent être boueuses aux pluies.

La population boit l'eau de deux bassins des pagodes Nong Barong et Nong Boua. L'eau du canal Parou qui sert à l'arrosage, au lavage de vaisselle, etc., entre, avons-nous dit, par une petite poterne près de la face ouest, un homme en se baissant pourrait passer par cette poterne.

Ayant examiné la citadelle, voyons maintenant son long faubourg. De la porte ouest à la Vat Chêng sur une longueur de 1,200 mètres environ, est l'important marché extérieur des deux côtés de l'amorce de la route qui conduit au Dong Phya Yên et à Sarabouri.

Les maisons de Chinois avec petit étalage sur la rue, étalage séparé par une cour de la maison d'habitation, sont très serrées surtout vers la citadelle. Allant à l'ouest on atteint la pagode Chêng à gauche. Le marché finit là. Au delà de cette pagode est une grande mare, et à côté la place où se réunissent les conducteurs de bœufs porteurs attendant leur chargement. Les bâts sont disposés en cercle, et les bœufs sont parqués dans le cercle.

Ici commence le Parou, à droite de la route en allant à l'ouest. C'est une ligne épaisse, sombre, d'aréquiers et d'autres arbres de jardin, longue de 8 kilomètres environ, arrosée à la saison sèche par le filet d'eau dérivé du Takong. Tous les mandarins et les gens à l'aise de Korat ont au Parou leur maison de campagne.

Outre les sept pagodes de l'intérieur de la citadelle on en compte au moins une douzaine à l'extérieur et même une vingtaine en comprenant celles du Parou. Au total une trentaine dans le groupe.

Les maisons de Korat ont généralement deux toits, deux cases accolées couvertes en chaume.

Celles des marchands, appelées « maison d'eau », sont construites d'une manière spéciale : les murs, les cloisons sont en briques crues, les colonnes en bois sont entourées de ces briques qui couvrent aussi un plafond en bois, en treillis et en terre, protégeant ainsi les marchandises de la maison contre l'incendie.

De ce premier toit partent des colonnes en briques montant à 2 ou 3 coudées plus haut où un toit, couvert de chaume, préserve des pluies.

Les cases, les jardins de Korat sont enclos de palissades de pieux de 3 à 4 mètres de haut en bon bois du pays. Si l'écorce est simplement enlevée au maillet, ces pieux coûtent 10 ticaux le cent, et s'ils sont équarris à huit faces, ils valent 3 damling, soit 12 ticaux.

Les Chinois de Vat Chêng ont généralement acheté le terrain occupé par leurs constructions à raison de 3 cattis d'argent par 16 mètres courants de façade. En outre, ils ont à payer un impôt mensuel de 8 ticaux s'ils font étalage, et de 4 ticaux dans le cas contraire. Cet impôt est perçu par un fermier.

CI

INDUSTRIE, COMMERCE.

Nous avons vu dans les environs immédiats de Korat l'industrie du sel, de la chaux, des poteries grossières. Un autre genre d'industrie que nous n'avons classé nulle part, parce qu'il s'exerce un peu partout au Laos, c'est la fabrication de la poudre que les gens de Korat font avec vingt parties de salpêtre, cinq parties de soufre et une quantité convenable de charbon de l'arbuste que les Khmêrs appellent préal, arbuste de la grosseur du pouce, dont les feuilles poilues servent au Cambodge à faire des torches. Au lieu de charbon de l'arbuste préal d'autres emploient celui du *thkau*, un grand arbre.

A Korat, le salpêtre coûte 2 sling la livre. Le plomb coûte 1 sling, le poids de 5 damling ou 20 bat; chacun le coule à sa guise.

Il ne manque pas de palmiers à sucre dans l'enceinte de la citadelle de Korat. L'eau de palme est vendue au marché, et ce qui n'est pas écoulé immédiatement est cuit pour être conservé, bu le soir. On ne fait pas de sucre de palme.

Le sucre de canne, très commun dans le pays, est vendu à Korat, ainsi que nous l'avons vu, 1 fœuong les deux petites marmites de cinq livres au total, et le sucre blanc raffiné vaut 1 sling la livre.

Les ouvriers qui font des briques sont nourris et reçoivent 6 ticaux par mois, ou 7 ticaux et 2 sling sans la nourriture; ou encore ils reçoivent par jour 1 sling, 1 sling et demi. Le patron les nourrissant leur fait faire trois repas par jour.

Les femmes pauvres vont ramasser du bois aux environs de Korat, les rondins sont fendus en deux. Une charge de femme vaut sang faï, c'est-à-dire quatre sous siamois.

On vend quelquefois à Korat un vin fait avec de l'eau de palme mise avec quatre ou cinq sortes de racines dans une jarre couverte que l'on laisse enterrée pendant sept jours. Cette boisson vendue à Korat 8 sous le verre est agréable, dit-on, et enivre très bien.

Une autre industrie de Korat assez curieuse et dont nous n'avons pas entendu parler ailleurs, c'est la fabrication des boulettes de terre pour *envies de femmes enceintes.*

La terre délayée avec de l'eau est filtrée à travers un linge. L'eau, après dépôt, est décantée, le résidu terreux est roulé en boules, cuit un peu au feu de balle de riz qui donne de l'odeur. Les boules sont cassées en fragments de la grosseur du doigt. Ces fragments, pliés dans des feuilles de bananier, sont vendus en beaucoup d'endroits au prix d'un petit sou siamois le quart de livre indigène, soit les cent cinquante grammes.

J'ignore, d'ailleurs, si les Siamois de Korat partagent la croyance des Khmêrs : si la mère a des envies bizarres, cela indique que l'âme de l'enfant est émergée récemment de l'enfer; les âmes venant des cieux ne doivent pas causer d'envies désordonnées.

On a dix cocos pour 1 sling à Korat. Vingt livres de viande de porc coûtent 5 sling et 1 fœuong. Les seaux en bambou tressé enduits de résine liquide de la contenance de dix livres d'eau, soit six litres, sont vendus 1 sling la paire.

Les noix d'arec sont vendues à Korat coupées en tranches et enfilées en brochettes; un des mandarins, le Mahathâi, retire jusqu'à 100 ticaux par an de la vente des noix de ses aréquiers du Parou.

La vie est à bon marché dans cette capitale commerciale du Laos; le sucre et le riz sont à bas prix. Seul, le poisson frais ou sec est relativement cher, mais il est d'excellente qualité.

Comme on peut le supposer, il y a beaucoup de Chinois à Korat, où presque tout le commerce est entre leurs mains. Ils occupent complétement le grand marché extérieur entre la porte de l'Ouest et la pagode Chêng.

Ils envoient à Sarabouri sur le Ménam, et nous verrons plus loin par quels moyens de transport, des peaux, des cornes, de l'ivoire, de la cire, de la laque, du cardamome, etc. Ils en reçoivent des étoffes, des chaussures, des parapluies, de la vaisselle, etc., que, de Korat, des voitures à bœufs emportent au fond du Laos pour en rapporter les articles d'exportation.

La location de ces voitures est faite d'après le poids des marchandises. Les prix moyens sont de 4 à 5 ticaux par picul pour un trajet de 12 à 15 jours de voiture, pour aller à Nong Khai ou à Amnat, par exemple; et, en plus, la nourriture des voituriers. Le prix est le même pour un chargement de retour. Une voiture peut transporter jusqu'à 4 piculs de marchandises.

Les charrettes à bœufs de Korat sont plus grandes que celles du Cambodge. Les grelots sont attachés au cou, et non au joug, comme au Cambodge. Le charretier se munit de couperets, marmites, riz, etc., et d'un essieu de rechange. En outre, à la saison sèche, on suspend à chaque charrette des tubes en bambous pour emporter de l'eau. On voyage le matin et le soir.

<h2 style="text-align:center">CII</h2>

MONNAIES, FERMES, IMPÔTS.

Les monnaies en usage à Korat sont les monnaies siamoises: le tical, actuellement frappé à l'effigie du roi, et aussi les anciens ticaux en forme de rognons, très souvent falsifiés. Puis la monnaie de cuivre, frappée aussi à l'européenne, avec couronne d'un côté, caractères siamois de l'autre, et de quatre grandeurs.

Le *lot*, ou demi-sou, de seize au fœuong; l'*at*, de huit au fœuong, vaut à peu près un sou. Le *fai*, ou double sou, de quatre au fœuong, huit au sling, équivaut donc à la grande partie des lat de cuivre du Laos. Enfin le *sang faï* ou double faï, quadruple sou, de quatre au sling.

Les petites pièces d'argent, sling et fœuong, sont assez rares dans tout le royaume de Siam. A Korat, comme ailleurs, on supplée à leur rareté par le cours forcé des *pi*, petites pièces en porcelaine avec caractères chinois sur les faces.

Les *pi* sont affermés et n'ont cours que pour un an dans un district. De là ils peuvent passer à un autre fermier dans un autre district.

Ainsi le fermier de Korat, ou fermier principal appelé Khun Phat Thom, achète à Bangkok cette ferme pour un an. Au mois d'avril, époque où commence son fermage, pendant trois jours, il fait parcourir la ville par des crieurs qui frappent du gong et avertissent la population de rapporter les vieux *pi* qui doivent être retirés de la circulation. Pendant ces trois jours, l'ancien fermier, argent en main, rachète les *pi* qu'il avait émis l'année précédente.

Les gens du pays vendent donc leurs vieux disques de porcelaine et achètent ceux du nouveau fermier. Les trois jours écoulés on n'accepte plus les *pi* en retard, et ce sera perte sèche pour le détenteur. Je me trompe, il aura peut-être encore une ressource. Les *pi* en circulation à Korat en 1880, par exemple, auront pu être achetés par un sous-fermier du district moins important de Nang Rong, et auront eu cours à Nang Rong pendant l'année 1881. Et de la même manière ils auront pu être en circulation pendant l'année 1882 à Pak Kon Chhaï, district moins important encore.

La population indigène, accoutumée à cet état de choses, ne paraît pas s'apercevoir de la gêne que cette véritable exploitation apporte aux relations commerciales.

Si Korat appartient géographiquement au Laos, le régime de cette sorte de sentinelle militaire, qui ne diffère guère d'ailleurs du régime des provinces siamoises, est tout autre que celui des mœuongs purement laociens. Sans transition on passe de contrées jouissant d'une liberté traditionnelle à des pays où la population subit une oppression très dure. Tout est affermé et les impôts sont lourds.

Nous avons vu que, dans la plupart des districts de Korat, ceux de langue cambodgienne principalement, la population réputée militaire ne paie pas de capitation en principe. Elle est levée pour marcher, et qui ne marche pas paie alors des sommes variables qui peuvent s'élever jusqu'à 15 damling, dit-on. Tout autre service que la guerre peut être évité par l'offre de quelques ticaux. Il y a là, on le conçoit facilement, une grande source d'abus, de vexations, de mécontentement, si apathiques que puissent être les Asiatiques.

Les habitants de la province de Korat paient généralement l'impôt appelé *kabal prëy* « tête de forêt », impôt de jardin analogue au *pon téas* du Cambodge. Il est d'un fœuong par ménage.

Il y a en outre, nous l'avons noté dans plusieurs districts, l'impôt sur les rizières de 1 sling et 1 fœuong par *raï* ou *sèn* carré, sèn de 40 mètres de côté. On évalue approximativement la contenance des rizières, sauf à en mesurer en cas de contestation entre les propriétaires et les envoyés du gouverneur.

Dans les districts à capitation, les jeunes gens célibataires ne payaient pas jadis. Aujourd'hui, ils paient tous à partir de l'âge de vingt ans, et jusqu'à 5 ticaux par an.

Jadis l'argent provenant de l'impôt de capitation de la province était conservé à Korat pour les cas de guerre, pour les besoins des services publics. On prétend que le chau actuel, mandarin étranger au pays, en fait emporter la moitié chez lui à Bangkok par ses femmes, qui font de fréquents voyages à la capitale.

Les Chinois de Korat ne paient qu'une faible capitation triennale de 4 ticaux et 2 sling par tête.

Sous toutes réserves, les prix des fermages achetés à Bangkok seraient les suivants :

	1883.	1884.
Ferme des porcs	26 cattis.	37 cattis.
Ferme d'opium	150 cattis.	(?)
Ferme des pi, jeux, alcools	270 cattis.	87 cattis.
Ferme des boutiques	5 cattis, 10 damling.	5 cattis, 8 damling.
Ferme des maisons marchandes	35 cattis.	(?)
Ferme du tabac	18 cattis.	»
Ferme du sucre	4 cattis.	»
Ferme du riz	550 cattis.	»

Deux Chinois de Korat avaient sous-loué pour un an, au prix de 9 cattis, les fermes d'alcool, d'opium, et des pis dans les mœuongs Nang Rong, Phakon Chhaï et Bouriram. Au bout de neuf mois en février 1884, ils furent attaqués pendant la nuit, dans leur case de Phakonchhai, au milieu du village, par une vingtaine de brigands qui incendièrent la case, tirèrent force coups de fusils, enlevèrent 90 ticaux et toutes les marchandises, et se retirèrent en laissant derrière eux ces petits piquets de bambous, à la pointe durcie au feu enfoncés en terre et dissimulés sous les feuilles de manière à causer de graves et douloureuses blessures aux propriétaires trop empressés à poursuivre les voleurs.

Le village de Phakonchhaï est important, les habitants vinrent trop tard au secours. Et les deux Chinois, assez dégoutés, se retirèrent à Nang Rong où il cédèrent pour 6 damling le reste de leur fermage.

Au Ban Ta Krä, à une petite journée de marche à l'ouest de Korat sont deux alambics dont le fermage a été payé 40 ticaux à Korat.

Les habitants de deux petits villages voisins Ta Krä et Na Sao ne peuvent acheter l'eau-de-vie ailleurs, sous peine d'être conduits à Korat, dont le chau condamne les délinquants à 5 damling d'amende: 2 pour lui, 3 pour le fermier. Les anciens chau condamnaient à 4 damling d'amende au profit du plaignant.

Afin d'attirer la clientèle, le fermier des jeux de Korat loue de temps à autre les danseuses du chau qui viennent jouer sous un hangar attenant à la salle de jeux; pour trois jours de danses, le prix de location est des 15 à 18 damling, soit 60 à 72 ticaux, voire même jusqu'à 100 ticaux par jour quand la troupe est au complet: 15 danseuses, 6 claqueuses frappant des cliquettes et une septième qui frappe du gong.

CIII

MANDARINS, EAU DU SERMENT.

Les titres des mandarins de Korat sont les suivants :

1° Phya komhèng sangkram rama phakedey aphai phiri barakrom phahou chau mœuong nokor Réach Sèma (... Sangrâma râma bhakti abhaya bhiri parakrama bâhu... nagara raja sêma). Insignes d'or.

2° Phya surya dêt visêt min tha sathit vichhaï balat mœuong nokor Réach Sêma (... surya têja vicêsha... vijaya uparaja nagara Raja Sêma). Insignes d'or.

3° Phra phrom phakedey yokebat mœuong nokor Réach Sêma (Brah brahma bhakti yugapâda nagara Râja Sêma). Insignes d'or.

4° Phra khlang rat phakedey si têp sangkram maha thâi mœuong nokor Réach Sêma (Brah ghlan râja bhakti çri déva sangrama maha...) Insignes d'or.

Les quatre dignitaires qui précèdent reçoivent leurs insignes à Bangkok; les phra qui suivent les reçoivent à Korat, quoique nommés par la cour de Bangkok.

5° Phra vichhaï sangkrêam phra phon mœuong nokor Réach Sêma (Brah vijaya sangrama...) Insignes d'or.

6° Phra phrom sêna sasedi mœuong nokor Réach Sêma (Brah brahma sêna svasti, etc...) Insignes d'argent.

7° Phra mœuong; insignes d'argent. Viennent ensuite : Phra veang, Phra khlang sambat, Phra na, Phra banthao thup, Luong tamruot, Luong dara maredâk, etc...

Dans tout engagement, vente, achat d'esclave, le phra mœuong appose son sceau sur la mention de la somme écrite en toutes lettres. L'acte serait nul sans cette formalité. Il perçoit, pour cela, un droit d'un sling par catti du prix payé par le maître.

Les passeports et permis de circulation sont demandés au Luong Tim charat maha Thâi qui les délivre moyennant un droit de 6 sling. Son sceau représente un tigre mort.

A Korat, comme partout, l'eau du serment est bue à date fixe, aux mois d'avril et d'octobre.

Un peu avant l'époque fixée, le luong Tim charat maha Thâi prévient les kromokar de la ville de Korat et écrit à tous les chau des districts de la province qui seront dispensés pour motifs valables, mais qui, en tout cas, devront envoyer à Korat les fonctionnaires de leur district.

Ils se réunissent le jour de la cérémonie à la Vat Klang « la pagode centrale », la principale pagode de Korat, où le chau envoie ses insignes et deux sabres, deux lances, le portrait du roi, un Bouddha en or et cinq vases d'eau aromatisée.

A son arrivée à la pagode, où l'attendent cinq bonzes et tous les fonctionnaires, le chau est reçu au son de la musique d'un orchestre siamois. Les bonzes récitent ensuite quelques prières et se retirent.

Les mandarins de la ville sont aux premiers rangs; leurs femmes sont assises en groupe sur le côté. Les fonctionnaires des districts sont aux derniers rangs. Tous les assistants sont habillés d'un pagne blanc.

Le chau dispose les cinq vases d'eau devant l'assistance, trempe dans chaque vase la statuette d'or du Bouddha et il prévient les assistants d'écouter et de répéter phrase par phrase la formule du serment que lit un secrétaire. Le chau brasse ensuite l'eau des vases avec ses armes en disant : « Que tout traître périsse par ces armes! » Avec des verres l'eau est distribuée à tous les assistants, hommes et femmes. Ici le chau ordonnateur de la cérémonie ne boit pas. S'il remplit cette obligation, c'est avec de l'eau envoyée de Bangkok.

Les fonctionnaires de l'extérieur emportent de l'eau consacrée pour faire boire ceux de leurs collègues qui n'ont pu venir, et qui paient une amende de 6 ticaux. Le refus de boire l'eau entraînerait une amende de 10 cattis pour crime de lèse-majesté. Jadis c'était la confiscation pleine et entière.

CIV

PROCÈS, BRIGANDAGE.

A Phimaïe, lorsque des voleurs de bœufs ou de buffles mâles sont saisis, ils paient le prix des animaux au propriétaire, et une somme égale au chau. Pour une femelle, les dommages-intérêts sont triplés. En outre les voleurs sont frappés de verges.

A Phakonchhaï les voleurs de bestiaux pris en flagrant délit reçoivent 30 coups de verges, paient 30 damling d'amende et sont condamnés à trois ans de prison. Dans la pratique ils peuvent racheter cette dernière peine en payant une centaine de ticaux.

L'adultère à Phakonchhaï est puni de la manière suivante : Les deux coupables reçoivent chacun 30 coups de verges, paient

30 damling et sont mis en prison, à Korat, pour un temps indéfini. Je crois, d'ailleurs, que la loi siamoise ne reconnaît que le flagrant délit en matière d'adultère.

Il y a beaucoup d'arbitraire et de confusion dans la distribution de la justice à Korat. Demandeur et défendeur, et souvent même plaignant et criminel, sont consignés ensemble après la remise de leur plainte ou de leur réplique. Les deux parties sont forcées de cohabiter continuellement ensemble, sous le prétexte qu'elles doivent se surveiller mutuellement et ne jamais se quitter, chacun d'eux devant empêcher l'autre de chercher à corrompre les juges. Si en cas de force majeure l'une est relâchée l'autre le sera de même.

Même pour des voleurs pris en flagrant délit, objets en main, il arrive que les juges de Korat refusent au plaignant de lui restituer son bien, exigeant une plainte écrite, le menaçant de la prison s'il refuse de donner cette pièce, à l'aide de laquelle les juges feront de ce vol une affaire civile, ne songeant qu'à extorquer de l'argent le plus possible. Les voleurs, plus généreux, ont le dessus très souvent. Le vernis de civilisation européenne apporté de Bangkok sert à alimenter la chicane pour mieux gruger les plaideurs.

Au dehors c'est un brigandage effréné qui va progressant vers l'ouest de Koukhan, à Korat et à Bangkok.

Les brigands de Korat incendient et dévastent pour le plaisir de dévaster. Veulent-ils attaquer un village, ils s'égaieront à le prévenir par une lettre anonyme. Le village effrayé fait bonne garde, puis se fatigue, se relâche, et quand il croit à une mystification, les brigands arrivent et enlèvent tout.

Ces pirates ne sont poursuivis, dénoncés que par les intéressés. Les tiers, dépourvus de toute notion morale, ne paraissent pas se douter que leur tour viendra demain. Mais, au fait, ils seront peut-être eux-mêmes les voleurs !

Les brigands sont infiniment plus redoutés que les autorités. Celles-ci fouettent alors que les autres tuent. Les chefs audacieux et heureux passent vite pour être invulnérables et inspirent ainsi plus de terreur. Un habitant ne s'avisera pas de songer que sa poudre, ses armes sont mauvaises, les ratés forcés, et que son mauvais tir fait en entier cette prétendue invulnérabilité.

Dans les petits et pauvres villages les pirates prendront de force les vivres qui leur sont nécessaires. Les femmes qui gardent la maison leur cèdent la place, s'écartent pour ne pas être insultées. En plein jour ils enlèvent les bestiaux, cassent la vaisselle et tirent de nombreux coups de fusils pour effrayer les femmes au logis. Ce sont leurs plaisanteries les plus innocentes.

Ils détroussent les passants en plein jour ; et les tuent sous le prétexte le plus futile, à seule fin de se faire la main. Si des chefs de village leur demandent leurs papiers : les voilà, répondent-ils en relevant leurs fusils.

Vers les Dangrèk au sud de Sourèn, de Korat, les bestiaux sont gardés par des gens armés. Ou bien, comme à Bouriram, on n'ose pas les lâcher, on leur donne à manger de la paille de riz près des cases. Une escorte armée les conduira à l'abreuvoir. Si les propriétaires de bestiaux enlevés se mettent à la poursuite, les brigands s'embusquent dans un ruisseau et fusillent les propriétaires à coup sûr. Pareil fait avait lieu à Phakonchhaï quand nous y étions.

Les rencontres suspectes ne sont nullement rares, même pour un Européen. Le voyageur doit être sur ses gardes ; son guide, petite autorité du village voisin, causera avec trois ou quatre hommes armés, rencontrés sur la route et rejoindra plus loin en disant : ce sont tels et tels de tel village, *nak léng* « gens de plaisir, de loisir » expression qui, en cambodgien et en siamois, indique les mauvais sujets.

Les Kola et les Laociens qui conduisent des caravanes de buffles vers Bangkok arment la détente de leurs fusils à toute rencontre, et se gardent avec soin surtout vers les Dangrèk. A Sourèn, nous l'avons déjà dit, le brigandage est presque aussi général qu'à Korat.

Au grand passage du Chup Smach, il y a quelques années, un Kola attaqué reçut un coup de fusil qui ne l'atteignit pas, il eut l'idée de tomber comme mort, le chef des pirates s'élança sur lui pour l'achever et reçut presque à bout portant un coup de révolver qui lui enleva les parties sexuelles. Il resta sur place, mais ses complices purent emmener les buffles du Birman.

A Thnäl Ampil, village situé au nord du Chup Smach, les habitants, toujours sur le qui-vive, vont aux champs en armes. Si le village est attaqué les femmes frappent sur une cloche de bois, et les hommes accourent occuper les issues de ce village entouré de palissades.

A ce même village, l'année dernière, un jeune homme qui tenait un fusil, fut entouré par des visiteurs armés et sommé de donner le fusil ou la vie. Il céda au nombre, acheta une autre arme et parla trop de la future vengeance qu'il méditait. Un matin on le trouva assassiné. De pareils faits prouvent suffisamment que les brigands ne sont pas tous étrangers au pays.

Les tombes des gens tués ne sont pas rares près des routes. Les voyageurs, campant en cercle la nuit, se préviennent mutuellement de ne pas s'écarter en cas d'attaque, pour ne pas se blesser mutuellement. Dans la région des Dangrêk, ils se préviennent aussi, pour ne rien oublier, de ne pas tirer inutilement des coups de fusil la nuit, les coups de fusil attirant les tigres qui, guidés par leur instinct, ont coutume de venir enlever le gibier blessé, disent les indigènes.

CV

MŒURS, COUTUMES, SUPERSTITIONS.

Insolents, voleurs, bandits, assassins, incendiaires, joueurs, ivrognes pullulent tous dans cette province le Korat où se rencontrent plusieurs races pour mieux mêler et développer tous les vices, sauf un seul dont on n'entend nulle part parler, ni au Laos ni à Siam, le vice *grec.*

Les gens de Korat sont grands amateurs des combats de coqs sur lesquels ils établissent des paris; l'administration y met des fermiers. Ils sont adonnés à l'usage de l'eau-de-vie « qui donne du courage », du *kanchha* ou chanvre indien « qui console des peines de cœur », et, surtout à la ville, de l'opium « qui tient les esprits éveillés et qui favorise les appétits voluptueux ».

A Korat même presque toutes les filles sont effrontées et de mœurs très faciles. D'ailleurs, il n'y a plus de *péng haouon* ici; le code siamois est en vigueur, et les parents ne feront condamner l'amant de leur fille qu'au profit des juges.

Les Siamoises sont beaucoup plus avenantes, gracieuses et coquettes que les Laociennes.

Dans les districts les coutumes laociennes se maintiennent encore. A Phakonchhai, si un garçon violente une fille, il devra offrir 5 damling, une tête de porc, cinq coudées de cotonnade blanche, un bol de cuivre, et il demandera pardon aux parents. A Chayaphoum, district laocien, la séduction est tarifiée 4 ticaux, le viol ou la grossesse 25 ticaux payés par l'homme, qui ensuite peut épouser à son gré.

Les filles de Korat n'ont pas l'usage de la retraite, comme les filles cambodgiennes lors de leur nubilité. Mais, de même qu'à Siam et au Cambodge, la cérémonie de la tonte du toupet est en grand honneur, indispensable même, surtout pour les filles qui, sans cette cérémonie, ne peuvent être considérées comme des êtres humains complets, ne peuvent, par exemple, pas être demoiselles d'honneur au mariage d'une amie.

La cérémonie doit avoir lieu pour elles à onze ou à treize ans. Passé cet âge, faire toucher la tête d'une jeune fille par la main du bonze qui coupe les cheveux, ce serait les exposer l'un et l'autre à des péchés de pensée ou d'attouchement contraires à la morale bouddhique. Les garçons ont le toupet coupé avant quinze ans.

La cérémonie ne doit avoir lieu que pour un nombre impair de sujets, et pas à la case, dans les petits villages du moins, mais à la pagode, ou sur un tréteau élevé au-dessus de la rivière; les cheveux coupés sont jetés à l'eau.

Dès la veille les bonzes viennent psalmodier à la maison, où l'on a élevé un petit tréteau sur lequel on place une statuette du Bouddha etoù l'on fait des offrandes de vivres. Les hommes tirent des coups de fusil pendant les prières des bonzes.

Au matin, on attache des fils de coton tendus du tréteau à la case. Les héros de la fête sont conduits à la pagode où la rivière, un bonze donne trois coups de ciseaux ou de rasoirs et un achar ou docte laïque achève de raser la tête des sujets.

De retour à la case a lieu la cérémonie que les Khmêrs appellent *châng day,* toujours accompagnée de festins.

La coupe du toupet enfantin, de même que les mariages, n'a lieu qu'à la belle saison, et dans les mois considérés comme femelles. Ce sont les mois cambodgiens de kàdàk, bos, phalkun, pisăk; les mois intermédiaires sont dits mâles. Au Cambodge il en est de même.

A Korat, un jeune homme recherchant une fille en mariage la fera demander par ses parents qui, sitôt la demande agréée, enverront chez la fille une tête de porc en cadeau. Ils feront construire une case pour le futur couple près de la maison des parents de la fille et donneront, selon leurs moyens, une dot variant de 5 ticaux à un catti d'argent; chez les gens riches, cette dot monte même à 6, 8, 10 cattis. Lors de la noce, les parents de la fille feront cadeau, à leur tour, à ceux du garçon, d'une tête de porc et d'une jarre d'eau-de-vie.

On ne lie pas lors du mariage les poignets du couple avec des fils de coton comme au Cambodge; on ne lie que ceux de la fille, dit-on.

Si après de longues années de mariage le mari supplée à l'insuffisance des charmes de sa moitié par l'entretien d'une concubine, il devra payer 7 damling d'amende à sa femme qui, d'un autre côté, n'a rien à objecter si au lieu de prendre une seconde femme, il va chercher des distractions au dehors.

A un mariage, en mars 1884, entre enfants de fonctionnaires à Pah tong Chhaï, district laocien, il n'y avait pas de bonzes. On n'avait pas élevé de case pour le jeune conple, mais simplement réparé la maison des parents de la fille.

Les jeunes gens s'étaient avoué leur inclination mutuelle, et la demande avait eu lieu avec accompagnement d'arec et de bétel. La somme de 10 damling avait été demandée pour dot. Chez les gens du peuple de ce pays, la dot apportée par le futur varie de 5 ticaux à 5 damling.

Au jour du mariage, les parents, les vieillards adorèrent les ancêtres. Le futur, conduit en cérémonie à sa nouvelle demeure, vint se prosterner à côté de sa femme. Un assistant remplissait l'office d'achar ou maître de cérémonie, récita la bénédiction, et lia les poignets des deux époux avec des fils de coton. Les parents de la fille le suivirent dans cette opération, puis ceux du marié, et enfin les assistants à volonté. Cette cérémonie comme toujours fut accompagnée de festins et de cadeaux faits par les invités.

Le soir, les deux nouveaux époux durent prendre leur repas à un plateau commun et s'offrir mutuellement une banane pelée.

A Korat, les veuves ne s'habillent pas de blanc, peuvent être vêtues de noir et de rouge. Mais elles se rasent la tête. Et elles la raseront de nouveau lors de la crémation. Une veuve qui se remarierait avant d'avoir rempli ce devoir de la crémation pourrait être mise à l'amende sur la plainte des parents du défunt. La cérémonie accomplie, elle est libre de se remarier à son gré.

Les bonzes de la ville de Korat ont, en général, des mœurs très relâchées. Il jouent aux jeux de hasard, et dans quelques pagodes ils ont même la réputation de courir les filles. Il y a toutefois de grandes différences d'une pagode à une autre selon le caractère des abbés ou supérieurs.

Les gens de Korat dont la mort a été naturelle sont enterrés en travers de la course du soleil, la tête au nord. Les victimes de mort violente sont enterrées la tête à l'ouest.

A Phimaïe la femme d'un mandarin siamois, le louong khleang, mourut l'année dernière laissant une sœur cadette. Sur son lit de mort, elle fit promettre à son mari, de ne se remarier qu'avec cette sœur, de ne pas donner une marâtre étrangère à ses enfants. Sous peine de malédiction elle reviendrait « lui casser le cou ».

Au Cambodge, pareille union est défendue sous peine d'amende ; elle est permise, au contraire, quand la sœur défunte ne laisse pas d'enfant. A Siam, on peut épouser les deux sœurs à la fois ; l'oncle peut se marier avec la nièce, etc., toutes alliances prohibées au Cambodge pour quiconque n'est pas prince du sang.

Les gens de Korat placent souvent des marmites renversées sur la porte de leur enclos pour écarter les mauvais esprits. Une tête de singe produit aussi le même effet. Le bouillon d'une tête de singe empêche les rechutes de petite vérole.

A Korat, comme dans tout le Siam, il y a une grande ardeur à chercher les trésors enterrés. Au vieux Korat, une femme inspirée par un rêve fit faire en vain des fouilles par tout un village pendant deux ou trois jours.

Au sud de la province, vers les grandes montagnes, les chasseurs de rhinocéros ne doivent pas se baigner, sinon les blessures de l'animal ne seraient pas mortelles, il disparaîtrait dans les grottes pleines d'eau de ces montagnes.

A Korat, à Sourèn, les gens demandent à l'étranger si bientôt le pays ne sera pas plus heureux, si le fléau du brigandage ne doit pas disparaître. Car enfin les traités disent que dans les quatre années consécutives de la lettre M (moroung, mosanh, momi, momé, la dernière ayant fini en avril 1884) des gens de mérite délivreront le peuple de ses maux, lui rendront le bonheur et la liberté. Cependant les quatre années sont passées et rien n'apparaît à l'horizon.

CVI

LES CHHAO BON.

Chhao Bon (prononcez Tchao Bonne) est le nom d'une peuplade sauvage qui occupe trois villages de l'amphœu ou canton de Kathup, à trois fortes journées au sud de Korat.

Les hommes portent le langouti siamois et coupent leurs cheveux à la siamoise. Les femmes nouent les cheveux en chignon sur le derrière de la tête. D'autres les lient en « fleur de courge » en touffe, forme de tronc de cône, coiffure assez commune chez les filles des campagnes cambodgiennes.

Les oreilles de ces femmes sont largement percées.

Elles sont vêtues d'une pièce d'étoffe nouée à la ceinture en forme de jupe ; mais les deux bouts ne sont pas cousus ensemble. Ce vêtement diffère donc à la fois de la jupe laocienne ou cambodgienne et du langouti siamois.

De même que la plupart des femmes sauvages, elles portent leurs fardeaux dans une hotte sur le dos, portant en même temps leur enfant en bandoulière sur le côté et assis sur la hanche où l'enfant se cramponne. Toutefois, elles vont puiser l'eau en double fardeau comme les femmes annamites.

Ces sauvages qui n'ont pas de rizières défrichent les forêts à la mode primitive, ne plantant le riz qu'une fois en un champ, et déplaçant leurs cases avec leurs cultures. Ces cases, très misérables, sont par ménage, par famille ; ce ne sont pas de grandes constructions communes à tout le village comme dans d'autres peuplades.

Le mariage a lieu avec festins, rasades d'eau-de-vie de riz, offrandes aux ancêtres que l'on prévient de l'événement. Les parents des mariés remplissent un bol de riz, un autre de viandes et placent ces deux bols sur un plateau de bambou. Les anciens invitent les nouveaux époux à manger en commun ces deux écuelles de vivres.

CVII

LA TRAVERSÉE DU DONG PHYA YÊN.

La plus grande partie des marchandises importées au Laos, exportées de ce pays, passe par la route la plus directe entre Korat et Sarabouri sur le Ménam Sak, route dite du *Dong Phya yên* « la forêt du seigneur de la fraicheur » qu'on appelait jadis Dong Phya Faï « la forêt du seigneur du feu ». Mais l'ancien roi de Siam, que Mouhot comparaît à Jacques Ier d'Angleterre, a cru devoir, postérieurement au passage du sympathique voyageur français, changer le *feu* en *fraîcheur*, la forêt étant fraîche ; et avec la nouvelle dénomination, les maladies, les accidents seraient atténués. Il ne manque pas de gens pour dire que le changement de nom a atteint ce but.

La route n'étant pas carrossable sur tout son parcours, le transport des marchandises a lieu entièrement par des bœufs porteurs et seulement pendant la saison sèche.

Ces bœufs sont entretenus par centaines, principalement à Sang Mœun, Si Kiou, Mak Lœua, gros villages à l'ouest de Korat, et au mœuong Pahkonchhaï au sud. Il y a d'autres troupeaux dans les environs de Sarabouri.

Avant ou après entente avec les marchands chinois, les conducteurs amènent ces bœufs par troupes près du bassin de la pagode Chêng de Korat, où ils campent en disposant leurs bâts en cercle. Le prix ordinaire de location est de 3 ticaux par bœuf à l'aller de Korat à Sarabouri, et autant pour le retour.

Un bœuf vigoureux porte de 70 à 80 livres de cent au picul, soit de 40 à 50 kilos. Si les bœufs sont faibles, ou la demande en disproportion avec l'offre, le prix tombera jusqu'à 10 sling, mais pas plus bas, les conducteurs préféreraient revenir à vide.

Les marchands chinois qui louent quelquefois jusqu'à six cents bœufs pour un convoi, n'accompagnent pas léurs marchandises; ils se contentent de remettre au *néai roi* « conducteur chef de la caravane » une lettre et la liste des marchandises envoyées à leur correspondant.

Les conducteurs sont responsables pécuniairement s'il y a perte de marchandises par suite de leur incurie; ils ne le sont plus en cas de force majeure.

Les conducteurs, tous armés, forment généralement de forts convois; il importe de se défendre contre les nombreux brigands de la région. Chaque troupeau particulier de dix à quinze bœufs est conduit par deux hommes; l'un précède, l'autre chasse les bœufs.

La marche n'a lieu que le matin; les bœufs sont lâchés le reste de la journée. On n'emploie pas de vaches, et les bœufs sont indifféremment châtrés ou non.

Dans un petit troupeau soigné, le propriétaire choisira un bœuf de belle prestance pour marcher en tête. Il recouvrira les cornes de ce bœuf d'une gaine de drap rouge avec houpette au bout; et il ornera son front d'une armure de boutons de faïence, de petits miroirs. Si les cornes de l'animal ne sont pas régulièrement redressées, les gaines ne recouvriront que de fausses cornes et les vraies recourbées dans une autre direction donneront au bœuf l'aspect bizarre d'un animal à quatre cornes.

Un autre bœuf au pas régulier sera porteur de sonnettes, de clochettes de bois suspendues au milieu du couvercle du bât sur le dos de l'animal.

Le bât, appelé *tang*, est formé de deux hottes de rotin réunies par un bâton de bambou qui les traverse aux deux tiers de leur hauteur. Sous le bambou, des coussins forment selle, le tout est abrité par un couvercle de rotin tressé en forme de long bouclier un peu rétréci au milieu et s'élargissant sur les hottes.

Du bât partent des cordes qui le maintiennent et entourent le ventre, le cou, une troisième passe sous la queue. Enfin une muselière, petit panier de bambou, empêche l'animal de manger pendant la marche.

Au début de chaque voyage, il faut invoquer la protection des esprits, en leur offrant des fleurs, une paire de poulets, un bol d'eau sur lequel on dispose les fils de coton qui serviront à lier les cornes du troupeau que l'on a rassemblé à l'endroit où se passe la cérémonie.

On invoque les esprits en leur demandant aide et protection, que les bœufs ne soient pas harassés, que les marchandises ne soient pas abîmées ! Un fil de coton est noué à chaque corne.

A partir de ce moment, il faut s'abstenir de frapper du pied ces animaux que l'on peut frapper avec une verge, un bâton, une arme, etc.

En outre le principal chef du convoi doit, pendant la durée du voyage s'abstenir de courtiser les filles et de proférer une insulte, une parole grossière. Je ne devais que trop apprendre à mes dépens qu'il ne leur est pas interdit de boire, de s'enivrer et de voler de l'alcool.

La mauvaise volonté excessive du gouverneur siamois de Korat, homme qui passe pour détester les Européens, et qui, en toutes circonstances, paraissait prendre à cœur de détruire la bonne impression que m'avait laissé l'accueil cordial de la généralité des autorités laociennes, m'avait déjà contraint à allonger d'un mois la durée de mon voyage, mais par contre à étudier plus en détail la province de Korat ; résultat qu'il ne cherchait pas, je pense. Sa mauvaise volonté me contraignit encore, malgré les termes formels de mon passeport, à me passer du concours des autorités pour louer moi-même directement deux troupeaux de bœufs, vingt-deux au total. Ces deux troupeaux avaient dû être refusés par les marchands chinois parce que les bêtes étaient trop maigres, trop étiques, ou les conducteurs voleurs et ivrognes. Mais un *farang* « européen » qui n'a pas pour lui les réquisitions de l'autorité peut s'attendre à plus mal encore.

Les premières pluies étaient déjà tombées, la saison des voyages par bœufs porteurs allait finir. A tort ou à raison, je craignais que les lenteurs calculées des autorités locales pour me trouver vingt bœufs dans une région où ces animaux existent par milliers, ou leur prix de location est à peu près fixe, n'eussent pour résultat de me faire passer le Dong Phya Yèn en pleines pluies. Je m'empressai donc de conclure à raison de 3 ticaux et demi par bœuf, soit 77 ticaux pour le voyage à Sarabouri, donnant séance tenante 22 piastres mexicaines, à peu près la moitié du prix convenu, et le 5 avril je pus me mettre en route.

Les hottes chargées, les conducteurs passent un bâton sous le bât pour les soupeser et bien les équilibrer, opération qui est répétée tous les matins avant le départ.

De mon logement au nord du marché extérieur, j'allai rejoindre la route à la pagode Chèng. De là vers l'ouest pendant deux bonnes heures de marche, la route de sable, large de 4 à 5 mètres est bordée à droite par les jardins du Parou, ligne d'arbres sombre et épaisse, à gauche par de maigres broussailles, brûlées alors par la sécheresse et qui poussent avec peine sur le sol sablonneux.

Pour ne plus perdre un jour j'avais ordonné le départ dès que les bâts furent chargés, vers neuf heures du matin. Et cette première étape en pleine chaleur se termina à midi à l'extrémité du Parou, non loin de la prise d'eau du barrage du Takong dont l'eau extravasée couvrait les rizières des environs. En ce point des bâtiments spacieux de bambous avaient été élevés pour les mandarins de passage.

Le 6 avril, dès l'aube, tous les bagages pliés, chargés, et toutes les charges de nouveau soupesées, équilibrées, nous nous mîmes en marche à la suite d'une longue caravane qui, la veille, avait campé dans le voisinage.

La route coupait souvent droit à travers des rizières au sol durci et crevassé à cette époque de l'année. Les bœufs porteurs ne marchent pas à la file, mais groupés autant que le permet la route; très souvent ils prennent même à droite et à gauche les sentiers latéraux qui se présentent. A un moment donné, ces centaines de couvercles tressés figuraient assez bien une armée en marche couverte de ses boucliers. De tous côtés sonnaient les clochettes de bois ou de métal.

Vers neuf heures, au village de Kruot notre long convoi en rencontrait un autre tout aussi nombreux et venant en sens contraire. Il y eut là un moment de presse et de confusion, les coups de bâton pleuvaient drus sur le dos des bœufs souvent tentés de faire demi-tour.

Aux environs de ce village de Kruot les habitants taillent dans le grès rouge, qui affleure le sol, des sêma ou bornes sacrées des pagodes, vendues ici 4 ticaux la pièce.

Une sala « maison publique » en bon état à côté d'une mare de pagode dont l'eau était passable, me fit témoigner le désir de terminer là l'étape du jour.

Le principal conducteur de mes deux troupeaux objecta que leur coutume était de s'arrêter au village suivant à une lieue et demie de là. Je n'insistai pas, ignorant ce qui m'attendait à ce village de Takrâ.

Trois ou quatre méchantes cases où deux fourneaux distillaient de l'eau-de-vie pour les voyageurs et les habitants du village voisin expliquaient suffisamment les préférences de mes conducteurs. Des ivrognes partout, et pas une sala, pas un toit pour m'abriter, j'allai me réfugier dans une voiture à bœufs couverte, laissée près d'une case. Pour comble, il n'y avait à boire qu'une eau jaune épaisse, puisée à côté dans des flaques stagnantes, ne déposant pas au filtre et donnant à la théière un précipité bleu aussi peu engageant à la vue que désagréable au goût. La chaleur était accablante.

Il était nécessaire de m'entendre avec mes conducteurs pour éviter pareille mésaventure dans la suite. Je leur avais promis de ne pas presser la marche, ni de doubler les étapes, mais ralentir l'une ou couper les autres ne peut déplaire à des Laociens. Je leur fis donc comprendre que je regrettais vivement de ne m'être pas arrêté à Kruot où nous avions bonne eau et bon gîte, deux choses auxquelles je tenais dans la limite du possible ; à travers les montagnes désertes je m'accomoderais des circonstances.

Au moins n'y avait-il pas plus loin un gîte d'étape plus convenable que ce misérable village de Takrâ ? — Il y a Sang Mœun, à deux lieues d'ici. — Arriverons-nous avant la nuit si nous partons maintenant ? — Oui. — Consentez-vous donc à partir ? Ma cause était trop juste, et quoique ce ne fût pas dans leurs usages de marcher le soir, ils chargèrent les bœufs sans faire d'objection. A trois heures et demie notre petit convoi se remettait en route, laissant définitivement en arrière les autres convois.

La chaleur de l'après-midi sur cette route de petits graviers blancs et rougeâtres, bordée d'arbres maigres et dépouillés de leurs feuilles était si forte qu'elle causait une sorte d'ivresse, d'étourdissement. Outre les quatre conducteurs de bœufs j'avais pour personnel deux Chinois et cinq Cambodgiens. Les haltes fréquentes de ceux-ci à l'ombre, laissant prendre un peu d'avance aux bœufs, témoignaient suffisamment que je n'étais pas le seul à souffrir de la chaleur et de la fatigue.

Les deux lieues en valaient trois bonnes et ce ne fût que vers sept heures et demie, à la nuit bien tombée, que nous arrivâmes à Sang Mœun.

Mes deux Chinois, qui à l'étape devaient encore faire leur cuisine, étaient exténués. Mais ils avaient pour se reposer la journée du lendemain consacrée à explorer le vieux Korat à une lieue au nord de Sang Mœun. Et moi, en une seule journée, j'avais reçu deux leçons dont il fallait tenir compte à l'avenir.

Il y a au vieux Korat les vestiges d'une ville fortifiée dont il est difficile d'évaluer les dimensions. Tout est envahi par la forêt. Les remparts sont en terre, sans trace de revêtement. On y trouve cependant quelques pierres de grès.

Cette levée ou rempart a 2 mètres de hauteur. Dans l'intérieur de l'enceinte les ruines sont insignifiantes. On y trouve beaucoup de pierres brutes dressées comme des stèles.

Sang Mœun, sur la rive droite du Takong est un gros village qui compte plus de 250 cases, sur un tertre où le grès affleure par plaques. La population qui est laocienne, cultive des rizières, élève des bœufs porteurs, et fait le transport des marchandises. Elle relève du chef du Krom Mahathai, à Bangkok, où elle envoie directement son impôt, en se munissant d'une lettre d'envoi du gouverneur de Korat.

Les inscrits tatoués paient 7 ticaux, les autres 4 ticaux de capitation. Les abris pour mandarins et voyageurs ne manquaient pas à ce gros village, et le Takong permettait d'y prendre des bains délicieux.

Quittant Sang Mœun, on franchit le Takong qui coulera désormais à gauche de la route. Plus loin le terrain est bas on y fait des rizières ; mais bientôt il se relève et la route, dont la direction va à l'ouest depuis Korat, suit le dos d'un tertre à travers les forêts maigres jusqu'à Si Khiou à 4 lieues à l'ouest de Sang Mœun.

Si Khiou, sur le Takong, est un gros village de 250 à 300 cases avec 2 pagodes. La population composée de Laociens à ventre noir, venus du nord ils ne savent plus comment, cultive des rizières, élève des bœufs porteurs, et obéit à deux chefs spéciaux venus de Bangkok : le luong Han et le smien Tra.

A une lieue au sud-est de Si Khiou est le village de Mak Lœua Mai (le neuf) et à 6 kilomètres plus à l'est encore est le village de Mak Lœua Kao (l'ancien).

Ces villages de Mak Lœua, avec Si Khiou et Sang Mœun, sont les trois gros centres à bœufs porteurs, à l'ouest de Korat, peuplés de Laociens à ventre noir, c'est-à-dire très tatoués à cette partie de corps.

Ils vont acheter au mœuong Pahkonchhaï au sud-est, des feuilles *rit* du palmier *treang* pour abriter dans les hottes les marchandises en cas de pluie. A Pahkonchhaï ils ont vingt plaques de feuilles cousues pour 1 tical et ils les revendent ici 1 tical les dix plaques.

Ils fabriquent des *tang*, c'est-à-dire des bâts, avec leurs deux hottes. Un bât complet avec ses cordes, ses coussins, est vendu de 3 à 4 ticaux. Les deux hottes seules valent de 6 à 8 sling.

Un bœuf porteur vaut environ 20 ticaux.

Le 9 avril au matin, il y eut quelque tirage pour quitter Si Khiou. Les quatre conducteurs laociens qui étaient dans leur pays désiraient y passer deux nuit.

Je crois bien qu'ils avaient mis mes Cambodgiens dans leurs intérêts en leur indiquant quelques distractions parmi les jeunes Laociennes du cru. Le temps était couvert, et Cambodgiens aussi bien que Laociens paraissaient fort craindre la pluie.

J'ordonnai le départ ; les Laociens, à moitié ivres, ne donnaient en somme d'autres raisons que le désir de passer une nuit de plus en famille, et il y avait huit jours au plus qu'ils avaient quitté leurs femmes pour se rendre à Korat.

L'un d'eux, tout petit, guère plus haut que le grand sabre qui pendait à son épaule, à la démarche sautillante sur des moignons sans un seul doigt de pied, trébuchait ce jour-là plus que de coutume et se vengeait de sa déception sur ses bœufs qu'il accablait d'insultes en le frappant à grands coups de plat de sabre.

Malheureusement pour eux, ayant fait séjour l'avant-veille à Sang Mœun je jugeai inutile et dangereux même de perdre une journée à Si Khiou.

Au delà de Si Khiou la route ne pénètre pas encore dans les montagnes, mais celles-ci apparaissent à droite, à gauche et en face. Quand on a laissé derrière soi les montagnes de gauche, les plus rapprochées, les autres paraissent se reculer.

Le terrain se relève légèrement. Et après cinq heures de marche à travers un pays désert, à clairières et à bouquets de bois, on passe près d'un petit village perdu dans les bois à gauche, appelé Ban Kat Boua Kao. La station est à 3 ou 4 kilomètres plus loin. On y trouve deux petits hangars près d'un bassin naturel.

Depuis Korat jusqu'ici nous avions fait cinq petites étapes vers l'ouest et légèrement vers le sud.

Le 10 avril, de bon matin, nous traversons encore une fois le Takong qui a fait un coude au nord pour contourner la petite montagne que nous allons franchir. La route monte doucement à travers les blocs de calcaire. Nous marchons deux heures pour nous élever de 200 à 250 mètres. La descente de l'autre versant est très raide. Elle se fait très lentement en une demi-heure, au milieu des cris redoublés des conducteurs insultant les bœufs, leur recommandant de bien poser le pied.

Cette montagne franchie, nous étions dans l'une des vallées des grandes montagnes, entre deux chaînes parallèles. C'est la vallée du Takong, qui coule ici du sud au nord, et jusqu'à Pak chhang notre route devait se diriger au sud un peu à l'ouest.

La vallée n'a pas trois quarts de lieue de largeur.

Vers dix heures la chaleur devenait forte et la fatigue commençait à se faire sentir. Le conducteur prétendait à tort, je devais m'en apercevoir le lendemain, que nous n'étions qu'à moitié route de l'étape habituelle. Soucieux depuis l'expérience de Ta-krä de ménager les forces de la caravane pour la traversée du Dong Phya Yên proprement dit, je fis faire halte dans le bois désert, au bord du Takong dont l'eau fraîche et bienfaisante coulait au fond de son lit encaissé, à l'ombre des grands arbres qui formaient une voûte très élevée.

Le 11 avril nous traversons un petit affluent de droite du Takong, et au delà nous rejoignons la route de charrettes qui conduit de Korat à Tian Tœuk et qui, depuis Rat Boua Kao, a dû faire au nord le même détour que le torrent. Pour atteindre le petit hangar de Tian Tœuk l'étape fut très petite ce jour-là, deux lieues et demie environ.

Le village de Tian Tœuk est à 4 kilomètres de là au sud-est. On y compte environ une cinquantaine de cases de Laociens et de Siamois. Le chau de ce petit mœuong n'habite pas ici, mais à Rat Boua Kao.

De la station de Tian Tœuk au Ménam Sak il restait trois étapes, mais celles-ci longues, pénibles et ne pouvant plus être coupées.

Le 12 avril, en route dès l'aube comme tous les autres jours, allant au sud un peu à l'ouest. Pendant trois ou quatre heures nous traversons des plateaux sablonneux où croissent des arbres à essences résineuses. Plus loin est une forêt de bambous morts et desséchés qui donnent un aspect sinistre au paysage.

Quand les bambous meurent, toujours après floraison disent les Asiatiques, ce n'est pas par buissons isolés, mais sur une grande étendue de terrain. Au milieu de ces bambous le sol de la route est noir, dur à la marche, coupé de flaques d'eau et de fondrières.

Depuis Korat tout le personnel, chef compris, marchait pieds nus pour éviter les ampoules, ces blessures devenant vite des ulcères.

Aux bambous succèdent de grands arbres. Enfin, vers midi, on traverse le Takong pour s'arrêter sur sa rive gauche.

Au milieu d'une petite prairie qu'ombragent quelques téal gigantesques on a élevé un misérable hangar d'écorce d'arbres qui servira ce soir à quiconque aura le courage de marcher sur l'épaisse couche de bouses qui s'étend tout autour.

C'est la station de Pak Chhang « l'entrée du défilé ». On quitte définitivement ici le Takong pour traverser le Dong Phya Yên, et passer du bassin du Nam Kong dans celui du Ménam. Il n'y a ni village ni habitation dans les environs de Pak Chhang.

Les troupeaux de bœufs porteurs qui viennent en sens inverse, la soirée déjà avancée, indiquent la longueur de l'étape suivante. Poudreux, affairés, criant de tous côtés, les conducteurs paraissent avoir hâte de quitter cette région mal famée. Ces troupeaux venant de Sarabouri vont camper au delà du Takong, sur la rive droite.

En quittant Pak Chhang, la route reprend la direction ouest. D'abord on patauge péniblement dans les fondrières boueuses. A droite et à gauche sont de nombreux sentiers parallèles sous les buissons. Les bœufs s'y engagent et souvent cherchent à rester en arrière.

Au bout d'une heure de marche, le sol, plus dur, est formé d'argile et de terre rouge consistante comme de la craie; la route devient unique, large de 3 à 4 mètres; le terrain monte en pente très douce mais sensible.

Des deux côtés la forêt ressemble à un bois taillis. Les feuilles sont petites. Des nuées et des nuées de papillons blancs vont, viennent dans cette trouée que forme la route. De temps en temps des papillons plus gros, noirs, diaprés semblent être les chefs de cette multitude ailée qui voltige toute la matinée, pendant quatre heures de marche. La forêt serait complétement silencieuse, n'était le cri lointain et répété de ce gibbon que les Khmèrs appellent *touch*.

On atteint Srah Takout, mare sur la gauche entourée d'une petite clairière située au milieu de l'étape du jour sur la ligne de partage des eaux des deux fleuves. A droite et à gauche sont de petits pitons que l'on distingue mal à travers les arbres de la forêt. Il n'est pas d'usage de stationner en ce point.

Au delà de Srah Takout le terrain paraît plat pendant deux ou trois lieues, puis la descente commence légèrement. Le sol de la route, un peu encaissé est dur, rouge. Les arbres de la forêt, toujours à petites feuilles, sont un peu plus grands que ceux de l'autre partie, entre Srah Takout et Pak Chhang.

De distance en distance, un bât jeté, des hottes crevées, les ossements de bœufs dispersés et blanchis, ou encore, mais plus rares, les énormes crânes des éléphants contribuent à ne pas égayer le trajet.

La pente s'accentue, devient très raide. C'est une montagne à descendre pendant près d'une heure. Les blocs de calcaire surgissent du sol. Enfin, après huit à neuf heures de marche depuis Pak Chhang on atteint le torrent de Bouok Lêk qui vient du sud et va au nord-ouest se jeter dans le Ménam Sak.

Au delà, dans une clairière brûlée par la sécheresse, entourée d'un amphithéâtre de montagnes, le voyageur s'installera dans un petit hangar où quelques écorces d'arbres font un lit de camp. Le toit minuscule, très haut perché sur des colonnes, n'abrite rien du tout.

Mes hommes jugent bon d'aller du village de Bouok Lêk, composé d'une quinzaine de misérables cases, à 500 ou 600 mètres au delà, prévenir qu'il y a ici un officier français en voyage, et que dans leur propre intérêt ils feraient bien de venir veiller la nuit, la responsabilité, en cas d'accident, devant retomber sur le village. Ils répondent oui, viennent faire une apparition pour voir l'étranger et se dispensent de monter une garde qu'on ne leur proposait que pour la forme d'ailleurs. En réalité il s'agissait de les prévenir indirectement qu'ils avaient intérêt à ne pas être aggressifs.

« Ceux-là ne découvrent pas leur buste », me disent mes Cambodgiens en revenant, faisant allusion aux cicatrices que les verges ont dû imprimer sur le dos de cette population de sac et de corde.

Sur la demande des conducteurs, nous séjournâmes à Bouok Lêk la journée du 14 ; les hommes avaient besoin de repos et les bœufs aussi.

Le 15 avril, route à l'ouest, d'abord sur le plateau, puis en descendant une série de pentes séparées par des plateaux étagés. Les descentes sont plus souvent douces, mais quelquefois raides. De temps à autre la forme de la montagne oblige à faire de courtes montées.

Après trois heures de marche la descente devient continuelle, très accusée, raide généralement. Pendant plus d'une heure et demie on descend le dernier versant de la chaîne. Au bas de la montagne le terrain est bourbeux, les fondrières très nombreuses entre les racines des grands arbres.

Nous fîmes, surtout ce jour-là, des rencontres suspectes, c'est-à-dire d'hommes n'ayant guère que des armes pour tout bagage. Notre équipage étique et misérable d'aspect, et nos fusils plus respectables à regarder, durent faire songer à ces gens-là qu'il n'y avait guère à gagner que des coups avec nous.

A un moment donné même trois d'entre eux ne furent aperçus, assis en armes sur le bord de la route, que par la tête de notre convoi. Ils crurent devoir se cacher en voyant venir un Européen.

Nous pataugeâmes deux heures dans les fondrières de cette forêt. Nos conducteurs durent y abandonner un des plus maigres bœufs ; à bout de force il ne pouvait se dépêtrer de la boue. Son chargement fut mis sur le dos d'un bœuf qui suivait le convoi en amateur depuis Bouok Lèk, et que nos Laociens reconnaissaient. C'était le bœuf d'un autre habitant de Si Khiou, et il avait dû abandonner son troupeau quelques jours auparavant.

En sortant de cette forêt marécageuse de grands arbres on débouche dans une forêt d'un autre genre ; bambous et arbres maigres qui poussent sur un sol sablonneux.

Midi était passé, la chaleur vraiment terrible. Enfin les rizières apparaissent, et au delà un bouquet de palmiers indique le village de Kèng Koi. Il était alors deux heures.

Accablé de soif et de fatigue, peu soucieux d'aller en pleine chaleur examiner si le toit de la petite sala où je devais loger, à 500 ou 600 mètres au delà du village, était oui ou non un abri convenable contre les rayons du soleil, je laissai aller les conducteurs, et suivi d'une partie de mon personnel, j'entrai dans le village et, avisant une case où une vieille femme, une paire de lunettes sur le nez, s'occupait à coudre ou tricoter : « Ma bonne mère un peu d'eau et d'ombre s'il vous plaît ! » Elle s'empressa de me satisfaire, m'offrant bols sur bols d'une eau limpide et savoureuse puisée à la grande jarre de la maison.

« D'où vient cette eau? — C'est l'eau du Ménam Sak qui coule ici à côté. — A côté, mais au juste? — Là, à vingt pas. »

18.

D'instinct, sans rien analyser, cette proximité me faisait un sensible plaisir. Adieu le Dong Phya Yên! Pensant à ce pauvre Mouhot qui avait dû le traverser trois fois, et au missionnaire d'Oubon, le P. Prodhomme, qui a bien délabré sa santé en le traversant plusieurs fois, je restai jusqu'après la grande chaleur chez la vieille siamoise, avenante comme la généralité des femmes de sa race.

De Kêng Roi à Sarabouri il y a deux petites étapes en pays plantureux, à travers les rizières qui bordent le Ménam Sak.

Parmi mon personnel un Chinois et trois Khmêrs paraissaient plus durs que moi à la fatigue, l'autre Chinois et deux Cambodgiens souffraient davantage. Mais je dois dire que dans le mois qui suivit, aux environs d'Ayuthia, tous tombèrent malades plus ou moins gravement.

Me voyant reprendre le chemin du nord vers Phitsanulok au lieu de finir vers Bangkok qui était si près, un des Chinois n'y tint plus et décampa sous le premier prétexte venu.

Un des Cambodgiens gravement atteint par la fièvre fut laissé à Mœuong Prom, où les missionnaires de Ban Pêng le soignèrent avec une charité tout évangélique. Le plus malade de tous, celui qui, grâce à sa connaissance du siamois, me servait d'interprète, homme d'une grande énergie sous une frêle apparence, continua son service, dissimulant le mal jusqu'à tomber raide au milieu d'une rue d'Ayuthia. Je le soignai de mon mieux, et, un mois après, à Phitsanulok, il me demandait à voyager par terre dans cette région.

J'espère avoir donné assez de détails pour faire apprécier la nature et les difficultés de cette route du Dong Phya Yên, fameuse dans tout le Siam, par où passe la grande partie des importations et des exportations du Laos, de ce vaste pays que le commerce français aujourd'hui peut aborder si facilement par trois côtés: par le Grand-Fleuve, par le bassin du Grand-Lac et au nord par la mer de l'Annam.

CVIII

COMMERCE INTÉRIEUR DU LAOS.

Les Chinois, qui résident en grande partie à l'emporium de Korat, ont entre leurs mains tout le commerce du Laos compris dans le triangle que forme cette ville avec celles d'Oubon et de Nong Khaï. Le courant est établi et, sans voyager personnellement, ils correspondent de centre à centre, louant des voitures de Laociens pour le transport.

D'Oubon à Korat les marchandises exigent dix-huit jours de charrette environ ou un mois de jonque d'Oubon à Phimaïe aux hautes eaux. Nous avons vu que de Koukhan à Korat les voituriers prenaient 12 à 13 ticaux par voiture. De Korat à Nong Khaï la location d'une voiture coûtera 5 ticaux le picul. Une voiture laocienne porte de 3 à 4 piculs.

De Nong Khaï, pour descendre jusqu'à Lokhon, le trajet coûtera par mois 4 ticaux pour la location de la barque, et 4 ticaux plus la nourriture pour chaque rameur.

Il ne sera pas inutile de grouper ici le prix des diverses marchandises ou produits qui ne sont que l'objet d'un commerce local.

Le fer du mœuong Lœui vaut 1 tical les dix livres; 1 tical un sabre.

Le fer de Kêtaravisaï, forgé en petites pelles qui servent de pioches, coûte 1 tical les quatre pioches.

Les voitures à bœufs faites à Nang Rong ou à Phakonchhaï valent 3 à 4 damling, soit à 12 à 16 ticaux. Les voitures à buffles de 16 à 20 ticaux.

Le salpêtre vaut 36 ticaux le picul à Dhatou Penom et 48 à Nhassonthon; ce produit n'est d'ailleurs vendu que par quantités beaucoup plus faibles.

L'eau-de-vie coûte généralement au Laos 1 fœuong la contenance d'une bouteille ordinaire. Elle est plus chère dans le territoire de Korat, par suite des fermages. A Pankonchhaï elle coûtera jusqu'à 1 fœuong le bol.

Un radeau de bambous ayant servi à transporter du riz des environ de Khon Khèn à Oubon, en descendant le Si, fut vendu 6 ticaux à un Chinois d'Oubon.

Les seaux de rotin tressé et enduits de résine coûtent 1 sling la paire à Korat et à Sisakèt.

Le panier pour mesurer le riz vaut 1 sling à Sisakèt. La natte maniée à la main pour prendre le poisson vaut 1 lat à Sisakèt.

L'épervier d'ortie de Chine de 6 coudées de largeur vaut 4 à 5 ticaux à Oubon et à Sisakèt. Celui de 12 coudées vaut 6 à 8 ticaux.

Les feuille et brindilles de kanchha ou chanvre indien sont vendus 1 sling la livre à Korat.

Les oignons du pays valent 1 fœuong les quarante à Korat.

Le bois de khlé pour teinture vaut 6 sling le picul au sud de Sourèn.

L'écorce de prahut pour teinture vaut 1 tical les quarante à cinquante tablettes.

La chaux de Lokhon vaut 1 tical les cinq mœun dans cette province, et 1 tical les quatre mœun à Khêmarat.

Les torches coûtent 2 sling le cent à Chhêh, province de Korat, 2 à 3 sling le cent à Nang Rong, 1 tical le cent à Sourèn où l'on fait aussi de grosses torches vendues 16 lat les dix.

Le langouti de soie mélée de coton, pour femme vaut, 4 ticaux à Phakonchhaï.

Une grande jarre du pays vaut de 2 sling à 4 ticaux à Phakonchhaï et à Nang Rong.

L'écorce de sisiet vaut de 3 à 5 ticaux les mille tablettes sur les lieux d'exploitation au nord de Nong Khai, 10 ticaux les mille tablettes sur le fleuve de Nong Khai à Lokhon, Bang Mouk, et 20 ticaux vers Bassak ou Nhassonthon.

Le sel du pays vaut 1 tical les trente pots à Korat, 1 tical les trois ou quatre mœun à Oubon; 10 sling le picul à Phonvisaï, 1 tical les huit mœun à Bothèn, province de Khèn Thao.

Le tabac vaut 1 tical les trois ou quatre cents tablettes à Bouriram, à Sourèn; 1 tical les trois cents tablettes à Phakonchhaï; 2 à 3 ticaux le mœun à Lokhon, à Khêmarat, Phonvisaï, Nong Khai; 4 ticaux le mœun à Sieng Khan, 5 ticaux au mœuong Lœuï, et 8 à 10 le mœun à Sisakèt.

La noix d'arec est achetée entre trente, soixante et cent noix au tical à Phakonchhaï, Nang Rong selon la saison, l'arbre ne produisant qu'à la saison sèche. La noix d'arec découpée en minces tranches pour chique, vendue à Korat 1 tical les deux mille tranches, vaut 1 tical les douze cents tranches à Nong Khai et 3 sling le mille à Sourèn, Sangkœah.

Le sucre vaut à peu près 1 sling le paquet de dix disques à Sourên, Khoukhan, Phakonchaï.

Le coton vaut de 4 à 5 ticaux le picul sur le Grand-Fleuve et 5 ticaux à Koukhan, 6, 7 ticaux à Sourên.

Les cocos sont vendus de 4 à 5 sling le cent à Nang Rong et à Phakonchhaï.

Les cigarettes sont vendues 1 lat les six, à Oubon; 1 fœuong les quarante à Korat.

Le porc est vendu au Laos en général 4 à 5 ticaux le picul. Au mœuong Lœuï le prix monte à 6 ou 7 ticaux.

Les œufs sont vendus dix au fœuong au mœuong Lœuï, et vingt huit au sling à Oubon.

Le canard vaut de 4 lat à 1 fœuong; au nord vers Sieng Khan, Lœuï, Dansaï le prix monte à 1 sling, 1 sling et demi même.

Le prix de la poule varie de 1 lat à 2 ou 3 lat; 1 fœuong à Oubon, au mœuong Lœuï.

Le riz vaut 1 tical les quatre mœun à Phimoun, à Roi Et; les cinq ou six mœun à Sayabouri, Phonvisaï; 1 tical les huit ou dix mœun à Lokhon; les quatre mœun au mœuong Lœuï, les cinq mœun à Oubon, les six mœun à Korat, Sisakêt.

CIX

IMPORTATIONS.

Le kien, imitation du langouti, qui vient d'Europe, de Suisse, est en général vendu 1 tical la pièce dans le Laos, à Nong Khai, Phonvisaï, Oubon. Le paquet de vingt kien vaut en gros 12 ticaux à Korat.

Les cotonnades écrues valent de trois à cinq ticaux la pièce à Korat, cinq à six ticaux à Oubon et à Nong Khai.

Les cotonnades apprêtées, selon la qualité, valent à Korat de 4 à 7 ticaux la pièce. Le prix s'élève de 1 tical vers Oubon et Nong Khai.

Les cotonnades à fleurs valent 6, 7, 8 ticaux.

Les cotonnades rouges valent à Korat de 4 à 6 ticaux la pièce, le prix monte de 1 tical vers Oubon, Nong Khai.

Au détail, à Korat on achète pour 1 tical cinq coudées de belle cotonnade rouge et huit coudées de cotonnade de moyenne qualité.

Les couvertures de laine valent à Oubon de 2 à 4 ticaux, de 3 à 5 ticaux à Nong Khai, Phonvisaï.

Le tricot vaut de 3 à 4 sling à Korat, 4 sling à Oubon, 4 à 5 à Nong Khai.

Le pantalon noir vaut à Korat de 3 à 4 sling, et 4 sling à Oubon.

Le chapeau de feutre noir grossier vaut 1 tical à Oubon; et le chapeau blanc vaut 6 sling.

Le plateau grossier de cuivre vaut 7 sling à Oubon.

L'aiguière de cuivre vaut 1 tical à Oubon.

Le coffret rouge en peau vaut 6 sling à Oubon.

La livre de feutre blanc vaut 1 tical à Oubon.

Le fusil à pierre à un coup vaut 5 ticaux à Korat, 7 à Oubon, 7 ou 8 à Nong Khai.

Le pistolet à deux coups vaut 3 ticaux à Korat.

Les allumettes valent 1 sling le paquet à Nong Khai et Phonvisaï.

Du sisiet est importé de Sisaphon à Sourèn, où il est vendu 1 tical les quarante tablettes.

Le poisson du Grand-Lac, acheté 4 ticaux le picul, est revendu 5 ticaux à Sourèn.

L'opium venant de Luong Prabang, dit-on, vaut à Nong Khai 4 ticaux le poids de quatre damling, soit le quart de livre. A Suvanaphoum, les Birmans vendent 1 tical le poids de 3 sling d'opium, soit trois poids d'opium contre quatre poids d'argent.

CX

EXPORTATIONS.

L'ortie de Chine vaut 4 ticaux le mœun à Oubon et à Nong Khai, soit 20 ticaux le picul.

Le kreko ou cardamome bâtard vaut 10 ticaux le picul à Sayabouri, mœuong Lœuï, 12 à 13 ticaux à Nong Khai. De 25 à 26 ticaux à Oubon, de 26 à 28 ticaux le picul à Korat.

La laque vaut de 8 à 12 ticaux le picul à Koukhan. Une

dizaine de ticaux le picul au mœuong Dansaï, 13 ticaux au mœuong Roi Et, et 20 à 22 ticaux le picul à Korat.

La soie filée selon la beauté coûte 120 à 200 ticaux le picul à Sisakèt, à Mahasanakham ; à Korat, de 150 à 250 ticaux le picul.

Les peaux de bœufs valent de 12 à 15 ticaux le picul vers le fond du Laos, le prix s'élève en approchant de Korat où il varie de 18 à 28 ticaux.

Les peaux de buffles valent de 6 à 8 ticaux le picul, 10 ticaux à Oubon, 14 à Korat.

A Sisakèt, les cornes de buffle noir valent 13 ticaux le picul, et 15 ticaux le picul de cornes de buffle blanc. A Korat les prix varient de 18 à 24 ticaux le picul.

Les cornes de cerfs valent de 10 à 14 ticaux le picul à Korat.

Les cornes molles de cerf, si recherchées comme aphrodisiaques par les Chinois, coûtent très cher selon leur grosseur. A Korat une belle paire de ces cornes vaudra de 12 à 16 ticaux. La corne de rhinocéros vaut à peu près son poids d'argent. La peau de pangolin vaut 1 sling, 1 sling et demi la pièce à Korat.

Les peaux de martin-pêcheur valent 1 tical les quatre ou cinq pièces à Korat. Les négociants de cette ville, pour donner plus de poids aux peaux de martin-pêcheur, les aspergent légèrement avec de l'eau-de-vie.

Une quantité considérable de bœufs, vaches, buffles, chevaux est exportée du Laos. Les prix sont très variables selon la beauté la taille des animaux qui viennent de tout le Laos, mais surtout de Koukhan, Sisakèt, Oubon et les mœuongs du Grand-Fleuve, en remontant au nord.

Les caravanes des bestiaux descendent généralement vers Bangkok en passant par le défilé de Chup Smach au sud de Sourèn.

Seuls, les éléphants sortent du Laos en sens inverse, allant du sud au nord, vers Khèn Thao. Un éléphant haut de quatre coudées vaudra 8 à 9 cattis à Nong Khai. S'il est haut de cinq coudées, avec de belles défenses, il sera vendu de 13 à 15 cattis. A Tha Pho sur le Ménam Nan, les prix sont sensiblement plus élevés.

CXI

LES BIRMANS.

Les Birmans appelés Kola par les Laociens sillonnent tout le Laos en se livrant surtout au commerce des bestiaux.

Tous ne sont pas sujets anglais, mais tous ont soin de se munir à Bangkok des papiers qui leur valent la protection de ces Anglais qu'ils détestent si cordialement en Birmanie. Le consulat britannique de Bangkok, au rebours du consulat de France, a pour tradition d'accorder sa protection au plus grand nombre d'individus possible. Les Laociens haïssent généralement ces Kola, mais ils les craignent à cause de leurs papiers « farangs ».

Quand les Birmans échouent dans leurs entreprises commerciales, ils s'endettent et se fixent en un point. On en trouve ainsi un peu partout. Souvent ils s'associent avec des Laociens ou se font payer pour les aider à amener de forts convois de buffles, depuis Phimoun, Khêmarat, Bangmouk, par exemple, jusqu'aux environs de Bangkok.

On peut rencontrer de ces caravanes comptant cinq cents, huit cents buffles et quarante à cinquante bœufs porteurs pour les bagages, avec une troupe de Laociens, sous les ordres, en apparence du moins, d'un ou deux Kola. Un vol au préjudice de la caravane a-t-il lieu dans un mœuong, grâce au Birman protégé britannique, un ordre viendra de Bangkok stimuler le chau, lui ordonner de rechercher les voleurs. Ce Birman prête-nom reçoit des Laociens un tical par tête de buffle vendu aux mœuong Phnom, mœuong Phnat, près de Bangkok.

Outre les papiers personnels du Birman, délivrés par le consulat britannique, la caravane demande aux mœuongs d'origine des bestiaux des passeports spéciaux appelés *tra phim* « passeport imprimé », parce que ce sont des imprimés que Bangkok distribue dans ce but aux divers chefs-lieux des provinces.

On y insère, au départ, le nom du patron de la caravane, la quotité des sommes, des armes, des buffles. Ce passeport, délivré moyennant un droit d'un fœuong par tête de buffle, permet d'aller dans n'importe quelle direction, aussi bien vers la Cochinchine que vers Bangkok. Sans cette pièce, les conducteurs seraient arrêtés aux postes de police, surtout à la sortie des provinces, la surveillance étant alors beaucoup plus rigoureuse qu'à l'entrée. Chez les Indo-Chinois, l'importation et l'immigration sont comparées au sable porté au temple, tandis que l'exportation et l'émigration représentent tout le contraire.

On renvoie au chef-lieu quiconque n'a pas de papiers en règle.

Quelquefois, souvent même, pour mieux en imposer aux populations, ces Birmans déploient un certain faste. Tel fera son entrée dans un village monté sur un petit cheval blanc du pays, s'abritant avec un parapluie bleu et suivi de quelques-uns des Laociens de la caravane. Cette parade doit faire bon effet sur les Laociens, mais pas toujours dans les pays de langue khmère, où, selon les traditions, les princes seuls joignent le parasol à la monture. Les uns rient du Kola ; d'autres grognent en disant : « Trop d'embarras ! Voilà un individu qui ne fera pas de vieux os ! »

CXII

CONCLUSIONS.

Il n'entrait pas dans notre plan de parler ici de l'objet spécial de notre voyage au Laos. Nous nous bornerons à dire que les monuments khmèrs sont très nombreux dans la région qui s'étend entre les Dangrêk et le Moun. Au delà de cette rivière, ils deviennent plus rares, et cessent tout à fait vers le 16e degré de latitude. Il est à présumer que la race laocienne était déjà descendue jusqu'à hauteur de Khêmarat et Khon Khên, dès l'époque de la grande puissance cambodgienne au temps de Charlemagne. Et probablement les Laociens de Khêmarat, Nong Khai, Sieng Khan ou Luong Prabang étaient de simples tributaires de Jayavarman-le-Grand.

Les travaux remarquables des Khmèrs sur le plateau laocien sont : les monuments de Vat Phou à Bassak, de Phimaïe, de Nom Van et de Phnom Roung à Korat, de Prah Vihéar à Koukhan, qui peuvent soutenir la comparaison avec les plus belles ruines du plateau inférieur, défalcation faite des cinq ou six grands monuments.

A mon avis, Prasat silieng, dans la province de Sourèn, est un monument laocien; son architecture est différente.

Les inscriptions sont relativement plus rares sur le plateau laocien; les bons lettrés étaient moins nombreux.

Les Khmèrs qui, au nord du Moun, ont été refoulés par les Laociens, existent encore au sud de cette rivière en assez grand nombre, fortement mélangés de Kouis, il est vrai, ou, plus exactement, les Kouis sont en majorité. Cette race kouie qui s'assimile assez facilement aux Khmèrs ou aux Laociens a dû de tout temps être, pour ainsi dire, un tampon entre les deux autres races.

En ce qui concerne les Laociens et leurs variétés, Phouthài Nhà et autres peut-être, ce sont des races à demi chinoises à langue chantée, différant toutefois de leurs cousins les Annamites en ce que, de même que leurs frères les Siamois, leur civilisation est indienne, fait qu'il faut attribuer, à mon avis, à la domination cambodgienne qui a pu durer plusieurs siècles, et qui a laissé des traces morales profondes chez les deux peuples, surtout chez les Siamois, où une partie considérable du vocabulaire vient du khmèr. Même les termes sanscrits ont été reçus par l'intermédiaire des Khmèrs, lors de la domination khmère. A Siam, des locutions, des expressions entières sont à la fois composées de mots khmèrs et de mots sanscrits défigurés, il est vrai, selon la phonétique de cette race semi-chinoise. Par exemple : *Nak léng,* hômme de loisir, de plaisir, mauvais sujet (ici les deux mots sont khmèrs); *nak prach,* savant; *samrach réach kar,* décider des affaires publiques en dernier ressort.

Au Laos, la coulée laocienne a gagné, depuis un millier d'années, à peu près deux degrés de latitude vers le sud, en s'assimilant sans doute d'autres peuplades, travail de progression et d'assimilation qui continue lentement sur le bord du Grand-Fleuve, vers Tonlé Ropou et Sting Trèng, vastes pays qui, sans être aussi fertiles que le bassin inférieur soumis à la domination française, sont loin d'être dépourvus de richesses naturelles. Nous ne pouvons parler des richesses minéralogiques, encore si peu connues, qui doivent exister dans les montagnes à l'est du Grand-Fleuve; mais le commerce des contrées à l'ouest du Nam

Khong forme en ce moment, grâce à l'étendue de ces pays, un facteur important du commerce général de Bangkok.

Pourtant nous avons vu les peines et les difficultés du trajet de Korat à Sarabouri, et il faut songer que beaucoup de marchandises, passant par Korat, viennent de contrées plus éloignées de cet emporium que des centres à créer par le commerce français pour donner au Laos les débouchés faciles qui lui manquent.

Nulle part au Laos nous n'avons entendu parler de douanes. Jadis, paraît-il, l'exportation de l'ivoire et des cornes de rhinocéros ne pouvait prendre la voie du Cambodge et de la Cochinchine. Mais depuis plusieurs années la prohibition a été levée par la cour de Bangkok qui, à diverses reprises, a donné l'assurance qu'elle ne mettait aucun obstacle au commerce entre le Laos et nos possessions.

Nous avons déjà examiné la voie du Grand-Fleuve à propos de cette région du sud-est, dont le commerce ne peut guère exister qu'avec notre colonie (paragraphe 27). Nous n'avons proposé que des améliorations d'ordre moral, urgentes, qui s'imposent dans les circonstances actuelles.

Des travaux de canalisation qui exigeraient des études spéciales, approfondies, peuvent être discutés pour éviter les cataractes de Khon, le plus grand obstacle à la navigabilité du fleuve, celui qui empêchera toujours les radeaux de Nong Khai de descendre jusqu'à Krechéh, soit des canaux latéraux sur l'une ou l'autre rive, soit un canal coupant de Khong à la rivière d'Attopœu ; ou encore on pourrait joindre Tonlé Ropou au Sting Sèn à travers les plaines de Melou Préy (1).

---

(1) Ce dernier travail demanderait comme complément le creusement d'un canal entre la rivière de Kompong Thom et celle de Samrong Sèn, à travers les plaines basses au sud des monts Santhuk, canal dont l'exécution facile ne concerne que l'amélioration intérieure des voies de communication du Cambodge. Il en est de même d'un autre canal dans le Cambodge méridional, entre Bak dai et Banam, qui couperait obliquement vers son milieu cette île qui sépare les deux fleuves de Pnom-Penh au Viam Nao. Le canal actuel en face de Chaudoc se trouve dans des conditions inférieures à celui que nous proposons ici.

Laissons de côté une discussion platonique et oiseuse peut-être sur l'utilité de canaux qui traverseraient des territoires appartenant à Siam. Dès maintenant nous pouvons aborder directement le plateau laocien par toute cette partie des Dangrêk de 60 à 80 kilomètres de longueur entre Melou Préy à l'est et Préy Saak, province d'Angkor, à l'ouest. En ce point plusieurs districts de Kompong Soai, celui de Prasat Dâp entre autres, font une trouée au nord jusqu'à la chaîne des longues montagnes.

Deux routes de terre pourraient relier Prasat Dâp à Kompong Thom, l'une passant par Krâng Daung à l'est du massif du Thbèng, l'autre à l'ouest de ce même massif, par Promotép et Thbèng. De Prasat Dâp, l'un des passages actuels des Dangrêk améliorés, celui de Prah Chréy peut-être, nous conduirait en plein plateau laocien à Koukhan, centre de production qui sera alors plus rapproché de Kompong Thom que de Korat.

Il aurait peut-être été préférable de choisir le passage de Dan Ta Pouï, situé plus à l'est et au nord de Melou Préy, mais une raison majeure s'y oppose. Celui-ci appartient à Siam.

Nous avons vu la facilité relative du passage Chup Smach entre Sourèn et Sisaphon, grande route des bestiaux, des charrettes qui descendent du plateau laocien vers Bangkok, en se dirigeant au sud jusqu'à Sisaphon où cette route change de direction pour aller à l'ouest. Ici encore, malgré l'inconvénient que présente l'intermittence de la navigabilité du Grand-Lac, le débouché est plus facile, plus naturel vers la Cochinchine que vers Siam. Il ne s'agirait que de créer des relations commerciales en un point bien choisi à la fois sur la route des caravanes et sur l'une des rivières qui viennent converger à Bak Préa, Péam Sèma. Le gros centre commercial de Kompong Mak Kak entre Soai Chék et Sisaphon, à 2 ou 3 lieues au nord-est de Sisaphon me paraît, à première vue, remplir toutes les conditions désirables pour recueillir les produits laociens.

Ces trois voies du Grand-Fleuve, de Kompong Soai et de Chup Smach convergeraient vers Pnom-Penh. Une quatrième qui n'intéresse plus directement la colonie serait à créer entre un point à choisir sur la côte de l'Annam, au nord de Hué, et le Grand-Fleuve vers Sayabouri Lokhon. Nous avons vu que de faibles émigrations annamites ont déjà pris cette voie dont l'amélioration ne doit pas présenter de difficultés considérables et qui sera pour nous ce que la route de Moulmein à Ra Hêng, dans le bassin central du Ménam, est aux Anglais.

Outre les voies de communication il faut des agents asiatiques pour entrer en relations avec les Laociens. Grâce à la similitude de religion, de civilisation même, ce rôle d'intermédiaire peut très bien être rempli par des Cambodgiens, et j'espère qu'on le reconnaîtra au jour peu éloigné où disparaîtra le discrédit jeté sur cette malheureuse race, si calomniée et si peu étudiée jusqu'à présent.

Il faudra leur faire accorder la protection que les Anglais ont exigée pour les Birmans.

Tout Européen qui se rend au Laos doit, pour s'éviter bien des mécomptes, s'entourer de Cambodgiens connus et éprouvés. Je pense en cela être du même avis que le seul commerçant français qui, pendant ces dernières années, a fait un voyage au Laos.

FIN

TABLE DES MATIÈRES

PREMIÈRE PARTIE.

DEUXIÈME PARTIE.

TROISIÈME PARTIE.

QUATRIÈME PARTIE.

CINQUIÈME PARTIE.

SIXIÈME PARTIE.